数字未来与媒介社会丛书●国际传播与跨文化传播系列

Digital Future and Mediated Society | 吴飞◉主编

国际传播系列
案例分析

Case Studies
of International Communication

◇教育部哲学社会科学重大课题攻关项目"国际传播的理
  论、现状与发展趋势研究"（批准号09ZJD0010）成果
◇浙江大学"985工程"创新研究平台"数字未来与媒介
  社会研究院"资助

吴　飞◇主编

ZHEJIANG UNIVERSITY PRESS
浙江大学出版社

总 序

吴 飞

（浙江大学传媒与国际文化学院教授，博士生导师）

"国际传播"尚无一个广泛认同的、准确描述的界定。有人认为，"国际传播是世界各国政府之间、人民之间的一种相互关系和相互影响。因而，国际传播的研究是一种由各国或各文化的政府和人民的传播努力所体现的一种政治、社会、经济和文化的关系和互动行为"。与此类似的表述是马克海姆(J. W. Markham)的界定，他认为"国际传播可以被认为是一个国家以上的个人、群体或政府官员的跨越被承认的地理性政治边界的各种传播"①。这两种定义都提及国家作为国际传播的一个划分单位，具体的传播行为都是在跨越国界的情况下涉及政府、人民、机构或组织之间的传播。类似的定义还有美国学者罗伯特·福特纳的，他认为，"国际传播的简单定义是超越各国国界的传播，即在各民族、各国家之间进行的传播"。他还明确提出，对于人际的交流或非大众的交流将不进行讨论。这种定义就是在国际划分单位之外增加一个"民族"，并强调了大众传播形式②。国内学者关世杰教授从"国际传播常是跨文化传播"来分析国际传播，他写道，两者的区别表现在三个方面：其一，从研究范围上看，一个关注国家边界，一个关注文化差异；其二，从研究形式上看，国际传播侧重于大众传播，跨文化传播侧重于人际传播；其三，从研究的学术渊源来看，国际传播的

---

① John A. , Lent(1987). *Teaching International Communication in the Era of Electronic Media and Rapid Technological Development.* 载《第一届上海传播学国际学术讨论会论文选编》，上海外语教育出版社1987年版。

② ［美］罗伯特·福特纳：《国际传播——地球都市的历史冲突及控制》，刘利群译，华夏出版社2000年版。

研究起源于国际政治和国际关系的研究,跨文化传播的研究则起源于文化人类学。①

总之,国际传播的定义大同小异。同,在于基本都以民族或国家为划分单位,或者说是传播的边界;异,在于传播的形式,强调大众传播,一般被看作是国际传播的狭义定义,而除了大众传播形式之外,不忽略人际传播等其他形式,则被视为是广义的国际传播。

2011 年 1 月 17 日上午,时长 60 秒的《中国国家形象宣传片之人物篇》在美国纽约时代广场的巨型电子屏幕首次亮相。片中,59 位中国人以他们的微笑向美国和全世界诠释"体验中国"的主题。从 2009 年 11 月 23 日美国有线电视新闻网(CNN)亚洲频道滚动播出的 30 秒"中国制造"广告,到新一轮国家形象宣传片的海外投放,再到中国新华新闻电视网(CNC)的开播,有论者认为,中国已经进入着力提升软实力的"国家公关"时代。

与此相关,随着国际关系格局的变动,新的传播手段和传播终端的日新月异,国际传播主体开始变化,新闻信息传播生产方式和传媒格局产生重大变革,这些改变使得国际传媒市场出现了融合与平衡的契机,同时也加大了国际传播的差距与失衡,进而催生出一系列值得关注的理论与实践问题。

基于此,我们推出这一套丛书。这几本书,是我主持的教育部哲学社会科学重大课题攻关项目"国际传播的理论、现状与发展趋势研究"(批准号09ZJD0010)的部分成果,包括国际传播的理论研究和案例分析两类内容。本课题的研究目标为两个方面:一是弥补现有理论研究的空缺点,提升国际理论的解释力;二是尽可能将国际传播理念与"富国强民"的社会实践结合起来。从第一个层面看,比照现有的研究成果,我们发现国际传播理论需要在如下几方面加强:传播思想史的梳理,传播世界观的梳理,国际传播政策的变迁,传播技术和政治、文化的互动关系模式研究建构,从西方国际传播政策的变迁过程中研究总结出规律。从第二个层面看,我们需要将相关的理论同实践结合起来,以求指导中国在新形势下的国际传播战略的实施和国际传播理论的建构。

我们认为,国际传播的核心是如何正面传播中国的文化观与价值观。中国与其他国家在价值观上存在很多差异,但差异中也存在一些具有普世意义的价值观,这些价值观正是传播国家形象、开展公共关系的基石。对那些存在差异且易引起误解的价值观念,也要进行具体深入的研究,分析其积极意义和消极

---

① 关世杰:《国际传播学》,北京大学出版社 2004 年版。

意义。这就意味着,国际传播研究必须关心文化价值问题。姜飞博士的《传播与文化》一书旨在揭示这一问题。姜飞博士认为,中国政治、社会、文化变迁中体现出的现实问题,对跨文化传播理论、理念的需求尖锐而又迫切,而来自美国、欧洲的传播学和跨文化传播理论中又蕴含着极大的"文化"问题,亟须研究者予以甄别、化解和提升。这些都冲击着中国的跨文化传播研究者寻找一种入口——无论是从国际传播的理念创新、跨文化传播理论的建构,还是解决实践层面的需求、为崛起的中国在国际和跨文化传播领域奠定一个适合中国特色和发展道路的"文化"观念,并有效地将新媒体新传播技术和传播理论整合进这样的文化观念创新,由此开发出一条中国进行国际传播、跨文化传播研究和实践的研究路径……所有这些矛盾的焦点,都将一个问题推到风口浪尖上,即中国需要一个什么样的文化观念来跻身世界? 这是一个解决跨文化传播理论"滞胀状态"的接口,同时也是明晰中国文化现实,确立文化传播战略道路和未来方向的必经之路。

影像传播是国际传播的重要组成部分。范志忠博士的《国际传播语境下的中国电影》纵观中国电影的百年历史,阐释了西洋影戏的本土化与早期电影的民族话语、苏联意识形态理论与批判现实主义以及教化现实主义的流变、巴赞纪实美学与新时期反思电影、后殖民语境与第五代电影、国际电影节与新生代电影、好莱坞商业电影与国产大片等中国电影现象,探讨中国电影国际传播的路径和意义所在。

范志忠博士主编的《国家形象的影像建构与传播》则荟萃当今国内外影视界知名专家学者的主要观点与论述,分别从跨国语境、媒介融合等不同视角,通过对中国电影的全景分析与影视作品的个案解读,阐释在全球语境下国家形象的影像建构与传播的特征与趋势。

廖卫民博士的《媒介国运论——国家兴衰的传播动力机制研究》旨在为国际传播理论新视野的建构提供一个深远宏大的历史背景,对于思考中国在世界和平崛起的动力机制进行了一种深入透彻的理论铺垫。作者指出,中国在当下国际环境中如何从历史走来,面向世界,呈现应有的国运气象、大国风范,如何构建国家认同与民族性格,自立于世界民族之林,这些问题都值得深入研究,也是探讨国际传播理论题中应有之义。《媒介国运论——国家兴衰的传播动力机制研究》从提出命题"传播何以改变国家命运"开始,通过建构整体理论框架,并经逐层论证,依稀展现出研究命题所覆盖的诸多内在规律,如同拨云见日的阳光渐次化解了萦绕在世人面前的一些历史谜团。

对于民族国家而言,迫切需要发展自己的传播事业,建立自己的民族话语体系,塑造民族认同,占据本国国民的思想空间,并以自己的传播力量在国际范围争夺国际传播秩序和国际话语权。杨席珍博士的《资本主义扩张路径下的殖民传播研究》则强调殖民是资本主义出现以后的政治现象,扩张是资本主义的内在天性,交通和通讯技术的发展是资本扩张的物质基础。资本主义在殖民征服过程中采用各种传播手段为资本的扩张开拓路径,研究殖民过程中的传播活动是认识殖民的一种全新视角,并为认识当下以及未来的资本主义扩张活动提供理解的路径。作者从分析传播作为殖民力量的发展演变出发,继而从信息化、经济全球化、日常生活、空间范式、国际秩序与话语权这五个向度具体展开,分析全球化的当下殖民传播的策略表征。作者指出,殖民通常从空间和时间两个向度展开。随着国际形势的演变和传播技术的发展,资本主义在殖民传播中经历了一个变迁的过程,从空间开拓偏向时间长久。

王思齐博士的《国家软实力的模式建构》一书集中分析了国家软实力与国际传播问题。作者认为,每个国家在国际社会上都有其形象。良好的形象是建立"国家威望"与"国际影响力"的基础,也是在"国际行动"中获得世界各国支持与合作的必要条件。因此,国家形象是建构国家软实力时必须先加以探索与定位的课题。除了政府行为和传播媒介之外,随着传播与交通技术的飞速发展,日益频繁的民间接触也成为构成国家形象的重要元素,因此当代国家形象的建立除了必须考虑国家领导人和政府的形象之外,也需要将各种民间互动的质量纳入观察与思考的范围之内。

吴瑛博士的《孔子学院与中国文化的国际传播》是一本关于孔子学院的研究报告。作者调查了美国、日本、俄罗斯、泰国、黎巴嫩这五个国家的16所孔子学院,在调查基础上评估其传播汉语和中国文化的总体效果。研究发现,当前孔子学院在全球范围内取得了一定的传播效果,但不同层次的中国文化传播效果存在较大差异,中国文化在不同文化圈层中的传播效果不同,国与国之间也存在较大差异。同样是受儒家文化影响的泰国和日本,泰国的传播效果在各项指标上都高于日本,日本在个别指标上甚至低于美国等西方国家;对于非儒家文化圈的国家,孔子学院在物质文化层面取得了一定的传播效果,但在行为文化、精神文化层面的传播效果并不显著,而且根据各国文化形态的不同,一些指标存在明显差异。受东正教文化影响的俄罗斯,与受基督教文化影响的美国,以及兼受基督教文化和伊斯兰文化影响的黎巴嫩,这些国家间的传播效果都存在差异,这与对象国本身所属的文化形态密切相关。课题提出,针对非儒家文化国家,要让物质文化先走出去,行为文化、精神文化可以暂时缓行。报告还从文化传播战略角度对孔子学院的传播战略进行反思。对于当前的孔子学院来说,首先要分解中国文化的内涵,明确孔子学院到底要传播中国的什么文化;其次要分析当前国际文化格局和文化传播过程中可能遭遇的挑战,并在此基础上借鉴各国语言文化传播战略;再次要厘清如何传播,通过什么渠道和机制进行文化传播;最后要密切跟踪孔子学院的对外文化传播效果,展开科学的效果评估。

借用传播学的线性模式,可以说,国际传播研究同样要关心几个重要问题:一是说什么,包括我们说什么、别人说什么。二是怎么说,同样也包括我们怎么说、别人怎么说,并且两者要能很好地沟通。三是通过什么渠道说,是利用自己的媒体,还是关注新兴传媒;是将重点放在西方街头和媒体广告上,还是让西方媒体自己说。四是效果如何,当然包括我们怎么看、人家怎么看。等等。2011年,美国副总统拜登在北京小餐馆吃中国传统炸酱面,以"面条外交"的举动获得中国媒体认可。稍早些时候的2009年,美国总统奥巴马抵达上海机场时,亲自手撑雨伞,走出机舱。骆家辉2011年8月22日从成都飞北京坐经济舱、谢绝享受VIP服务,登机时没有人员引导,落地后也是与其他经济舱乘客一起离去。这些原本都是小事,但这些小事引发了无数国人的想象,刺激着他们的神经。中国网民认为美国人在给中国官员上课。有人感叹说,国家的形象就是官员们在一言一行中建构的。美国人只花了那么点差旅费和几碗面钱,却让全中国人民感叹,效果比我们花几百亿在美国做广告强多了吧。吴飞博士主编的《国际传播系列案例分析》就是通过近几年出现的具体案例来分析国际传播问题的。这些案例包括上海世博会、广州亚运会、杭州"最美妈妈"事件、温州动车出轨事件、哥本哈根气象会议等,研究者通过中外媒体对这些事件的报道,分析中国国家形象建构问题。另外,研究者还以半岛电视台为代表分析了国际传播信息逆流现象,以环境非政府组织绿色和平组织为例分析了非政府组织的国际传播策略,通过对《环球时报》的内容分析探讨中国国家形象塑造在国内媒体的体现。

我们认为,针对现存国际传播秩序对中国的局限,中国学者应该思考如何学习借鉴西方一些国家在发展崛起过程中借用传播技术进行文化创新,从而更好地表达、传播自己的经验,并在此基础上凸显中国特色。同时,还要综合中国政治、经济、军事等多方因素,思考如何在国际范围内为中国的和平崛起营造一个良好的国际传播秩序和国际舆论环境。针对理论的后殖民化这个不单属于中国的问题,需要汇入第二次世界大战以来国际范围内普遍性的文化自觉的世界潮流,不断推进中国的文化从文化自卑走向平等的文化对话,从培植文化抗体到推动普遍性的文化自觉,从文化褪色到推动深远意义上的文化更新,为国际传播理论的吸纳和创新营造一个很好的内部心态和外部环境。上面陈述的问题以及问题的解答思路,都需要基于中国的基本国情,要放在国际一国内、政治一经济、技术一理论的宏观和微观背景下来考察。中国已经在经济、政治上和平崛起为一个世界举足轻重的大国,已经具备了从被动地适用国际传播秩序,向有理、有利、有节地斗争并努力创造有利于中国的新传播秩序的状态转化的传播能力;中国的传播技术已经在基本完成传统媒体建设的基础上,朝信息高速公路的传播技术更新;中国网民的数量,较之世界其他国家都更加可观,其网络参与热情也相当高;有关传播理论和国际传播模式的研究已经从单纯意义上的引介阐释阶段,向理论的消化吸收再创造阶段转化。新的国际背景,新的中国形势,新的传播技术,新的发展思路,需要我们在全面思考既有理论的基础上,铺设一条朝向新的理论方向的坦途,并在全面评估上述这些新的国际传播形势的前提下,创造中国的传播理论和国际传播模式。我们这个"国际传播理论、现状和发展趋势"课题组努力朝向这些需求,致力于问题的解决,并期望在这一过程中凸显出本课题的理论和实践价值。

我们的目标是否达到,自然有待于方家之检验。但我们真诚地希望有更多的学者,投身到这一研究领域中来,毕竟,国际传播是当今中国和平崛起不得不面对的重大学术与实践问题。

2012 年 9 月写于杭州

目 录

中国立场　中国言说

中国媒体对外宣传的话语研究

施　旭 *

以汉语为主、外语为辅的中国大众传媒,虽然主要是以本国国民为受众,但是在全球化的驱动下,如同其他国家、地区的大众媒体一样,其国际化性质,或者我们通常说的"对外宣传"和"国际舆论"的功能,正在日益加强(Shi-xu,2005)。从这个意义上我们可以说,当今所有的中国大众传媒都有全球化的一面。这一历史新特点值得我们重视。

改革开放以后,特别是进入 21 世纪以来,中国迅速崛起,其他国家和地区及其媒体愈来愈关注中国,也有不少人或不少机构抛出"中国威胁论"。在这种情况下,研究中国的国际大众传播问题就更加重要。同样值得注意的是,在冷战结束后的国际传媒、舆论和信息交流系统中,世界唯一的超级大国美国和其他西方大国,独占霸主地位,操纵强势话语(Shi-xu,2006;Shi-xu 和 Kienpointner,2001);探索中国大众传媒在这样的世界话语格局中的运作趋势和模式,及其对人类文明的影响,对于中国媒体的研究来说无疑是一个相当重要的问题。

本文的研究对象为中国人权问题和对外贸易争端问题。研究目的有两方面:一方面,我们试图提出具有中国特色的认识中国对外传媒的新视角,构建更加全面的、贴切的中国国际传媒新理论。另一方面,从该视角和理论出发,提出相应的分析框架,对典型媒体事件进行全面、系统的实证分析,最后根据研究结果提出更具体的话语策略框架。

虽然本文研究对象的选择是由以上提到的时代和实际要求所决定的,但我们具体的研究方向和问题却是由学术内部环境所造就的。我们觉得,一方面,中国和世界的(媒体)状况已经发生了深刻的变化;另一方面,相关的理论和深

*　施旭:长江学者,浙江大学外国语学院教授。

层的认识论、价值观却不能全面地反映这种历史的变迁和需要。下面,我们还要细谈,这里我们只问:我们从理论概念和研究实践上都注意到中国国际传播与美国和西方全球霸权的关系了吗? 我们了解其中的中国国际传播的话语结构、过程和话语策略了吗? 我们还发现,中国国际大众传播的研究工作相对薄弱,并且往往以研究国内媒体的模式为基准。

本文要论证的新理论观点是:中国的跨文化传媒活动可以看作是世界文化中一种特殊的话语形式,作为东方文化的一部分与西方文化互动和竞争;它的一个重要特点是抵御美国和西方的国际霸权;由于这股力量,全球媒体舆论的不平衡结构受到某种程度的制约。下面我们将围绕这一主题,先阐释中外理论框架及其世界观的局限性,展示学术前沿的"文化话语学"的新视角;然后考察中外历史文化语境,勾勒出立足本土、放眼世界的中国对外传媒的"文化制衡"话语理论;最后,在此基础上,归纳出一套中国抵抗西方文化霸权的媒体话语的策略框架。

我们的目的不是要否认现行的理论和实证分析成果,也不是代替它们。但是,我们希望本文提出的思想对媒体领导者、研究者和从业者在认识方法和视野上有新的启示,为理解和研究中国对外宣传和舆论活动提供新的理论和分析工具;在实证研究上,能适当弥补在对外传媒和话语分析方面的不足。另外,也是非常重要的一点是,我们希望本文提出的新观点能够纠正西方对中国(对外)传媒的误解和误导,帮助西方学术界更好地了解中国媒体话语的性质及其对国际社会和人类文明的意义。

一、媒体研究范式的反思与转向

为了介绍我们的研究动机和方法,下面首先说明一下媒体研究的基本状况。这里只谈与我们研究相关的、最值得反思的地方。关于中国的对内和对外大众传媒的研究,从总体上来说,不论在国内还是在国外,似乎主要是以政治经济分析、社会学和符号学理论为基础的(He,2000;Lee,2000;Lee 等,2002;McQuail,2000)。这些理论一般把传媒活动分为组织机构、意义符号、场合、受众、影响以及背后的政治、经济等不同因素,对它们的内容、结构关系进行描述。下面我们来讨论其中的一些片面性。

1."政治经济分析"的普世化

以"政治经济分析"为指导的研究工作虽然从某种程度上反映了中国的政治和经济在媒体中的作用(He,2000;Jamieson 和 Campbell,1983;Lee,

2000），但是它毕竟是源于西方社会的学术理念，没有完全考虑到媒体更广阔深厚的历史文化内涵及文化传统的特殊性。比如，中国自孔子以来几千年的文化传统都是把语言活动看作是调节和引导社会的工具，因而中国的"宣传"概念与西方的"propaganda"（宣传）在价值取向上迥然不同，在实践上也更注重媒体的社会责任和导向作用。而"政治经济分析"很容易把中国大众传播狭隘地解释为政治经济因素（"经济改革的要求"）导致的结果。

2. 民族国家论的狭隘性

上述政治经济框架一般还蕴含着"民族国家"的意识；也就是说，这种学说认为政治经济结构是有民族国家差异的（Fortner，2005；Lee 等，2002；Lu，1999）。因此，媒体的分析往往把民族国家作为孤立单位来刻画其产生的意义或追求的利益；这种思路并不能抓住世界复杂多元的文化历史的互动作用，特别是西方殖民主义和帝国主义及全球化所带来的超越国界的文化互动的影响。这种研究范式关心和探索的问题是"中国形象的维护"，却没有注意到中国和其他曾受西方列强凌辱的更广泛世界的民族历史记忆，也不考虑日益深化的美国等西方文化霸权国家及其推动作用。

3. "符号学"的二元对立化

与西方的二元对立认识论一脉相承的符号学，往往把原本完整、纷繁、复杂的传意实践过程分割成各不相同的另类，它们之间至多只有机械的（因果）关系，如对内与对外传播、媒体与语境、媒体与从业人员、媒体机构与产出、产出与受众、内容与形式等一一对立的关系。它们也看不到媒体各因素相互渗透、不断变化的话语动态过程。这种研究范式只关心它们的静态状况或内容结果，或它们之间的机械关系，以及简单的、抽象的、模糊的"有效宣传手段"（"时效性"、"针对性"、"灵活性"、"策略性"、"有效性"）；却很少关注具体的、细微的、实实在在影响国际舆论乃至国际秩序的话语动态过程、话语语境和话语策略（Biagi，2002；McQuail，2000）。

综上所述，目前主流理论缺乏更完全的、更切实的、更辩证的和更动态的认识视角，因而无法考虑到中国媒体广阔的、深厚的历史文化内涵，更没有考虑到东西方文化的互动、本土与全球的互动，其中文化不平衡的权势斗争，以及整个话语的动态、复杂、辩证过程，其研究结果往往过于片面、简单，也未能在理论上准确把握中国对外宣传的文化轨迹，甚至不知不觉地受到西方传统文化霸权意识的操纵，进而间接地加重了西方对中国大众传媒的偏见与歧视（Lu，1999）。似乎也是由于这些或类似的原因，媒体研究主要限于中国的对内传媒活动，在对外宣传和"舆论斗争"方面的研究则不成比例地薄弱。对中国这样一个新兴和崛起中的世界大国来说，这无疑很难令人满意。

二、文化话语研究的必要性

(一)文化视角下的话语研究

　　普遍意义上的话语研究常带有跨学科性,当代社会科学领域中存在以偏概全的问题和理论与实践的普世化倾向,这导致了文化语境的缺失与对立(Flyvbjerg,2001;Hollinger,1994;Smart,2003)。在批判人类学、批判心理学、文化学,尤其是女权主义和反种族主义运动中,批判言论常带有文化歧视(Clifford,1986;Said,1978;Van Dijk,1993;Wilkinson 和 Kitzinger,1995)。因此,我们先总体论述语言与交际研究的文化本质,然后深入探讨具有普世性和全球性的批判话语研究的自身文化特性。

　　在语言与交际研究领域中,早有针对学科自身文化不平等性和歧视性问题的批判反省(Bazerman,1998;Cameron,1992;Carey,1992;Miike,2006,2009;McQuail,2005;Milhouse,Asante 和 Nwosu,2001;Shi-xu,2005,2009;Stanley 和 Wise,1983)。也有部分学者尝试从理论和方法上重建非西方、非白人世界的,或者说第三世界国家的话语(Chen,2004;Dissanayake,1988;Gumperz 和 Levinson,1996;Kincaid,1987;Ngǔgǐ,1986;Miike,2009;Pardo,2010;Prah,2010;Young,1994)。这些研究通过梳理特殊的根源、派系、视角、价值、概念、利益、研究方法和权势关系等,彰显了语言与交际研究的文化本质。但值得指出的是,这里所提到的各种努力仍然过于稀少且时间间隔久远,多数研究来自第三世界国家和地区的非白人学者,或来自外部学科。学术的"去殖民化"和重建工作迫在眉睫。

　　在此,我们认为有必要警惕对"东方"、"西方"、"南方"及相关词的误解。普遍接受的"后现代主义"话语虽然瓦解了东西方的概念,但实际上却为其自身的学术霸权、不平等、镇压其他学派提供了伪装。当今研究中,东西方不再是地理上的对立方位,而是真正的或潜在的文化政治分类(Shi-xu,2005)。尽管它们有相似的内部矛盾、外部联系、自由磋商、随时变革,但却因历史因素而造成了地位上的不平等。因此,东西方概念有其存在的必要性。正如斯皮瓦克(Spivak)的"战略性本质论"(Landry 和 MacLean,1995)所言,我们需要这个概念来正视现有的文化政治不平等问题,揭露西方资本主义的全球化本质,重塑发展中国家的文化认同和文化多样性。

1. 批判话语研究：特殊文化的话语

近年来，针对批判话语研究的文化和知识局限问题的批判性探讨越来越多（Blommaert，2005；Jones，2007；Schegloff，1997；Shi-xu，2005，2009a，2009b；Slembrouck，2001；Stubbs，1997；Toolan，1997；Tyrwhitt-Drake，1999；Verschueren，2001；Widdowson，1995；Xin，2008）。这些学者认为，目前研究对于通用化概念和视角过分依赖，缺乏对知识本身的反思。在这一部分，我们将采用非西方，即中国文化的视角重新解读批判话语分析范式（Fairclough，1997，2006；Fairclough，N. 和 R. Wodak，1997；Van Dijk，1997；Ideology，1998；Wodak，2005）。我们认为，批判话语分析的学术话语带有特定文化的色彩，这一点不仅反映在其自身表述上，更反映在它将自身定位为具有普世性的话语分析模式上，而这一模式从文化上看却是单一的且排外的。

2. 思想根源：欧洲与中国传统思想

在对批判话语分析的认识上，有两种不同的态度，一种认为是对西方语言理论的批判，另一种认为是对西方不同语言派系和传统的延续。西方的语言研究以形式和结构为基础，带有强烈的结构主义色彩。同时，受到古希腊修辞学的深刻影响，往往认为话语具有征服、控制的作用。更广泛地说，批判话语研究根植于西方个人主义文化中。相反，中国的语言与交际研究根植于中国古典哲学。《易经》中所反映的观点，以及老子与庄子的思想都表明中国的话语具有"言有尽而意无穷"的特性，其中的"言"与"意"显然存在不对称性。在《文心雕龙》中，刘勰认为沉默、感悟和反复交谈都是语言和交际的重要方式。再广泛地讲，中国的传统思想源于儒家文化，讲求交往中的"仁"与"和"。

3. 二元对立与辩证主义

这一学科领域内有两种不同倾向：一是二元对立，即认为世界是二元的，事物之间存在对立关系，且一种事物要优于另一种事物（例如篇章优于语境，话语优于社会或认知）；二是事物间的机械辩证关系，即在某种条件下，两个事物相互转换或相悖。例如，话语与社会（社会认知）相对立，说话人与听话人、被研究者（被批判者）与研究者（批判者）、真与假、独裁与民主相互对立。通常情况下，两者中只有一个是被分析的焦点。但是，对中国人或者亚洲人来说，世界是"一"，是统一的整体，其不同的组成成分间相互作用、相互融合、相互转换。因而，话语与社会（社会认知）是这一统一整体的不同组成部分，我们的研究并不是为了寻找两种实体间的关系，如"话语"是如何"构建或影响社会"的，也不是"认识、意识形态"是如何"塑造话语"的。我们要既见森林，又见树木，寻找所有相关类别，探索事物的复杂性，发掘相关性，强调事物与人的发展变化、同时在研究中注重历史与文化，研究客体与研究者等。

4. 直白表述与弦外之音

在结构主义与二元对立思想的影响下,西方的话语研究认为,语言形式可以展现部分或全部的含义,导致篇章优于语境(包括历史、文化、社会和认知)。它们认为篇章是分析的核心,且尤为重视分析其形式和结构特点,许多文章与著作均主要研究上下文关系或结合文字重塑语境。然而,中国人或亚洲人认为,"言有尽而意无穷"。庄子曾云"得鱼而忘筌,得意而忘言"。也就是说,语言形式只能部分地展现其真正含义,话语之中蕴含着无尽的含义。研究者要不断与生活对话,依靠自身的经历、直觉、想象等来深入解读话语的含义。

5. 说话人为主导与听话人为中心

无论是在理论还是在话语实践中,作为研究客体的话语都被认为是单一说话人的事情。说话人是整个话语活动的中心,决定话语的目的,控制整个话语过程。这一点在话语研究实践中得到了证实:通常情况下,说话人的语料是研究的中心、是判断语义的关键;语境仅为字面含义的分析,为阐释提供背景;而听话人对话语的理解却完全被忽略。话语研究变成了仅对"说话人表达的含义",包括其说话的目的、意图(认知、观念)和文本功能(策略、修辞)的分析。但是,对中国人或者亚洲人来说,这样的单一说话者的模型仅反映了社交中的一方,并不全面。在中华文化语境中,对说话人和听话人双方都有具体的规范,任何一方的缺失都会导致对话语解读的失误。因此,一方面说话人的话语要顾及听话人的立场,而非咄咄逼人地灌输自己的意愿("己所不欲,勿施于人")。此外,说话人对听话者要讲"仁",其话语对社会要起到"和"的作用。另一方面,听话人在听的过程中要公正地、批判地、全面地理解说话人的意思(正如儒家所言,"不以言举人,不以人废言"、"非礼勿听"、"听其言而观其行")。因而,研究不是为了依据说话人的话语探寻其背后的观念、意图和社会功能等,而是听话人和研究者对话语的理解,以及整个社会和文化对话语的反应。

6. 批判话语研究:排外文化的话语

除了不同的思想根源、思考模式外,批判话语分析在国际学术界非中立的、优越的、非独立的文化学术话语,还表现在其特殊的参与者、分析模式、展示方式、国际市场与分销渠道、全球化的教学、网络及广泛的政治、经济和文化资源上。首先,正如米格诺罗(Mignolo,1993)所说,批判话语分析的传播轨迹表明其是一种作为主宰形式的话语,且多数情况下,都表现为男性白人或深受西方思想教育的研究者在其出版物或讲座中,以西方都市为中心,向世界各地传播该理论思想。其次,批判话语分析直接或间接地、自以为是地(批判其他事物虚伪、错误,却缺乏对自身文化局限与偏见的反思)认为其理论具有理性、普世性(为各类话语、社会和认知提供宝贵的叙述)。同时,依据上述特性将其研究视角、分类、标准、维度、过程和价值观等普世化,并将研究话题、研究问题甚至结论标准化。再次,在如此自信的光环下,批判话语分析几乎忽略了其他文化,尤其是非西方的学术和传统哲学思维,更没有与其相融合、相借鉴。最后,批判话语分析在西方许多高等教育企业和机构的帮衬下,获得了大量科研经费,通过媒体途径出版、宣传,逐步走向国际化并获得了学术霸权地位。

这种西方知识与观念影响下的"新殖民性"话语可能会带来巨大的难以察觉的学术和文化后果。这种话语并未全面反映非西方社会的现实,包括历史和文化现实,可能会掩盖其真正的焦点问题、愿望和需求等(Ngŭgĭ,1986;Penny-cook,1998)。这种被普遍接受的带有西方中心主义色彩的研究方法难以代表当今瞬息万变的非西方话语,它只能重塑并巩固对非西方社会已有的偏见。这种以西方为中心的普世性的话语常反映出无礼的、过于简单化的和消极的态度,它只能加深隔阂甚至敌意。这种独白式的、排外式的话语镇压甚至减少了跨文化对话的机会,更削弱了创新知识和研究的机遇。

7.批判话语研究:依赖学术的话语

独白式的主宰学术,会带来对其他语言、文化所蕴含的学术传统的忽略与排斥。我们应该意识到,非西方国家的学者,面临着不同的社会文化环境与学术资源。在全球化浪潮下,大量西方教学、科研出版物涌入各地,严重冲击本土文化传统。部分学术团体出现了严重的学术依赖,更有甚者出现了学术"失语"(Cao,2008)。

(二)人类话语的多元化与差异化

话语理论与分析常着眼于对"语言"、"文本"的分类与特征描述,以及探讨普遍意义上的"社会"和"认知"语境。几乎没有人关注话语的文化、跨文化,尤其是文化权势不平等的特征、维度或视角。这是当代话语研究的重大缺陷,但其却与居于主宰地位的、殖民化的学术研究话语相一致。本文将从以下几个重要方面来展示东方(南方)文化话语,揭示西方话语研究所遗漏的人类话语的文化本质与基本问题(Shi-xu,2009a)。

东方话语代表了亚非拉各地区极其分散流离的各民族,他们自19世纪以来,共同经历了殖民主义时期、冷战时期以及帝国主义侵略时期,在社会、政治、经济、科学等领域持续受到压迫、剥削和孤立。在这样的历史条件下,他们面临共同的问题与挑战,有着相似的担忧与憧憬。例如,由欠发达引起的包括高文盲率、贫困、人民反抗、局部战争、环境恶化、主权问题、民族自主以及和平与发展等在内的各类问题(Irogbe,2005;Lerner 和 Schramm,1967;Reeves,1993)。值得注意的是,欧美国家主宰的国际传播体系(媒体、文学、教育、科学以及日常交谈)将亚非拉地区刻画为落后的、受压迫的、极端主义的、腐化的,与西方的现代化、民主、自由、热爱和平形成鲜明对照。这对欠发达地区的国家和社会以及人民的幸福憧憬造成了极坏的影响(Casmir,1974;Chomsky,1993;Cooks和Simpson,2007;Croteau和Hoynes,1994;Hawk,1992;Herman和Chomsky,1988;Pratt,1992;Said,1978,1993;Tanno和Jandt,1994;Van Dijk,1993)。更重要但却常常被忽略和误解的是,东方文化对人类生活,尤其是人与人的沟通有着独特的解读,对人生、血缘关系、性别和国家有着特殊的观念与价值判断。例如,部分东方社会崇尚仁慈与集体意识,将人与他人及自然的和谐视为行动和交流的准则,这与西方社会所崇尚的个人主义价值观(Asante,1998,2005;Beier,Michael和Sherzer,2002;Chen,2004,2006;Fanon,1986;Freire,1985;Garcia,1983;Krog,2008;Orewere,1991)及口号式的平等(Shixu,2009)①形成了鲜明的对比。另外,亚非拉地区的国家和社会内部在政治、经济等领域也存在动态差异和不平衡,需要具体问题具体分析。

　　此外,我们应该认识到,东方社会存在"家族相似性",尤其是在语言与话语解读上。一方面,亚非拉国家的多数人口不以英语或其他欧洲语言为母语。受殖民主义影响,他们认为欧洲语言难以表达自身需要,使他们的母语在国外受到歧视(Basso,1988;Kinge'I,1999;Nodoba,2002;Orewere,1991;Prah,2002;Preuss,1989;Sherzer,1990;Urban,1986,1991)。在英语成为世界性语言、遍布传播与科研各领域的今天,东方世界面临的语言歧视,值得重点关注(Lauf,2005)。另一方面,东方话语以崇尚和谐为特点(Asante,1998;Brody,1994;Chen,2004;Urban,1991)。其中,亚洲话语更是以和谐为出发点,常常表述委婉(Feng,2004;Gu,1990)、保留说话人的面子(Jia,2001);非洲的修纳语则主要用于修复人际关系(Asante,1998);拉丁美洲的人们讲求对话中对彼此的认可与尊敬(Urban,1991)。此外,东方话语以其丰富而独特的符号网络、模式和沟通渠道为特征(Cooke,1972)。例如,尼日利亚传统的公用交流方式即包括传说与神话、音乐与歌曲、步调与舞蹈、部落符号、陶艺与木艺、鸟虫等(Orewere,1991)。另外,与西方人津津乐道于统一、礼貌、旅游、商务、恐怖主义等议题不同,亚非拉国家的人民更关注生活、贫困、和平、发展和民族自主(Duncan等,2002)。最后,东方话语在日常使用和科学研究中较少应用,其传播和使用频率较低。以国际传媒为例,现有的国际市场信息和媒体资讯充斥着欧美势力(Reeves,1993;Shanbo,2004)。据联合国教科文组织统计,85%的国际刊物都

---

　　① 传统中国话语语境推崇国家与社会的道德及政治(所谓"名不正则言不顺"),并以实现、维持人类社会的平衡为根本(Chen,2004;Jensen,1987;Lu,1998)。最高话语准则依据双重价值观:一是"和",意为和而不同;二是"中庸",意为折中而选或保持平衡。

由发达国家输往发展中国家。

(三)文化话语研究的资源:潜在媒介与深厚底蕴

具有文化意识与批判模式的话语研究范式正应运而生。正如前文所介绍的,文化话语研究是开放式的研究系统与范式,其话语依据的哲学、研究理论、方法和话题都存在不同程度上的差异。文化话语研究的构建与实践应遵循下述原则,而其基本组成部分更应反映这些原则:

(1) 根植于地方的特殊文化话题与视角;

(2) 放眼全球,胸怀其他文化与视角;

(3) 能够与其他相关国际学术团体进行对话;

(4) 有利于多元文化繁荣共存,推动跨文化的创新与发展。

在话语领域中,一些学者早已提出文化或多元文化视角的话语研究问题。例如,梵·迪克(Van Dijk,2001)曾表示:

> 在我多年担任多种国际期刊编辑的经历中,我发现鲜有学者能在模仿、追随大师的学术脚步中写出新颖的文章。良好的学术,尤其是良好的批判话语分析,应在毫不折中的基础上,广泛吸收来自不同学科、不同国家、不同文化和不同研究方向的不同人们的杰作。换言之,批判话语分析应该多元化、多学科化。

就这一点而言,尤为值得注意的是:一方面,越来越多的文化批判和具有建设性的文章开始批判以西方和白人为中心的殖民主义话语;另一方面,学者们在积极创建多元文化话语研究的原则、方式,重新发掘亚非拉等边缘地区具有文化特殊性、多元性的话语(Asante,1998;Chen,2004;Collier,2000;Dissanayake,1988;Gavriely-Nuri,2010;Gumperz 和 Levinson,1996;Heisey,2000;Kincaid,1987;Kramsch,1998;Mignolo,1993;Miike,2009;Pardo,2010;Pennycook,1998;Prah,2010;Seed,1991;Scollo,2011;Shen,2001;Shi-xu,2005,2009;Silverstein 和 Urban,1996;Swidler,1986)。

现如今,发展中国家有越来越多的精通中西文化与学术的青年学者,他们通过网络、出版物、翻译、会议、研习班、访学等项目,开展跨文化交流、对话、批判与合作。在上述新机遇和优势条件下,我们期待在跨文化学习中涌现出更多的具有文化反思与文化批判意识的话语研究学者。

中西文化的不同概念、思考模式和技术特性在多个领域内相互碰撞,产生了文化多元化和互补,并促成了跨文化协同作用。例如,文化平等表现为中国传统学术讲求"忧国忧民",而批判话语分析也从解决社会问题出发,追求权力和平等。其差异表现在中国和印度文化讲求言不尽意,而西方追求直白表达(Carston,2009)①;东方人在公共场合讲求"面子",而西方人却是自由衍生的"脸面"。其互补性表现在中国人讲求"仁",非洲人讲求"人与人之间的善",而西方人则以个人为尊;西方人从二元对立视角进行分析、思考,而中国人擅长以辩证的观点看待问题(更关注事物间的互动、联系、融合、转化,事物的统一性,并且以谦逊的态度对待其他事物);西方人追求分析的依据,而东方人凭借感性经验;西方人追求个人目标(主宰式交际),而亚洲人或中国人则更善于为他人着想(和谐式交际)。

三、文化话语学的新视角与中国理论的构建

　　根据上面指出的问题,我们建议运用"文化话语学"的视角,来实现中国对外媒体的理论创新。这里的文化话语学视角指的是,首先,研究要着眼于具体的文化("脚踏实地")——对于本文来说是中国文化,然后整体地、辩证地、历史地、动态地看问题。这一切恰好符合中国的传统人文精神,因而这种视角既符合国情又彰显中国特色。同时,文化话语学视角也强调,在所有这些层面上,语言使用、语言策略、语境及语言使用者——简言之,话语——占有主导位置(Shi-xu,2005,2006a)。

　　如果从这个角度看中国跨文化大众传播,应该可以看到它渗透着中国特定的历史和文化,是东西方互动的有机组成部分,而且具有自我创造力。下一步的研究关键在于:(1)获取中国有关学术(新闻学、大众传媒学、外交学和话语学)的独到见解;(2)寻觅中国传统人文精神(追求事物之间的平衡、崇尚语言的社会调节功用);(3)追踪中国近代史对当代思维的影响,分析冷战结束后形成的新国际传播和舆论秩序;(4)透视改革开放给我国媒体对外宣传带来的变化和新特点。最后,综合这些方面的信息,提出"文化制衡论"的新理论。因为这些问题本身是很宽泛的,这里我们只能提纲挈领式地论及。

　　先抛出我们的论点:"文化制衡论"。中国传媒的对外宣传和国际舆论斗争超越了所谓的"政治"、"经济"的要求,也超越了国家自身利益;带着中国文化的思维、历史压迫的记忆、经济崛起的自信,中国传媒的对外宣传和国际舆论斗争

---

　　①　Carston(2009)表达了直白的交际方式的局限性:"完全依靠语言形式和字面含义,难以表达我们的多数思想,不同情况下的不同话语解读必不可少。直白的交际方式便于理解所表达的内容,但这一过程是渐进的。"

是世界文化中一种独特的话语形式,并正成为抵抗美国和西方霸权的国际舆论系统中的一股东方力量;由于这股力量的作用,东西方不平等的国际舆论秩序受到了制约。

该论点的提出主要基于下面四个方面的考虑。第一,也是最重要的语境考虑:冷战结束后,由于苏联的解体和美国成为世界唯一超级大国,国际大众传媒结构基本成了西方特别是由美国所垄断的霸权系统。以美国为首的西方国家操纵强势话语,界定世界的事物和秩序(Shi-xu,1997)。同时,在这样的霸权格局下,有来自非西方的反抗,虽然很有限;或者说,中国(东方)和美国(西方)之间的跨文化交际并不完全是由美国和西方世界所操控的,而是一个压迫与反抗、操控与平衡的动态过程(Shi-xu 等,2005)。第二,中华学术的独到研究见解以及对中国语境的深入认识表明,中国的话语交际传统崇尚和谐性、社会性和权力平衡(蔡帼芬,2002;陈崇山等,1989;Chen,2005;方汉奇、陈业劭,1992;匡文波,2001;李彬,2003;梁家禄等,1984;刘继南,2002,2004;邵培仁、海阔,2005;盛沛林等,2005;俞可平等,2004;张国良,2001)。第三,最近一个多世纪的中国近代历史中,世界列强的残酷侵略、掠夺、压迫、剥削,给中华民族戴上了一把历经艰辛才挣脱的半殖民地枷锁。这些历史的集体记忆使中华民族有一种本能的反对霸权主义的精神(Shi-xu 和 Kienpointner,2001)。第四,经过 30 多年的改革开放,中国的经济取得了举世瞩目的成就,同时中国的世界地位也不断提升。这使中国人增进了自信心,有了更加积极、正面地参与世界事务和与西方对话和对抗的能力(Shi-xu,2006b;中国社会科学院新闻研究所和首都新闻学会,1988)。纵观近年来的媒体话语实践,中国不仅在国内,而且在世界范围内,更加关注权力的不平等问题,关怀中国的弱势群体,同情第三世界的国家和地区,努力充当国际和平使者;对于西方的强权国家和组织,中国的媒体话语似乎采取了比冷战期间更为复杂、灵活的策略。

总之,我们不应该把中国大众传媒的对外宣传和舆论斗争看作是与中国和世界历史文化割裂的、孤立的现象。要获得全面、准确的认识,我们必须要从文化话语学的新视角出发,将其看作是与植根于特定的中国历史文化、与西方霸权主义和全球化相互作用的、复杂的、动态的和辩证的媒体话语现象。这也即是说,我们的观察方法必须立足本土、放眼全球,整体地、历史地、辩证地审视中国媒体对外宣传和舆论斗争的媒体话语和语境。从这一新的理论视角进行分析,我们提出,中国传媒的对外宣传和国际舆论斗争,带着中国文化的智慧、沉重的历史记忆、经济崛起的自信,正发出现代文明中一个独特的声音,成为国际舆论体系中抵抗美国和西方霸权的一股东方力量。由于中国对外传媒抗衡西方霸权的倾向和行动,被美国和西方垄断的世界传媒交际系统受到一定的制约。这种新的理念克服了狭隘的民族主义的观点和政治—经济矛盾论的观点，展示了历史文化和全球化的大视野，以及在当今中国对外宣传和舆论斗争方面传媒话语的具体发展轨道和它所带来的一系列文化变革。

四、媒体话语分析框架

本文更实际的目标是，把文化制衡论运用到中国与西方在大众传媒中的对话分析中去。根据这种理论，我们分析的问题应该是中国的媒体话语如何抵御西方霸权，而这里探索的焦点是中国新闻媒体在与西方霸权媒体话语抗衡过程中所使用的不同话语形式和策略。由于我们的目的是媒体话语定性分析，通过建立有关媒体话语模式的理念框架，我们将就某些案例进行深入细致的分析。具体地说，本文将选择中国在对外贸易争端问题上与西方对话的媒体实践活动进行分析。选择这个问题来分析，不是因为我们对对外贸易问题本身或中国在这方面的表现如何感兴趣，而是因为这个问题是典型的、重大的媒体事件。要做好这项工作，简单的、偏重机构和内容的调查方式通常是无法胜任的，我们必须进行较为全面的、动态的、细致的分析（姚喜双、郭龙生，2004；Scollon，1998；Van Dijk，1988）。

随着中国经济的崛起以及在全球化加速条件下对外贸易的不断增长，贸易摩擦也不断增多。近年来特别是在当前的国际经济危机中，事态有进一步升级和恶化的趋势。

很多学者认为国际贸易争端是一个经贸问题，是法律问题，或是外交问题。这种观点其实都比较片面，甚至没有抓住事件的本质特征。

我们认为，中欧贸易争端其实是一种经济、政治、外贸、法律、文化等诸多因素交叉的话语现象；用通俗的话来说就是：不同国家的商人和商务部门在吵架。因此，我们必须运用一套跨学科、跨文化的交叉研究体系，对其进行整体的、系统的、深入的探究。

然而，作为话语现象，如果我们从实际情况和需要出发，中欧贸易冲突问题的认识和解决，不能只依靠传统的篇章结构分析方法。

关注中欧贸易纠纷的目的是希望通过以本土—全球的视角和尺度，帮助中国、欧盟甚至世界认识、理解中国贸易纠纷话语的特点，发掘催生、维持、激化、消解贸易矛盾的话语因子。希望这样的研究有助于提高中国对外贸易话语的效力，得到欧盟乃至世界的理解，最终减少中欧、中外贸易摩擦。

中欧贸易纠纷话语是一个庞杂的现象。本文的切入点或焦点问题是：中国方面是如何运用话语的？或者说其话语策略是怎样的？

为此，我们将：(1)提出一个关于中欧贸易冲突话语的初步理论、方法和问题意识框架。(2)通过对中欧双方在贸易纠纷中典型的话语个案的研究，包括分析其过程、形式、内容、后果、国际语境，挖掘出中方的话语策略(也即是回答"谁在说话，说什么，如何说的，时空把握如何，有何效果等"问题)，并评判这些话语策略的优劣之处。

我们将采取一套跨学科、跨文化、跨语言的交叉性的对比分析和辩证分析方法，只有这样，才能对问题有一个全面、准确和实质性的把握。

这样的话语研究：(1)将帮助我们更清楚地认识国际贸易争端的话语特质及规律，由此还可能引发一级学科的思维转变；(2)也可以为我国今后的外贸话语实践提供积极的指导意见(比如提供避免、缓解、转化双边贸易矛盾的话语策略)；(3)还可以帮助国际社会更好地理解中方对外贸易的话语；(4)最后，为其他类似的中外贸易纠纷问题提供典范性的研究框架。

关于外贸话语的基本理论预设，对于当代中国对外贸易话语包括贸易纠纷话语可以做以下预设：

其一，当代中国的对外(欧)贸易话语，特别是贸易纠纷话语，是改革开放以后出现的现象，与中国政治经济社会的迅速发展紧密相关。

其二，欧盟的经济贸易状况相对发达，且具有较多的国际贸易经验，因此其对外贸易的话语也呈强势。

其三，贸易纠纷话语有不同的主体，包括政府、行会、企业、进出口公司等。中方不仅是需要面对欧盟的共同团体，有时也是需要相互沟通与协调的不同的个体单位。

其四，贸易纠纷话语是贸易、经济、法律、语言、文化、国际政治等多重因素交叉作用的现象，因此需要多学科交叉来进行研究；比如，要认识向欧盟法院起诉的现象，我们必须了解：什么时间可以诉讼；谁可以诉讼；诉讼可能对企业产生怎样的后果。

其五，中方贸易(冲突)话语是与外国贸易方互动的，在这互动过程中将有不同的权势关系的出现及文化权势的较量。很显然，这里西方强势的政治经济地位将起重要作用。

其六，中方贸易(冲突)话语同时又是与中国传统文化相互作用的。这些传统文化因素包括与儒家道德有紧密联系的"关系"、"面子"、爱国主义精神等，它们可能被创造性地再利用。

其七，我们认为中方的说话方式有其特殊的语言特点和语用特点。和谐平衡的语用道德、言不尽意的语用规则、辩证的论事方法等，都可能会发生作用。

人们在什么时候说话,说多少,运用什么媒介等,也是值得我们注意的问题,因为这些语言、语用特点关系到他们话语的效力。

欧盟对中国的贸易赤字总体上呈不断扩大之势。20世纪80年代初,欧盟对我国贸易处于顺差,到2005年贸易赤字则已达1316亿美元。因此,欧盟对中国产品采取了反倾销行动。世界贸易组织(WTO)的统计数据显示,2008年,全球40%的反倾销案件、70%的反补贴案件都是针对中国的出口产品。2009年7月,时任中国商务部部长陈德铭在《中国言行一致反对贸易保护主义》一文中指出,并不是中国在搞贸易保护主义,中国恰恰是贸易保护主义的最大受害者。

2005年爆发的中欧鞋类贸易纠纷是欧盟成立十年来经手的最大一起反倾销案。根据中欧之间的"入世"协议,2005年,欧盟取消对中国鞋类长达十年的配额限制,并降低进口关税,中国鞋类出口激增。据欧盟方面的统计数据,2005年中国鞋类占欧盟鞋类市场的一半,达12.5亿双;其中反倾销措施涉及的有1.74亿双。欧盟还称,2001年到2005年,中国皮鞋对欧盟的出口增长了9倍,其中2005年比2004年增长了3.5倍。1998年到2004年间,欧盟皮鞋生产能力就已经从11亿双下降到了7亿双。2004年12月,意大利制鞋协会向欧盟申诉,要求对中国鞋类进行反倾销调查,由此拉开了围绕"反倾销"的鞋类纠纷的序幕。欧盟的制裁涉及1200多家中国制鞋企业,影响400多万人的就业。

在进行语境研究时,我们还必须清楚一点,即我国是一个发展中国家。按照国际货币基金组织(IMF)公布的2008年人均GDP排名,中国位于世界第104位;按照联合国标准,中低收入国家人均国民收入是在799~2990美元;我国人均国民收入虽然已突破3000美元大关,但地区差异明显。而发达国家的定义很多,衡量方法也很多,除单纯计算GDP外,还有教育、文化、经济、寿命各个方面综合衡量的因素,因此总体上中国仍属于发展中国家。这意味着中国在政治、经济、技术、法律、社会等方面与包括欧盟在内的西方国家有着重大差异。

与此相关,我们还应该指出,中国只是新近(2005年)才加入世贸组织,而其中的许多法律、规则都是欧美国家制定的。因此,我国在认知、人才力量上与发达国家相比都还有差距,不能像欧盟那样在处理贸易纠纷问题上游刃有余。

构建当代中国话语研究范式的重要目标之一就是寻求方法上的创新。传统的西方话语分析方法是从几个理论和方法概念、范畴出发,对一小段话或文字进行分析。本文要探索的分析方法是:(1)从现实的话语问题出发;(2)从现实的话语事件和话语条件(所有的可供研究的素材和信息)出发,运用一切能够帮助我们有效回答问题的途径和手段去研究问题。

本文所要解决的具体问题是中国方面在与欧盟鞋业贸易纠纷中是如何运

用话语的,研究的总体方法步骤是这样设计的:

(1)首先,通过中欧双方各种媒体渠道提供的资料理清中欧皮鞋贸易摩擦的基本历史过程,并找到突出事态的转折点(纠纷的发生、持续、升级、转化或消失)。这样可以帮助我们有目标地收集中欧双方的话语素材,也为下一步的话语分析准备背景信息。

(2)以中欧贸易纠纷的发生时间为历史线索,一边收集欧盟方面的话语素材,一边收集中方的话语素材,作为下一步研究中方话语情况的背景信息。其中各方的话语素材又可分为以下几类:政府话语;行会/协会话语;企业话语。

(3)如同第一类性质的信息资料,我们还需要收集有关第二类话语素材的信息资料,比如来自第三方的新闻报道、评论文章;这些也可以帮助我们更好地认识、评价中方的话语策略。

在材料分析上,我们的政策是从实际出发,多元结合。要根据手中的材料和相关的信息,运用东西话语研究的方法和原则。比如,民俗学、社会学、传播学以及话语分析、语用学、修辞学等学科的分析和评价的概念、理论、标准,以及中华学术传统中的相关理论、概念、手段和原则。

结合这些不同的方法和原则,我们的基本分析、评价角度还必须是跨文化的,基本分析问题包括:谁(不)在说话;(不)说什么;如何表述的;构建什么样的社会关系;时空把握如何;文化关系把握如何;产生何种影响等。具体地说,分析、评价的问题可以围绕下列不同方面展开:

(1)中方发出声音的组织和人物;那些该发出声音但没有发出声音的组织和人物;数量以及时间分布情况;他们之间的交流情况。

(2)中方的话语内容,特别是立场如何;立场的依据或理由如何;是否切题甚至提出了新话题;他们是如何描述对方和自己的?

(3)表达的形式如何(直接的、间接的、商量的、示威的,等等);他们面对、解决冲突的方式如何?

(4)话语的媒介形式如何,是报道、评论、采访、网站、背景描述还是新闻发言、出文、法律文件等;语言使用情况如何?

(5)反应的速度如何?

(6)双方通过话语互动所形成的社会文化关系如何?

(7)在中方什么样的话语条件下,欧盟方面出现什么样的变化?

(8)中方如何作用于中华历史文化?

挖掘出中方关于与欧盟贸易摩擦的话语策略之后,我们还需要对其进行评判,以指导今后的话语,甚至可能对其他贸易伙伴的纠纷也有一定借鉴意义。我们的基本出发点是:贸易双赢;从长计议;人类和谐。这些是中国本土传统与全球标准的结合。在这个原则下我们根据中方各团体的不同性质对他们在摩擦过程中所表现出的话语特点/策略进行评价。

对于中国的话语来说,我们的研究不应把自己当做唯一正确的法官;相反,我们应该以之作为相互批评、对话的对象和主体;特别是在人格价值上,不应该把自己看成是高人一等的法官,而要以清晰的标准去衡量话语实践活动。

总的来说,分析和判断中国的贸易纠纷话语,以期有助于中国贸易话语能力的提高,使欧盟以及其他贸易伙伴更好地理解和接受中国是个实际问题,因此我们也需一套研究和解决实际问题的方法。我们必须根据实际情形搜寻或创造相应的有效方法。

本文在跨文化的视角下对中方在中欧鞋类贸易纠纷中的话语进行了较为全面的分析和评判。其主要关注点是话语性质上的问题,但也有话语数量上的关照。下面就来总结一下研究结果:

(1)2004年,我国在鞋类出口受到欧盟挑战时,各级政府、行会、商会、企业以及法律界都参与了与欧盟的对话。中国是个大国,如果各级政府、行会、商会、企业纷纷参与的话,那么回应的声音应该是巨大的。当然现实是少部分参与,而且他们的社会交际秩序是从上至下的。

在贸易话语参与者和参与关系的问题上,还有一个值得关注的现象,那就是在数个纠纷节点上都出现了中方的"缺席"。

(2)在对欧盟为何拒绝给我国"市场经济地位"和对我国鞋企进行反倾销调查、提高关税等问题上,中方的主要话语主体把冲突的起因归结于对方的贸易保护主义动机。但也有一些人认为,这是因为我国鞋类档次低,没有自己的品牌。换句话说,如果出口高端鞋类,形成自己的品牌,欧盟也就不会"找麻烦"。这种解释并没有看清事情的本质即贸易保护和贸易霸权,因此错误地将冲突的原因归结于受害方(即中方),这当然不利于问题的解决,甚至会误导今后的企业发展和贸易关系。

(3)在反对欧盟贸易保护主义行为的话语上,中方各参与者和组织提出了大量理由,有些是尖锐、巧妙的,有些还彰显了中华文化的特殊性。但是,仔细分析就会发现我方的法律制高点、可能采取的对等的反击行动还很欠缺。

(4)此次欧盟的反倾销调查和增加关税行动,显然给我国的出口鞋企造成了巨大的压力。但中方也采取了多种面对困难的话语方式,如辩证思维、支持抗辩,当然也采取了合理的退让策略。

(5)在对欧盟行为的反应上,中方采用了一系列不同的媒介,包括组织、参与各种不同级别的讨论会,运用互联网、新闻媒体、联合宣言等。从间接的角度看,中方的声音还通过外国媒体反映出来。但应该指出的是,中方的话语媒体是以汉语为主的,公开的英文信息数量很少。这势必影响到中方话语对欧盟的宣传效应。

(6)我们不仅通过分析和评判原则发掘出了一些中方话语系统中的优缺点,也从中方相关的材料中发现了自我评价的意见。这里所揭露出来的主要问题是行会的独立性和有效性不够,企业之间的协调性不够,法律途径不得力以及法律材料的不充分。

(7)从总的纠纷发展态势来看,欧盟贸易保护的意图、计划、行动基本上按部就班地得到实现,在此过程中基本没有受到中方的影响。这实际上就意味着,中方的鞋企在与欧盟的贸易纠纷中是"节节败退"的。

诚然,要全面、系统、充分地说明我国在中欧贸易纠纷过程中的话语性质、话语策略、话语秩序以及出现的话语问题,除了定性研究外,还应该有定量分析。比如,我们可以观察有多少企业(包括不同大小的企业)、多少行会(包括不同层次的行会)、进行了多少次应对活动。

上文提到,外贸纠纷话语是与经济、国际政治等其他因素相关的现象。这意味着每一宗事件都有其特殊性,要认识这种特殊性,就必须与不同的事件进行比较。比如,中欧鞋类贸易纠纷话语可以和类似的中欧关于紧固件的纠纷案、中美关于轮胎的纠纷案相比较。

五、结语:中国国际传媒的话语策略框架

我们已经论证了中国对外媒体传播制衡西方霸权的理论,还根据这一理论对中国与美国舆论、中国与欧盟舆论交锋的两个案例作了全面、辩证、动态的话语分析。最后,我们根据实证分析结果,对中国抵抗西方媒体霸权的媒体话语策略做一个初步的构想。在与西方继续保持友善对话的同时,中国的媒体对文化霸权和相关行为需要:(1)迅速地反应;(2)正面回应;(3)明确表示反对;(4)抓住对方在相关方面的弱点、弊端不放;(5)逐渐加强反击力度;(6)指出对方的两面性;(7)展示自我的正义、进步;(8)注重实证;(9)长篇大论、多重回应;(10)暗示、讥讽并用;(11)给对方的行为下严肃的定义;(12)否定或消减对方的论据或发言权;(13)国家政府、民间共同参与。

不可否认,当今人文社会科学领域存在文化与国际交流不平等问题,因而在话语学术中抵抗学术文化霸权与殖民主义任重道远。更具体地说,构建并实践文化话语研究是长期的目标与巨大的工程,需要世界各地不同团体的学者相互联合,共同努力。随着国际学术变革的加速,带来的多元文化意识增强,社会

科学领域,尤其是语言、交流、话语学术等领域,迫切需要提升文化意识、构建合理的文化批判模式。以下是几点建议:

第一,淡化、解构现有话语研究中以西方为中心的思考、表述、实践方式。第二,世界各地的学者应努力复兴第三世界国家中被遗忘的、被边缘化的、正在消失的、本土化的、非西方的学术资源。第三,学者应认真思考本土化的、尤其是非西化的话语研究理论,探寻并构建适于本土的话语研究范式。第四,世界各地的学者,尤其是非西方国家的学者,应该相互学习、互相合作,创建多元学术文化。最后,处于弱势地位的学者们应尽力在世界舞台上传播本土文化特色理论。这里引用米格诺罗(Mignolo,1993)的警示语来结束本文,"学术'认知与解读'应以参考殖民地区或后殖民地区的生活方式与思考为补充……否则,我们将只是在提倡模仿理论、出口理论,进行文化间的新殖民主义,而非提倡新形式的文化批判"。

亚洲中心论的意涵探索

——从欧洲中心论与非洲中心论出发所进行的反思

王思齐*

一、导 论

亚洲虽然是世界古文明的发源地之一,但是西方学术界以亚洲为主体进行的系统化研究并没有很长的历史。这些为数不多的研究几乎都是从西方的观点出发所进行的负面批判。例如:费正清以中国晚清史为样本的长期研究,就以"冲击－反应"模式作为总结,认为中国缺乏内在的自省能力,所以长期处于停滞的状态,无法凭借内在动力推动社会进步;只有接受外部刺激后,才能完成各种社会变迁①。这种缺乏亚洲自身观点的研究取向,似乎很难逃避"主观价值判断"的批评,因为观察的结论几乎都是从"西方人的眼睛"中产生的。再者,这些著作大多是以西方文字撰写并以西方社会为主要传播范围的,对于被观察的亚洲来说,不但失去了参与的机会,也丧失了辩解的权利。

直到 20 世纪 70 年代,柯文(Paul A. Cohen)的《在中国发现历史——中国中心观在美国的兴起》一书出版后,这种偏颇的观察视角才稍有改变。柯文强调的是从亚洲观点出发来研究亚洲的重要性,他以自己的研究心得为例,主张以中国为出发点,深入地探索中国社会内部的变化动力与形态结构;并且认为

---

* 王思齐:浙江大学传媒与国际文化学院博士研究生。

① 叶哲铭:《在"西方中心"与"中国中心"之间——论〈剑桥中国晚清史〉中费正清的史学研究模式》,《杭州师范学院学报(社会科学版)》2005 年第 6 期。

这种研究应该以多学科性的协作方式进行才更为恰当①。不论柯文的研究结论如何,他的研究主张至少在认识论与方法论上,呈现出了更为全面性的视野。

当柯文在 20 世纪 70 年代以西方学者的身份进行研究反思的同时,亚洲本身也对长期以来的西方观点垄断产生了一些微弱的反击。除了少数学者的努力之外,港星李小龙②的电影在当时可谓流传最广、影响最深的反击行动。李小龙出生于美国、成长于英国殖民时期香港,后又返美学习东方哲学,但并没有在西方式的成长过程中被同化。他对于中国所遭受到的种种磨难愤愤不平,于是勤习武艺,希望经由发扬中国武术来告诉西方世界,中国不是那么积弱不振、陈腐不堪的民族。

对李小龙而言,最为可恨的是同属黄色人种的日本人。日本是亚洲国家中率先推行全盘西化的国家。经过明治维新,日本成为最早脱离殖民帝国主义桎梏的亚洲国家。但是,维新之后的日本不但没有"己所不欲,勿施于人",反而摇身一变,立即加入殖民帝国主义者的行列。成为英国史学家汤因比(Arnold Toynbee)所说的"新生殖民国家",与西方列强一起对其他亚洲国家(特别是中国)大肆掠夺。这是李小龙在他的作品《精武门》中所采取的暴力抵抗行动来宣泄他对中国长期以来被列强,特别是日本欺凌的怨气的原因。

其后,李小龙在下一部电影《猛龙过江》中,更将挑战的场景拉到了罗马,直接对西方长久以来的优越意识进行挑战。李小龙的电影不但深深感动华人,也在世界各地掀起一股"华人风"。霎时间,穿唐装,耍双节棍,学中国功夫成为时尚,甚至连英文字典中都增加了功夫(Kung Fu)这个新的字眼。可惜好景不长,这股"李小龙旋风",只维持了短短的两年,就在 1973 年因李小龙的猝逝而后续无力,迅速凋零了。

李小龙从事的不是学术研究,而是电影艺术,但他表达的精神却是长期受压抑的"中国情感"。这是他能够带领香港电影冲出藩篱,迅速打进国际市场,创造高额票房的原因。这种对中国情感的压抑当然不只在电影这个层面,而是充斥于政治、经济、文化、社会与艺术等各个领域。只不过在这些层面中,中国几乎没有产生任何具体有力的行动来有效地反映与抵抗这种压抑而已。此外,李小龙的电影是以中国为主体的,并没有彰显其他亚洲国家(日本除外)被压抑的民族情感。真实的情况是西方殖民帝国主义兴起之后,亚洲大部分的国家,从 19 世纪开始就逐步为西方国家所瓜分。所以,西方殖民国家对于亚洲国家

---

① 张芳霖:《对美国传统史学模式的挑战——读柯文〈在中国发现历史——中国中心观在美国的兴起〉》,《江西社会科学》2002 年第 2 期。

② 李小龙(1940—1973):原名李振藩,乳名细凤,祖籍中国广东省佛山市顺德区均安镇,出生于美国,著名武术技击家、武术哲学家、武打电影演员、世界武道改革先驱者,也是截拳道武道哲学的创立者。

的压制其实是个普遍现象。

值得一提的是,李小龙的意识形态反扑基本上是从"以暴制暴"的思维出发的。虽然他在战胜敌人(西方人与日本人)之后,总是以较为彰显中国"恕道"的手法来处理他们,但这并不能抹灭他是通过"以力抗力"的竞争方式,经由粉碎西方霸权,来建立中国强者地位的思维。这种替换式的思维能否真正体现亚洲价值观? 如果是,那么这种"以力服人"的逻辑,与西方霸权的建立基础又有何不同? 是不是当亚洲成为中心之后,世界上其他的地区与国家就会像过去的亚洲和非洲一样,沦为附庸地位? 这种意识形态上的主导权争夺显然不是亚洲中心论应该诉求的。那么亚洲中心论的真正含义应该为何? 关于这些议题的思考,应当可以从欧洲中心论的发展过程与非洲中心论的反击过程中找到线索。

二、欧洲中心论——唯我独尊的单元论

欧洲中心论,也称欧洲中心主义,出现于18世纪中后期,在19世纪得以发展,并且最终形成了一种人文科学领域的思想偏见。这种观点认为,欧洲具有不同于其他地区的特殊性和优越性,因此欧洲是引领世界文明发展的先锋,也是非欧地区迈向现代文明的灯塔。这种狭隘的世界观和历史观,让欧洲无视历史真相的存在,也忽视其他地区的文明贡献,因而导致欧洲对西方以外的世界缺乏理解,也没能正确认识自己,最终造成整个世界,包含学术界在内,长久以来都是以西方意识作为主体意识的现象①。

发生于18世纪的英国工业革命是催生欧洲中心论的温床。工业革命揭开了欧洲资本化道路的序幕。随着西欧各国的逐渐兴起,大规模的海外殖民扩张迅速展开。19世纪时,欧洲已凭借其雄厚的经济实力和强大的军事力量奠定了自己的世界霸主地位,对各殖民地的资源掠夺也慢慢变成了全面性的占领。将世界踩在脚下的欧洲,认为这种扩张的成功是因自己的文明优越性所致,而造成这种优劣差异的基础在于人种的不同。就是基于这种民族优越感,以欧洲为中心的历史观逐渐成形。这种历史观的主要论述是把西欧的历史进程作为标杆,并认为世界各个不同民族和国家,在迈向现代化的过程中,都必须经历与遵循这个模式。尽管这种论述后来被抨击得体无完肤,但是在那个时代,这种主

---

① 任东波:《"欧洲中心论"与世界史研究——兼论世界史研究的"中国学派"问题》,《史学理论研究》2006年第1期。

张的确对人类的社会、经济、文化、政治等各个领域,造成了深远的影响①。大约同时,达尔文的物竞天择观点也在科学界掀起了物种进化的争论。因此,19 世纪的欧洲思想家们纷纷从不同的角度阐述自己对世界历史和文明进程的看法,为欧洲中心论的思想体系提供了多层面的立论基础。

当时,许多西方学者认为文化差异是造成欧洲与非欧地区发展(进化)程度不同的主要原因;文化差异来自于人种的差异,所以非欧地区的落后是命定的,是不可逆的,因为人种的优劣是无法改变的。在这种优越感的作祟下,对非欧地区的轻视与嘲笑就成为正常且可以理解的。例如:1824 年,美国诗人爱默生(Ralph Waldo Emerson)就在他的笔记中写道:"中华帝国所享有的声誉是木乃伊的声誉;把世界上最丑恶的形貌一丝不变地保存了三四千年。中国,那令人敬仰的单调,那古老的痴呆,在各国群集的会议上,所能说的最多只是:我揉制了茶叶。"②这段陈述清晰地反映出一个欧洲中心论者的傲慢;但也突显了他的无知,因为揉制茶叶的技术正是人类文明史上的一大发明。

欧洲中心论的标杆学者之一黑格尔,认为世界历史虽然以东方为起点,但历史运动的终点则在欧洲,特别是落在普鲁士的君主立宪制度之中。他真正的历史兴趣始终落在欧洲,东方社会对他来说,仅仅是世界历史发展的插曲和陪衬③。兰克(Leopold von Ranke)则无视非欧地区的存在,单纯地将欧洲的历史发展过程视为全球历史发展的主体。他认为世界的发展是以欧洲为主体的,拉丁民族和条顿民族是这个主体的两个主角,而人类历史发展的过程基本上就是这两个民族相互斗争与融合的过程。由于武断地认为世界历史的演进与这两个民族的发展进程相一致,兰克更直言:"印度和中国根本就没有历史,只有自然史",所以世界历史就是西方的历史④。

孔德(Auguste Comte)则认为:"我们的历史研究几乎只应该以人类的精华或先锋队(包括白色种族的大部分,即欧洲诸民族)为对象;为了研究得更精确,特别是近代部分,甚至只应该以西欧各国人民为限。"⑤孔德对于非欧人种的排除,明确地彰显出了欧洲中心论的霸权心态。马克斯·韦伯更是宣称资本主义是欧洲的特产,并且认为中国、印度等东方国家不存在产生资本主义的条件。

① [美]J. M. 布劳特:《殖民者的世界模式:地理传播主义和欧洲中心主义史观》,谭龙根译,社会科学文献出版社 2002 年版。
② [美]柯文:《在中国发现历史——中国中心观在美国的兴起》,林同奇译,中华书局 1989 年版。
③ [德]黑格尔:《历史哲学》,王造时译,生活·读书·新知三联书店 1957 年版。
④ [英]柯林武德:《历史的观念》,何兆武、张文杰译,中国社会科学出版社 1986 年版。
⑤ 夏基松:《现代西方哲学教程新编(上下)》,高等教育出版社 1998 年版。

韦伯写了许多专著来宣扬欧洲的独特性,成为欧洲中心论的集大成者①。此后,欧洲至上的观念逐渐普及,并成为全球主要思潮。从以上的各种论述中,可以清楚地理解欧洲中心论者认为文明的意义与价值都必须由欧洲界定,因为只有欧洲的发展是既具有独特性,又具有普世性。这种以欧洲为标杆的发展观,虽然明显地暴露出忽视其他文明的谬误,但是却为欧洲的全球政治与经济扩张披上了"合理性"的外衣,因此在当时的欧洲获得了广泛接受与支持,后来甚至成了纳粹德国建立"亚利安神话"的根据,并被日本借用为推动其"大东亚共荣圈"的立论基础。

这种狭隘的种族优越论当然是经不住考验的。除了第二次世界大战后的殖民地纷纷独立建国,学术界也逐渐对这种以欧洲为尊的思维开始反思,且这种反思一直延续至今。除了柯文呼吁以中国观点来研究中国之外,罗伯特·马克斯(Robert B. Max)企图对现代世界的起源进行非欧洲中心论的阐释。罗伯特认为,欧洲中心论不同于一般的种族主义。纯粹的种族主义论者至少承认世界是由许多不同民族和文化所构成的,他们所思考的只不过是如何让自己的种族发展得比其他种族更好而已。但是,欧洲中心论者所主张的是把欧洲视为世界历史的主动创造者,是世界历史的本源,因此只有欧洲能够发起行动,世界其他地区只能做出反应②。换言之,欧洲是能动的,世界其他地区都是被动的,所以只有欧洲具备创造历史的能力,世界其他地区在与欧洲接触前,是没有自己的历史与文化的。在这个基础上,欧洲中心论者认为世界是以欧洲为中心而发展起来的,而其他地区都只是其外围。

这种透过贬抑其他人种来强调自我优越性的价值观当然是无法站稳脚跟的。就以西方自诩的"现代化模式"为例,片面地认为任何国家都可以透过工业化的手段来提高经济能力,而经济的果实会因为经济活动的频繁而自动"下滴"(trickle down)到社会各个层面,最后带动各种政治、文化与社会的全面性发展。这种线型逻辑的发展模式,早就因为忽视了世界的多元本质及各民族决定自己未来的权利,被攻击得体无完肤③。再从今日世界发展所面临的主要问题来看,欧洲发展观的缺点更是显露无遗。首先,工业化引起的温室效应、空气污染、水资源匮乏、气候不稳定与资源争夺等现象,正是带来今日世界各种危机的主要根源。其次,资本主义所造成的负面影响也毋庸赘言。无限制的杠杆运用

---

① ［德］马克斯·韦伯:《新教理论与资本主义精神导论》,于晓等译,生活·读书·新知三联书店1987年版。

② ［美］罗伯特·B. 马克斯:《现代文明的起源——全球的生态的述说》,商务印书馆2006年版。

③ 谢立中:《二十世纪西方现代化理论文选》,生活·读书·新知三联书店2002年版。

及个人欲望的膨胀,不但在 1929 年带来了"经济大萧条"①,近来更引发了席卷全球的"次贷风潮",结果是"美国梦"的破碎及全球对于未来不确定的惶恐。即便是欧洲价值观中最强调的民主生活方式,在全球的扩展也并非尽如预期。尤有甚者,在各种不同的文化与价值观的冲击下,民主制度反而成为引发各种宗教、种族、政治与社会冲突的理由。据此可以体会到,欧洲中心论的各种主张尽管不是全无价值,也对人类的文明做出过贡献,但是要将其视为放诸四海皆准的发展模式,且武断地认为以欧洲中心论为核心的历史观只有好处,没有坏处,却显然是个违背现实的观点。

三、非洲中心论——以文明起源为论点的反扑

欧洲中心论的专断,随着殖民帝国主义在二战后的衰败而渐招批判。尽管新兴独立的国家,在某种程度上仍然受到西方国家的制约,但至少在名义上已经取得了国家主权,因此对于长期以来唯我独尊的欧洲中心论展开了反扑。约在 20 世纪 50 年代,非洲本土学者的史学著作陆续问世,标志着现代非洲史学的诞生。不过,这群学者的研究主题主要在于非洲断代史、区域史或族体史,只有谢克·安塔·迪奥普(Cheikh Anta Diop)的探索专注于非洲历史和文明的源流问题。迪奥普的首部著作《黑人民族与文化——从黑人—埃及史前文化到当代黑非洲文化问题》于 1954 年出版。这部著作的主要目的在于回击黑格尔等欧洲中心论者对黑人能力的蔑视及对非洲历史的歪曲。②

黑格尔认为非洲的探索应该从其地理意义开始,他将非洲分为三个部分:(1)非洲本土——撒哈拉以南的非洲;(2)非洲大陆北缘——被视为欧洲的延伸或欧洲的非洲;(3)尼罗河流域——被视为亚洲的延伸或一部分。黑格尔认为上述三个部分中,唯有与世隔绝的非洲本土是处于野蛮状态及有意识的历史之外的。对于黑格尔来说,非洲不是一个历史意义上的大陆,它既没有显示出变化,也没有显示出发展的轨迹。简言之,非洲就是个原始蛮荒且毫无进步可言的地区。至于非洲大陆的北部及尼罗河流域的变化与发展,是欧洲与亚洲进化的延伸,而不是非洲自发的进化。基于这个立论,黑格尔断然地将黑色非洲排除在世界历史之外,认为非洲本土不存在任何文明,对世界文明也没有任何贡献③。

---

① [美]迪克逊·麦克特:《大萧条时代:1929—1941》,秦伟安译,新世界出版社 2008 年版。
② 张宏明:《非洲中心主义——谢克·安塔·迪奥普的历史哲学》,《西亚非洲》2002 年第 5 期。
③ [德]黑格尔:《历史哲学》,王造时译,商务印书馆 1963 年版。

　　透过大量考古学、人类学、人种学、语言学等方面的证据，迪奥普以古埃及语与非洲黑人语言的比较研究为基础，得出下述结论："古埃及人的主体是尼格罗人种，且史前唯一的文明（古埃及文明）其实是由黑人所创造的。"据此，迪奥普宣称黑格尔所说的非洲本土（撒哈拉以南的非洲）不但是有历史的，而且非洲的历史同欧洲的一样，都是有意识的历史。他同时还用了相当大的篇幅来叙述非洲在天文、历法、数学、医学、科学、机械、建筑、农业、社会组织、哲学、宗教、艺术、文字等方面所取得的成就。迪奥普呼吁非洲学者通过艰苦的科学研究来揭示非洲历史的源流，以免黑色文明的历史被继续扭曲或消失。

　　迪奥普的观点与欧洲中心论者可说是大相径庭，自然也就引发了一场激烈的学术争辩。基本上，加入争辩的双方阵营学者还是以种族为划分的。尽管这些争辩没有得出具体结论，但是却让长久以来将欧洲中心论视为学术定理的视角产生了变化。例如：朗萨纳·凯塔（Lansana Keita）认为迪奥普和黑格尔的观点是针锋相对的，两人对非洲历史的观点可说是南辕北辙的。阿玛蒂·迪昂（Amady Aly Dieng）则指出，在文明的起源问题上，迪奥普与黑格尔势不两立，他们一个是非洲中心论者，一个是欧洲中心论者，两人都试图在各自生活的大陆中找寻文明的起源。对黑格尔来说，人类文明的起源是希腊，对迪奥普来说则是埃及。迪奥普的非洲中心思想与当时的史学主流观点截然不同。欧洲中心论认为古埃及的居民是白色人种，因此不论人类文明的起源是在希腊还是埃及，人类的文明都是由白色人种所创立的。希腊文明历来被欧美学者视为现代西方文明的源头，迪奥普的立论及对欧洲中心论的批判，自然是对欧洲中心论最根本且最全面性的挑战。这种立论基础上的反转必然让欧洲中心论者坐立难安，因为迪奥普的观点如果成立，那么长久以来将古希腊文明视为人类文明的起源，以及亚利安人是最优秀种族的说法，就会成为一个巨大的学术错误，让所有以欧洲中心为观点出发的研究站不住脚。

　　迪奥普的观点得到了大多数非洲学者的褒奖。例如，埃梅·塞泽尔（Aimé Césaire）就认为，在我们对黑色非洲与埃及的认知进程中，迪奥普起到了极其关键性的作用。在他之前，人们只是将古埃及文明与含米特人联系在一起，而完全将黑人排除在外。泰奥菲尔·奥邦加（Theophile Okenga）则认为，迪奥普关于古埃及文明的创造者是黑人的发现和科学论证，对非洲编年史来说，是一次真正意义上的革命，它猛烈地冲击了以黑格尔为代表的欧美学者关于黑非洲大陆没有历史的臆断，并由此奠定了非洲黑人的历史意识基础[1]。

　　20 世纪 70 年代以后，将西方文化霸权作为对象的批判风潮日渐高涨。例

---

　　①　张宏明：《非洲中心主义——谢克·安塔·迪奥普的历史哲学》，《西亚非洲》2002 年第 5 期。

如，爱德华·萨义德(Edward Said)的《东方学》，马丁·伯纳尔(Martin Bernal)的《黑色雅典娜》，贡德·弗兰克(Andre Gunder Frank)的《白银资本》等，都对欧洲中心主义进行了理论上批判。其中，马丁·伯纳尔的《黑色雅典娜》可说最为直接。顾名思义，《黑色雅典娜》的中心观点即在申明雅典是黑色的。根据大量史料的缜密考证，伯纳尔得出的结论是："在作为西方文明之源的希腊文明的形成期间，非洲文明是其重要源头。"换言之，言必称希腊的西方文明发展史，实际上是近代以来欧洲学者杜撰出来的欧洲中心论神话。

除了学术上的争辩，非洲中心论在美国社会也引起巨大的震荡。根据人类历史的发祥地应该是在非洲、黑人才是人类文明的创造者的看法，非洲中心论者认为，迄今为止西方历史书上所写的关于古希腊的辉煌文明，诸如哲学、艺术、科学、政治理想与法律观念等，都是古希腊人从黑人那里偷学来的。因此，欧洲中心论只不过是欧洲白人历史学家在过去几个世纪里有意编造的谎话，应当予以推翻，并重建以非洲黑人为中心的世界历史观。在这个基础上，非洲中心论者认为必须用新的历史观来修订美国学校中的历史课本，并且改造原有的历史课程设置方式，因为这样才能增强美国黑人的自信心及提高他们的社会地位。

姑且不论非洲中心论是否拥有足够的历史证据支撑，但其基于非洲可能是人类历史的起源，就对现有的体制进行大幅修改的主张，似乎也隐含着某种因为长期压抑而产生的报复性情绪。虽然也有西方学者指出，非洲中心论是以极不充分的史料和牵强附会的解说为基础的，但是非洲中心论仍然持续对美国社会的许多层面造成巨大的冲击。例如，一个半世纪前，首开美国黑白学生同校上学风气之先的奥柏林学院(Oberlin College)今天却成为不同种族学生分裂的典型。为了照顾亚裔、犹太人、拉美裔和黑人的民族情感，学生被依据种族分配在不同的宿舍，甚至连同性恋者也按族裔分成不同的团体，结果是奥伯林学院学生的思考、学习、行为、居住完全分开，大学失去了它应有的普遍性。这种以种族链接文明起源的逻辑，更进一步延伸到其他的社会与教育层面。例如，大学所开设的族性理论和历史课程，只有具有同一族裔背景的教授才有资格讲授，只有女性才能讲授妇女课程，只有同性恋者才能进行有关同性恋的相关研究等。这种种族切割的方式也波及学生的日常生活。种族迷信使学生相信，只有与自己的同胞才可能进行真正的交流。

虽然非洲中心论所提出的论证值得深思，但是这个理论所引发的社会反应却太过情绪化，对社会融合及个人发展没有好处。例如，阿瑟·施莱辛格(Arthur M. Schlesinger, Jr)就以许多受过西方教育的黑人领袖人物为证，来说明被指责以欧洲中心论为基础的现代西方人文教育并不会妨碍培养出伟大的黑人。他更进一步指出,犹太裔和亚洲裔的美国人在美国社会中的出色表现,绝不是因为他们多学了什么犹太中心论或亚洲中心论的课程。在这个基础上,施莱辛格认为非洲中心论已经沦为服务斗争需要的历史方法。他认为这种方式根本达不到增强黑人自豪感的目的,因为绝大多数美国黑人从未认同过非洲的文化,也不关心非洲。他借用一位黑人专栏作家的话说,非洲中心论的教育只会让使黑人的孩子在一个他们必须参与竞争的文化中处于劣势。施莱辛格认为非洲中心论的发展,至此已经沦为种族迷信的依托。面对这个分裂的现象,施莱辛格痛心疾首地说:"种族迷信夸大了各族裔之间的差别,加深了不满与对立,扩大了各种族和民族之间交恶的鸿沟,结果只会是顾影自怜和自我封闭。"①

非洲中心论的影响还不止于此。鉴于非洲中心论在美国社会的影响,一些多元文化论者认为强迫移民放弃母语和学习英语,无异于一种政治压迫和文化剥夺。于是他们利用美国联邦法律从未规定过英语是官方语言这一点,援引1968年的《双语教育法》为依据,倡导"双语运动"(Bilingualism Movement),并要求公立学校向移民(主要是拉美移民)提供以西班牙语讲授的课程。这种价值观上的冲击,后来更进一步演化成为政治层面的抗争。在多元文化主义的旗帜下,任何人的言行都不能对他人构成任何公开和潜在的冒犯,否则就会被冠以种族歧视的大帽子。对于各个族群的尊重固然是必要的,但因为这种所谓的尊重就试图颠覆现有的一切,让整个社会陷入分崩离析的状态,却无疑也是个令人担忧的现象。将种族意识作为控制教师与课程设计的工具,更是让学术与教育的发展无所适从。在缺乏共同观点的状况下,即使是课程名称的制定都会引发激烈的争辩。

施莱辛格认为这场以种族为基础的社会运动其实是一种精英而非民众运动,其目的是大学中的激进派为了争取终身教职而对白人进行的恐吓行动。不过,他也宣称,这些激进种族主义分子的梦想是注定要失败的,因为他们无法获得自己种族的全面支持。不过,他担忧这些种族对抗行动会影响大学教育的正常运行,最终对美国的未来造成重大的负面影响。也许施莱辛格的抨击带有为西方文化与价值观辩护的意涵,但是他对历史实用主义的批评确也值得深思。只要看看纳粹德国为了鼓吹日耳曼人的伟大而肆意编造历史的恶行,日本官员和文人修改其侵华历史教科书的丑行,及近来韩国学者主张孔子、西施、李时珍都是韩国人的谬论,就可以理解施莱辛格的担忧并非杞人忧天。据此可知,任何民族珍视自己的历史与文化的意愿都应该被尊重,但是这种尊重却不能因为提振种族自信心的原因而无限上纲,甚至削足适履,扬善隐恶,成为分化社会与

① [美] Schlesinger, Arthur M. Jr. (1992). *The Disuniting of America*. New York: W. W. Norton Company.

制造纷乱的借口。以非洲中心论为例,从人类文明的起源到当前的社会与教育所展开的全面性抗争,其除了制造社会的纷扰与教育的错乱之外,并没有解决任何的实际问题。巴拉克·奥巴马成为美国第一位非洲裔总统,说明了历史的功能不在于提供争辩的火种,而是提供经验与教训,让人类能够在相互尊重、彼此学习的氛围中,共同迈向更加美好的生活。

四、亚洲中心论——强调和谐的发展观

20世纪70年代,当非洲中心论与欧洲中心论在美国及西方国家展开激烈争辩的时候,东亚地区的经济发展也正在快速推进。特别是,日本与亚洲"四小龙"(指韩国、新加坡、中国香港、中国台湾)的面积加起来不到世界总面积的1%,人口也仅占世界总人口的4%,但是却能在天然资源匮乏且技术相对落后的状况下,与欧洲及北美共同成为全球现代工业社会的三大支柱的现实,为学术界掀起了一股研究亚洲的热潮。东亚持续的高速经济增长引发了各种评论和解释。有的学者主张,东亚的成功是国家的产业政策与强大的国家发展意志的结果;也有的学者指出,这与东亚独立的传统密不可分,而且东亚国家的经济规划者都认为自己的经验与欧美不同,并且这些经验也具有其他国家可以效法、吸取教训和启示的普遍性。无论是哪种观点,都显示了东亚经济的腾飞带动了亚洲价值观的成长,也激发了亚洲创造不同于西方主流意识形态的热情。

亚洲价值观的成长与壮大显示出亚洲人越来越有自信;他们在铸就经济奇迹的同时,也在思想和意识领域中辛勤耕耘,希望创造出自己的文明发展观。这种努力具有同时提升亚洲国家国际地位与强化国家政权的双重意义。亚洲价值观的兴起对长久以来被奉为真理的西方意识形态带来了另一项挑战,也为逐渐成形的亚洲中心论提供了成长的土壤。盛邦和(1988)认为,亚洲中心论的出现代表了东方学的衰退和东亚学的兴起。东亚学的前身是东方学。东方学是伴随西方殖民帝国的扩张而产生的一种从西方视角对东方进行认识的工具性学科。这个视角以二分法的方式,从东方代表传统、西方代表现代的对立角度来审视东方,结果产生了全面否认东方价值,把东方视为历史陈迹的殖民主义思维,并据此认为西方侵略东方、统治东方、改造东方是具有正当性的历史必然①。

东方学在19世纪末到20世纪初,随着西方殖民主义扩张的鼎盛而臻至繁

---

① 盛邦和:《内核与外源——中日文化论》,学林出版社1988年版。

荣。爱德华·萨义德认为，"东方学的实质是西优东劣这样一种根深蒂固的区分"，因此"将东方学理解为一套具有限制或控制作用的观念，比将其理解为一种确实的学说要好"。① 两次世界大战期间，西方殖民国家的内部倾轧与自相残杀，殖民地民族解放运动的高涨，让西方遭受严重的物质损伤和心灵创伤，从而出现了对自身的反思和对东方的期望，于是东方学出现了向东亚学过渡的趋势。奥斯瓦尔德·斯宾格勒（Oswald Spengler）的《西方的没落》一书就反映了这种倾向。② 20 世纪 60 年代以后，东亚经济增长的奇迹让东方学裂变为东亚学和伊斯兰学，其中东亚学的勃兴格外引人注目，更导致了学术界的结构性改变。例如，美国各大学的东方研究系所纷纷更名为东亚研究系所。这些系所的研究重点主要是东亚的现代化，特别是日本和中国的现代化。21 世纪初以来，美国国内甚至有人认为美国关注的战略重点已经从欧洲转移到了东亚。至此，东亚学的研究成为显学，对全球学术界产生深刻影响。③

亚洲中心论与东亚学和亚洲价值观一脉相承，其意义可以分为两个层面：其一，社会科学的学术研究范式转换。从西方中心取向转向亚洲中心取向，从亚洲的内在发掘出推动亚洲发展的成长机制。柯文的《在中国发现历史——中国中心观在美国的兴起》和沟口雄三的《作为方法的中国》就是揭示西方和日本学术界转换研究范式的代表性著作。其二，对亚洲发展的未来定位。根据 20 世纪 60 年代到 80 年代以来的亚洲经济与社会发展趋势，不难推断 21 世纪很可能是亚洲崛起并重新主导世界经济社会发展的世纪。约翰·奈斯比特（John Naisbitt）的《亚洲大趋势》和贡德·弗兰克的《白银资本》正是这方面的代表作。

奈斯比特宣称，亚洲巨变是当今世界最重要的发展进程。不论对亚洲还是对全球而言，它正在一天天逼近。21 世纪亚洲的现代化进程必将重新塑造整个世界。他指出，在半个世纪的时间里，亚洲从贫穷走向了富裕。这期间亚洲人口总数增长了 4 亿，而贫穷人口却从 4 亿减少到了 1.8 亿。因此，奈斯比特认为，当今西方需要东方远胜于东方需要西方；世界一词过去曾意味着西方世界，但是今日的全球化趋势迫使西方人接受一个事实，即"东方在崛起"。弗兰克也颇关注亚洲的重新崛起，他认为当代东亚的经济扩张首先从日本开始，随后体现在东亚的新工业化经济体，现在也明显出现在中国沿海地区。这可能预示着亚洲在未来的世界经济中，会重新承担起它在不太久远的过去曾经承担的领导角色。弗兰克自信地预言，世界现在已经再次调整方向（re-orienting），中国正

① ［美］爱德华·萨义德：《东方学》，王宇根译，生活·读书·新知三联书店 2007 年版。
② ［德］奥斯瓦尔德·斯宾格勒：《西方的没落》，张兰平译，陕西师范大学出版社 2008 年版。
③ 任东来：《族性迷信与历史的意义》，2008-09-16，参见：http://history. nju. edu. cn/showinfo. php？ id＝577。

准备在世界经济体系中再次占据它过去曾经拥有的支配地位。弗兰克对日本、韩国、新加坡、泰国、马来西亚、印度尼西亚和中国发生的一系列东亚经济奇迹，以及 1998 年的东亚金融危机，进行了审慎的历史观察之后，告诫西方不要低估东亚，因为亚洲，尤其是中国，很可能会在短期内重新崛起，成为世界经济的新中心。面对东亚的崛起，即使是被弗兰克指责为欧洲中心论者的伊曼纽尔·沃勒斯坦(Immanuel Wallerstein)也同样对东亚的兴起充满信心。他认为："现代资本主义世界体系已危机四伏，行将就木。"不过，沃勒斯坦认为东亚的崛起势必引起世界体系的变动，至于变动中，东亚是否能够有效回应，并因此而获利，则是一个需要进一步研究的课题①。

从以上西方学者的论述中，可以明确地知道东亚的迅速崛起，及从亚洲内部来探索其崛起的动力，已经成为学术界的共识。亚洲价值观是亚洲中心论的核心，而亚洲又是一个充满不同种族与文化的地区。如果不能找到一个共通点，对于亚洲价值观的探讨就很难具有普遍性。李秀石认为，根植于中国传统的儒家思想是亚洲价值观的核心所在，但是这种思想在不同的国度和不同的政治体制下，可能会产生各式各样的演绎与解释。在这个基础上，他将亚洲价值观细分为四种类型：新儒学；日本、泰国、韩国的儒学演绎；东南亚国家的亚洲意识；欧美与日本学者总结的儒教发展模式。李秀石认为，亚洲价值观始于新儒学的研究努力，终于对儒教发展模式探索中的理性化。②

新儒学是亚洲价值观的基础，它发源于中国香港和中国台湾地区，目的是为了反省中国近代文化思潮及重振中国哲学在世界文化体系中的地位。新儒学始于 20 世纪 50 年代，到了 60 年代末开始走向世界，其影响迅速地扩展到东南亚各国、韩国、日本及欧美，形成国际性的思潮。根据 1958 年由港台地区新儒学人士联名向世界发布的《为中国文化敬告世界人士宣言》，可以知道新儒学人士的诉求是争取东方文化的平等地位。他们认为东方与西方以平等眼光相互对待的时候到了，通过对西方文化是否能够继续领导人类前进的质疑，新儒学人士呼吁除了东方人应该向西方文化学习外，西方人也应该向东方文化学习。与欧洲中心论认为西方是世界的前进动力，及非洲中心论宣称非洲才是人类文明的起源不同，新儒学主张人类应该相互接纳与融合，以同心同理之精神，来共同担负人类的艰难、苦难、缺点及过失，为人类的共同未来开创出新的道路。③

①　[美]伊曼纽尔·沃勒斯坦：《所知世界的终结——21 世纪的社会科学》，冯炳昆译，社会科学文献出版社 2002 年版。

②　李秀石：《亚洲价值观的形成与其发展》，《欧亚观察》2002 年第 3 期。

③　[美]约瑟夫·派恩、詹姆斯·吉尔摩：《体验经济时代》，中国台北经济新潮社 2003 年版。

　　新儒学认为现代化不能等同于科技进步,更应该将人文、伦理和道德的进步包含其中。儒家文化注重人伦道德,正可以弥补西方文明的缺陷,为中国的现代化指引航向,因此人类文化的前景在于综合中西文化。一方面,东方文化必须西化,从西学中吸取富国利民的外在成就;另一方面,西方文化又必须东化,从东方文明中获得走出迷津的启迪。随着20世纪70年代到80年代亚洲"四小龙"经济的腾飞,新儒学终于成为颇具影响的国际思潮,并且也得到了内地学者的响应。至此,海峡两岸及全世界的华人学者几乎都认同了儒家伦理对东亚经济发展的促进作用,同意东亚经济起飞的多种动力之中,儒家文化是一种深层动力。

　　这种将儒家思想视为发展深层动力的看法甚至可以覆盖战后日本经济的发展模式。例如,日本作家摒屋太一就认为,日本工业社会与根植于个人主义基础的西方工业社会不同;除了与西方一样重视物质生活之外,其更重要的动力是重视教育,尊重历史传统,勤劳与易于治理的人民等。因此,日本的重新崛起不是单纯地模仿西方现代化,而是包含有东方式创新的成分①。这样的看法也获得了日本企业家的认同。例如,日本著名企业家横山亮次及立石一真认为,"终身雇佣制"和"年功序列制"都是"礼"的思想体现,企业内的工会则是"和为贵"的思想体现,因此儒家的伦理道德作为文化的一部分,仍然有机地存在于日本的上层建筑和生产关系之中,并对经济基础和生产力起到了巩固和推进的作用。

　　除了日本与中国之外,新儒家在泰国与韩国等东亚国家的演绎也十分明显。例如,1984年泰国华人郑彝元在曼谷出版了《儒家思想导论》一书,企业家郑午楼在该书序言中就指出:"亚洲'四小龙'的现代化所提供的新经验证明,保持儒家传统,对于维系整个社会的敬业乐群精神,创造一个稳定的投资环境,以促进社会经济的发展是十分重要的。"②韩国虽然近年来积极地希望创建自己的价值观,但是就连韩国总统金大中也不得不重视新儒学的力量,倡导应该从亚洲的传统思想中发掘民主传统。韩国学者金日坤则提出了"亚洲儒教文化圈"的概念,认为可以将家族集团主义的社会秩序与西方政治体制糅合在一起,形成西方所不具有的政府与企业之间的协作关系。③

　　20世纪80年代以后,在新加坡、马来西亚、印度尼西亚、缅甸等地得到积极

---

　　①　[日]摒屋太一:《知识价值革命》,转引自罗荣渠:《现代化新论:世界与中国的现代化进程》,北京大学出版社1993年版。

　　②　李秀石:《亚洲价值观的形成与其发展》,《欧亚观察》2002年第3期。

　　③　[韩]金日坤:《儒教文化圈的伦理秩序与经济——儒教文化与现代化》,中国人民大学出版社1991年版。

提倡的亚洲意识,很大程度上也是植根于儒家经典理论的。虽然新加坡的开国者李光耀和马来西亚总理马哈蒂尔所大力提倡的亚洲价值观被批评是具有权威主义特色的官方意识形态,但是根据相关的官方论述及意见接近的学者的诠释;李光耀和马哈蒂尔的亚洲价值观强调的是在政治和社会管理方面的非西方化,也就是不赞同各国都要奉行西方式的民主政治体制,因此这种亚洲价值观被认为是政治上的权威主义、经济上的自由主义、社会上的多元主义和文化上的儒家主义的综合体①。这种理念与日本、韩国、菲律宾等地区的价值诉求并不相同。不过,尽管亚洲价值观在各个东亚国家都被赋予不同意义与诠释,但其被视为是促进东亚各国现代化的深层力量,却是获得普遍性认同的。例如:美国波士顿大学教授彼得·博格(Peter Ludwig Berger)使用"儒教资本主义"来解释东亚的经济活力。美国著名亚洲问题专家傅高义(Ezra Vogel)在《四小龙》一书中也专门论证了儒家思想是亚洲价值观的核心。

五、结　论

　　虽然对于亚洲价值观的探索与辩论仍在继续,且正反双方的意见仍然相互拉锯,但是根据以上论证,已经足以发现以亚洲价值观为核心的亚洲中心论与欧洲中心论和非洲中心论的诉求是大不相同的。这种核心价值观上的差异,或许会为人类未来的发展方向带来重大的转折。直言之,主要的差异如下:

　　(1)意识形态上:欧洲中心论强调西方文明的独特性与正确性;非洲中心论主张非洲才是人类文明的起源;亚洲中心论则认为文明应该是融合的,是相互借鉴的,是可以依据不同的状况因地制宜与兼容并蓄的。

　　(2)政治理念上:欧洲中心论强调民主与制衡,认为政府必须遵循民意,且其权力应该被抑制,以避免其专断;非洲中心论认为过去的压抑应该获得舒缓,因此过去遭受的不平等对待应该加以改正,于是在多元化的诉求下,非洲中心论透过政治与法律的途径,将社会进行不断分割,最后导致了社会分裂;亚洲中心论主张国家至上,社会优先,国家的发展与社会的稳定至关重要,在国家发展与社会稳定的前提下,政府的态度是求同存异,协商共识,这也就是李光耀所谓的"好政府",其前提是马哈蒂尔所说的"儒家修身哲学"。

　　(3)社会结构上:欧洲中心论崇尚个人主义与自由主义,认为每个人的理想与权利是不应该被牺牲与剥夺的;非洲中心论虽然也强调群体利益的重要性,

---

　　①　吕元礼:《亚洲价值观——新加坡政治的诠释》,江西人民出版社 2002 年版。

但是迄今为止,非洲仍然没有发生能够证明其社会结构足以引领他们进入现代化的案例;亚洲中心论在同样注重整体利益的前提下,主张家庭为根、社会为本,强调关怀扶持、同舟共济,并且在东亚国家的实践过程中展现出了其可行性。

(4)种族宗教上:欧洲中心论在唯我独尊的意识下,认为白色人种是最优秀的,所以基督教也是最优秀的。为了感化其他的次等民族,欧洲甚至不惜发动战争,将自己的宗教与生活方式强行加诸于其他民族的身上。非洲中心论者固然强调自己是人类文明的起源,崇尚和平,具有悠久的宗教与传统,但是除了20世纪80年代在西方国家(主要是美国)发动的社会运动外,并没有在宗教上着墨太多。亚洲中心论在种族与宗教上的态度,就相对开放得多。这种注重种族和谐、宗教宽容的态度,是稳定社会的主要力量之一,也是佛教、道教、印度教、回教、神道教等宗教能够在这个区域内同时存在的重要原因。

综上所述,可以发现以儒家文化为基础的亚洲价值观所强调的是:(1)尊重传统,但是不囿于传统;(2)主张以本土意识作为国家与民族的凝聚力量;(3)重视群体与家庭的利益;(4)主张民主应该建立在人民对团结的责任感之上;(5)认为和谐是社会稳定和繁荣的基石;(6)主张兼容并蓄的融合,而不主张绝对竞争;(7)强调儒家的修身哲学,而不是权力制衡。虽然以上各点有些也曾经被欧洲中心论者与非洲中心论者提及,但是在形成整体性的思想体系与具体的实践上,仍然是以东亚的战后发展最为全面,也最有绩效。据此,应该可以说以亚洲经验与亚洲价值观为基础的亚洲中心论,所带来的不只是一个创造经济奇迹的新典范,而是一种与欧洲中心论和非洲中心论截然不同的新思维。这种新思维虽然是建立在具有悠久历史的儒家思想之上,但是与时俱进、因地制宜、符合下一阶段人类发展的需要;而其核心理念与欧洲中心论及非洲中心论的最大不同,或许就在于孔子说的"王霸之别"。

论国际传播研究中的亚洲主张何以可能

邵培仁　张梦晗 *

一、引言：世界应该聆听亚洲声音

基肖尔·马赫布巴尼在 2009 年 2 月 4 日的《南德意志报》上撰文指出：西方人认为自己优于世界其他地方，因此根本没有真正聆听其他地方人们所说的话。对此，亚洲的主要感觉不是愤怒，而是失望。但是，世界上有一半人生活在亚洲。但目前开始出现了某种程度的非西方化，西方越早面对这种变化越好。

正是在全球秩序新变化、世界版图新变动、亚洲经济与国际地位不断提升、亚洲传媒和学术力量日益崛起的大背景下，我们试图积极推进和升华亚洲传播研究。

亚洲传播研究应该是一种理性的、诚实的学术研究，旨在探寻规律，追求真理，挖掘亚洲传播的历史，直面亚洲传播的实际，以一种客观的、科学的态度分析研究亚洲传播现象与问题。

亚洲传播研究的视野不只是亚洲的，也是世界的；亚洲传播研究的方法不会是单一的，而是综合的、立体的和交叉的；亚洲传播研究的对象不只是现实的，还是历史的和未来的；亚洲传播理论、亚洲传播历史和亚洲传播实务均在其研究的范围之内。

"亚洲的目标不是战胜西方，而是学习西方。"在亚洲传播研究中，我们认为

* 邵培仁：浙江大学人文学部副主任、传播研究所所长、教授、博士生导师，主要研究方向为传播学、媒介管理和文化创意产业；张梦晗：浙江大学传播研究所博士研究生，主要研究方向为传播学和文化创意产业。

本文为浙江省哲学社会科学基金项目重大项目《媒介地理与媒介生态研究》(06JDCB001ZD)的研究成果之一。

应该坚持整体互动、开放调节、动态渐进的研究方针；应该强调中西交融、古今沟通，历史、现实与未来相贯穿，兼顾全球化、亚洲化与本土化；在认同亚洲价值、倾听亚洲声音、发挥亚洲优势、弘扬亚洲特色、建构亚洲话语的同时，也要积极吸纳他者的先进理念、传播智慧和科学方法，以共同促进亚洲与世界传播学术的繁荣与发展。

　　亚洲传播研究应该是一种着眼于对话与共享的学术研究。真理面前人人平等。谁也别有优越感和主导感，更不要妄自尊大、目空一切。聆听他人的陈述与分析，并不意味着你会被剥夺什么，而只会增加你的见闻与智慧。如果这个世界不愿意聆听亚洲的声音，亚洲也不愿意聆听世界的声音，那么我们将不能很好地面对飞速变化的世界形势，迎接我们的将是更加不确定的未来；相反，如果我们能科学地善待和利用亚洲传播研究的成果，必将有助于世界的稳定与和谐。更进一步，如果五大洲不同文化间的专家学者能一起参与到亚洲传播研究中来，在一系列问题上相互交流、共同探讨、互相学习、互相补充，那么必将有助于获得对"整体传播学"之本质与体系的全面、正确、深刻的认识。

　　总之，国际传播研究中的亚洲视角、亚洲思维甚至亚洲主义和亚洲中心等亚洲学术主张不是一个空洞的学术概念，而是一个严肃的学术话题；它们不是地域主义或民族主义的情绪发作，而是建构面向世界、面向未来的、集中了人类传播学研究精华的"整体传播学"的客观需要。[①]

二、亚洲主张存在的必要性及其贡献和作用

　　要应对全球文化或曰强势文化的进攻，针对亚洲主张研究的开疆拓土之举成为必然。亚洲学界近年来不断有学者和专家呼吁：亚洲中心主义在尺度掌控上完全可以扮演举足轻重的角色，肩担起文化传播竞争中的主力军责任。陈国明、关世杰、J. Z. 爱门森（赵晶晶）等从跨文化传播的视角，提出了一种以中华文化为核心的建立在亚洲文化基础上的亚洲中心主义传播学研究视角，希望以此来终结欧洲中心主义范式的统治，在共生共荣的竞争作用下发出与亚洲综合实力相匹配的亚洲声音。自20世纪70年代开始，余也鲁、孙旭培、邵培仁等中国传播学者也一再呼吁传播学研究的落地化、本土化。主张中国传播学要主动建构、积极扩充、大胆交流，争取获得与西方传播学界平等的学术话语权。李希光教授在论文中从国际传播的角度论述了西方强势媒体宣传效用最大化的原因

---

①　邵培仁：《亚洲传播研究的基本主张》，《中国传媒报告》2009年第2期。

和模式,主张用精英对抗模式和人民抵抗模式进行抗衡。① 浙江大学分别于 2008 年、2009 年举办了"亚洲主张:国际传播研究的新视界"博士论坛和"中国主张:传播理论本土化的路径"博士论坛,于论坛中提出了许多媒介与传播本土性的主张和观点,就如何保持本土性与全球化合理张力的问题展开讨论,旨在推动亚洲传播和学术走向本土化、多样化和差异化。②

(一)为亚洲主张正名

正如全球化传播和文化的多样性不是相对立、而是相连续的那样,对亚洲中心的研究看似是针对特定文化的研究,却可以对文化传播研究做出补充性的发展贡献。"亚洲中心性"要避免成为欧洲中心主义的翻版,不能简单地将自身的文化世界观定位为唯一具有普遍性的思考框架而强加于人。亚洲丰富的历史文化和哲学观点为亚洲主张提供了源源不断的营养,"儒家文化"、"道"、"大同"和"和"等哲学思想需要在新的传播背景下认真研究。正是基于这样的思想论断,传播学研究"亚洲中心论"的倡导者对什么是亚洲中心式的传播研究作出了如下界定:"一种理论体系或传播学派,其理念、基本原理和资源根植并来源于多样化的亚洲文化传统所凝聚的智慧。"③

但"亚洲中心性"或者"亚洲中心论"等类似的概念着实容易令人联想到种族主义或霸权主义,尽管三池贤孝(Miike)进行了多次的界定,把"亚洲中心论"定为以亚洲人们作为主体的视角来看待亚洲的现象;并宣传其不是种族或霸权式的,也不预备取代,而是为了补充以欧洲为中心的传播研究。但是"亚洲中心"概念中所蕴涵的民族主义色彩和中心意识取向是无法规避的,其对应的英文翻译(即 Asiacentric)也很难直接看出褒贬。因而,在实际的研究操作和概念界定中种种误用或混淆难以避免,最终可能导致这个概念失去区分能力而丧失理论活力。④ 因而我们大胆地提议,是否可以放下"亚洲中心性"和"亚洲中心论"这样容易混淆的概念,采用"亚洲主张"这样的词汇来表达亚洲传播和谐、真诚、尊重等价值的态度。

亚洲主张(亚洲中心性)不是为排斥欧洲中心、非洲中心而展开的研究,与

---

① 李希光、杜涛:《国际传播中的宣传模式与抵抗模式》,《当代传播》2009 年第 4 期。

② 邵培仁、杨丽萍:《21 世纪初国际传播学研究的现状与趋势》,《杭州师范大学学报(哲学社会科学版)》2010 年第 2 期。

③ Miike,Y. (2002). Theorizing Culture and Communication in the Asian Context :An Assumptive Foundation. *Intercultural Communication Studies*.

④ 邱戈、陈明明:《走向一种传播伦理学——海外传播学"亚洲中心论"的创新与启发》,《中国传媒报告》2009 年第 2 期。

排他性、优越性无关，出发点在于通过亚洲的价值观，发出亚洲自己的声音，促使亚洲积极参与到全球化的国际传播研究之中。而为了达到这一目的，关键在于建立属于亚洲自身的传播学研究话语体系及研究范式。这其中，理论的缺失是亚洲主张面临的主要问题，其同时也成为未来发展的主要内容。"建立亚洲传播理论的必要性是不言自明的"①，"为了拓展和丰富目前以欧美为中心的人类传播理论，非西方的传播领域学者应当从本土和比较研究的视角，重新思考传播理论的本质"②。哲学和文化工具分析法等传统的亚洲本土学者所使用的研究方法无法被西方主流传播学界接受，使得亚洲传播在国际化的过程中遭遇"瓶颈"。邵培仁认为，传播学研究中的欧洲中心论、美国中心论已开始受到质疑和挑战，而非洲中心、亚洲主义和中国主张的声浪正在日益高涨。传播学研究中的传统学派和批判学派面对诸多难题也有点捉襟见肘、自顾不暇。③

　　亚洲主张并非要对亚洲传统价值观进行全面的恢复，而是在全球化的时代背景下，坚持自己的言论主张。全球化的发展趋势会加强各国的联系，尤其是最基本的经济联系，但文化的一体化实际上并不是一件乐观的事，目前形势下的一体化更像是"全盘西化"。从人类长远的进化角度来看，单一的文化选择不利于多种可能的出现，全球化的背景要求"求同存异"、"虚怀若谷"、"有容乃大"，但包容并蓄的应对方式不是一日可练就的，这一点需要研究者清醒地认识到。

（二）欧洲镜像中的亚洲

　　西方镜像中的中国，是一个古老而守旧的、封闭而缓慢发展的社会，墨守成规、耽于恶习、残暴冷漠等尖刻词汇也经常被扣在东方人身上。在欧洲中心主义论调下，东方在"东方主义"的权力话语网络中被"他者化"了，对"东方主义"的批判分析来自著名文学理论家与批评家爱德华·沃第尔·萨义德，"东方主义"主要是指一套由西方人所建构的认知东方的话语系统，其研究方法属于"殖民话语分析"（colonial discursive analysis）。东方主义视野中的东方总是落后原始、荒诞无稽、神秘诡异，而西方则是理性进步、文明科学的象征。1824 年，美国诗人爱默森就在他的笔记中写道："中华帝国所享有的声誉是木乃伊的声誉；

　　①　Dissanayake，W.（2007）. Asian Approaches to Human Communication：Retrospect and Prospect，Edmondson，JingjingZ.（Ed.）*Selected International Papers in Intercultural Communication*. Hangzhou：Zhejiang University Press.

　　②　Miike，Y.（2007）."Not always so"：Japanese Assertion-Acceptance Communication. In D. W. Klopf & J. C. Mc Croskey. *Intercultural Communication Encounters*. Boston，MA：Allyn & Bacon.

　　③　邵培仁：《当代传播学的生态转向与发展路径》，《当代传播》2010 年第 5 期。

把世界上最丑恶的形貌一丝不变地保存了三四千年。中国,那令人敬仰的单调,那古老的痴呆,在各国群集的会议上,所能说的最多只是:我揉制了茶叶。"①这些对比是为了区分东方与西方的不同而被刻意制造出来的,将少数东方人的个性刻板化后用来全盘替代中国的景象,无疑是赤裸裸的"文化霸权"。

在西方人的视野中,东方是他者、是特殊、是个别。萨义德在1978年出版的《东方主义》一书中指出,19世纪,西方国家眼中的东方世界没有真实根据,西方世界对阿拉伯—伊斯兰世界的人民和文化有一种强烈的偏见。而"东方主义"这个概念在现阶段又有了新的含义:"资本主义和后现代经济社会通过大众媒体以极快的速度制造了'非西方'的概念并使它成为资本主义和后现代经济社会的假想敌。"②萨义德认为,西方文化中关于亚洲和中东长期错误和浪漫化的印象,为欧美国家的殖民主义提供了借口。

中国"阴阳八卦"的图案成了西方国家热门的"纹身"图案,但实际上西方更倾向于将其作为一个"花样子",出于新鲜或神秘的心态居多,而作为文化了解或沟通的动机较少。印度"苦行僧"劳损身体以求超越的修行作为,一方面令西方媒体咋舌惊叹,另一方面也被其误读为自虐、愚昧。西方社会对印度文化的报道,出于"看杂耍"的猎奇心态居多。西方世界抱着"人道主义"、"救世主"的优越感对其他民族的文化现象指手画脚,实际上是拿着自家的尺子去度量非己事物,有悖常理。

(三)亚洲主张的应时而动

陈(Chen)和斯塔罗斯塔(Starosta)的论述力透纸背,"一个新的中心可以让世界传播版图关注欧洲之外的东西"③。而现实中,我们所接受的通识教育多半是欧洲式的,所谓理性与逻辑训练,使得我们在观察自己和观察世界时难免同西方人一样,将欧洲式的世界观放在第一位置。西方的研究,无论是艺术还是学术,总有其创作的动机、主题、轴线、结构(无论是结构主义还是解构主义),但在中国禅学的世界中,这些皆是思虑心、计较心的产物,有其明显的局限性;而只有契于无心,才可能使内在的佛性流露,才能超越惯性,至于此,也就没有哪件事物不是创造的了。二元分割的世界,追逐攀缘、颠倒梦想、痛苦烦恼皆由此

① [美]柯文:《在中国发现历史——中国中心观在美国的兴起(增订本)》,林同奇译,中华书局2002年版。

② 谢少波、王逢振:《文化研究访谈录》,中国社会科学出版社2003年版。

③ Chen,G. M. & Starosta, W. J. (2003). Asian Approaches to Human Communication: A Dialogue. In G. M. Chen & Y. Miike(Eds.). Asian Approaches to Human Communication[Special Issue]. *Intercultural Communication Studies*, 12(4),1-15.

而来。很少"直接地"领略万物,前后攀缘,当下尽失,自然也就梦想颠倒了。全球化看似是一个不断积累知识和财富的过程,但于禅意来看,全球化是一个加法的行为,而作为主体的人,天生是加法的动物,人事益长后,生命、知识、价值的包袱也就越重,面对负担别人、锁住自己的困境,自我的惯性成为超越者最大的障碍。以下四句话常被用来谈禅:"不立文字。教外别传。直指人心。见性成佛。"不为法缚的大气,看起来只是"不要",所需要的气魄却远较"要"而大。大,因为不只世间法的种种堆叠要涤荡,即连出世间的教义、信仰也要扫除,因为只要立有一法,就无法做好生命的减法,直到归零。故而,欧洲中心主义依然是立有一法之行为,要"舍"有为法,才能达到"不为法缚"的气魄。

欧洲中心论的各种主张不能适应各地区的现实,对于"非西方"国家来说面临着"异地生长"的适应问题,西方传播理论以"功能性理性、个人自由、物质进步与权利意识"为特征,而这些均与东方传统相悖,在"异地生长"的过程中得不到认同。诚然,我们所处的时代是一个全球化的时代,但如果将全球化简单地理解为资本的全球扩张、消费的全球覆盖、文化的全球趋同就太过武断了。约翰·汤姆林森也将全球化理解为"快速发展、不断密集的相互联系和相互依存的网络系统"。他认为这是一种"复杂的联结"(complex connectivity),全球化是多元价值的联结,横截各个国度,将人们的实践、体验连同环境资源等一并绑定起来,这其中所表现出的"文明的冲突"并非是杯弓蛇影,西方的传播行为越是想占领人类传播的舞台,受到来自各种文化价值体系的反弹作用力就会越大。这种反弹力并非是刻意地抵抗、反全球化、强调对抗的争斗,而是通过"多中心"的路径来达到取消"中心"或"去中心"。

事实上,欧洲式的观念已然受到来自各方的挑战和批判,二元论和线性逻辑思维的推理过程并不是唯一的现代科学。在传播模式图中,无论是拉斯韦尔公式,还是香农—韦弗"数学模式",抑或是德弗勒后期对香农—韦弗的发展,都是基于线型的传播模式。最近30多年来,用亚洲传播范式来弥补美式技术—控制—效果等量化经验学派的不足,亚洲的一些本土思想和文化传统被作为西方文化和现代化进程的解毒剂或中和剂而寄予了厚望,开放宽容式的思考维度对西方线性传播苛求"客观"、"理性"的思维进行柔化。三池贤孝反复强调的一个观点是:"所谓亚洲中心的跨文化研究者,其基本任务不是完全忽略欧洲中心的文化内/跨文化传播研究成果,而是要引起他们对东方宗教、哲学、历史等的注意。"[1]

---

① Miike, Y. (2003). Beyond Eurocetrism in the Intercultural Field: Searching for an Asiacentric Paradigm. In W. J. Starosta&G. M. Chen(Eds.). *Ferment in the Intercultural field: Axiology/value/ praxis*(pp. 264), Thousand Oaks, CA: Sage.

　　力推亚洲主张,实为应时而动,顺势而为。亚洲传播研究应该是一种理性的、诚实的学术研究。亚洲的目标不是战胜他者、统领他者,而是在开放互动的世界趋势下,任何国家地区的学者都不能抱有目空一切的主导感。中国关于"一字之师"的典故不消细说,虚怀若谷的作为不会被人小觑,孤傲独断的作为映射出的只能是深层的担忧和自卑。聆听他人的陈述与分析,并不意味着会被剥夺什么,而只会增加自身的见闻与智慧。分享各民族的共同智慧,共同解决人类所面临的问题远比偏向"欧洲中心主义"最后导致失衡破裂的结果要好得多。艾思(Ishii)准确犀利地指出西方传播学研究的四个理论弱点:(1)以白人为中心,忽视东方思想。(2)以二元论和线性技术进步主义为主导。(3)以独立的个人价值观为基础。(4)传者中心、强调说服,缺乏对关系的重视。① 西方工业化烙印下的大众传播具有可复制性、大量性等特点,但它的出现就像是在满足一个饥饿者果腹的要求一样,在饥饿者满足了温饱问题之后,不可能持久地拥有发展动力,这时分众传播的要求便被提上议事日程。分众传播要做的第一步就是了解受众,而亚洲人对于"察言观色"、"旁敲侧击"有着特殊的直觉,以他者为导向的谦卑心态使得亚洲传播更加重视互惠、讲求联系,因而更符合传受双方或者说信道两端的利益。

三、东方哲学映现下的亚洲主张

　　儒家文化是东亚各国共同的文化资本,强调源起不如重视共享,在分享中反思、进步是使儒家文化更加博大的发展路径。"亚洲中心论"学者三池贤孝在《对人性、文化和传播的重新思考:亚洲中心评论与贡献》一文中提出:亚洲中心的思想体系有五大主题:循环、和谐、以他者为导向、互惠、联系。② 相互性、开放思维、诚实和尊重是亚洲道德传播的主要原则。亚洲人的传播行为会受直觉、强调沉默、同情性情感控制和避免冒犯等特征的支配,③在传统伦理及价值观念上讲究和谐、忠诚、勤奋,鼓励储蓄、重视教育。以下是对于这些特征所作的简要归纳分析。

　　① Ishii, S. (2001). An Emerging Rationale for Triworld Communication Studies from Buddhist Perspectives. *Human Communication*, 4(1), 1-10.

　　② Miike, Y. (2004). Rethinking Humanity, Culture, and Communication: Asiacentric Critiques and Contributions. *Human Communication*, 7(1), 67-82.

　　③ Chuang, R. & Chen, G. M (2003). Buddhist Perspectives and Human Communication. In G. M. Chen & Y. Miike(Eds.). Asian Approaches to Human Communication[Special Issue]. *Intercultual Communication Studies*, 12(4), 65-80.

(一)破除后立：对西方传播理论的态度

在传播学领域,欧洲中心的思想在数十年间成为学者竞相效仿的对象,"涵化理论"(cultivation theory)、"议程设置"(agenda setting)、"知识沟"(knowledge gap)、"框架理论"(framing)、"沉默的螺旋"(spiral of silence)、"选择性接触"(selective exposure)、"使用与满足"(uses and gratification)等一系列理论话语的引用,经验学派长期来毋庸置疑的主流地位,控制实验法、实证考察和量化研究被奉为上品。但传播问题作为一种社会现象,远比实验室中的数据和实验材料要复杂得多,更何况亚洲的学者是将外国实验室里的成果拿到亚洲本土社会中运用,不由分说,这其中存在太多的错位和枉然。经验学派研究的大前提是不变更现存社会体制,主要任务是通过改进传播机制更好地实现社会管理,因而过度在意功能性和实用价值,对于社会责任的担当和现实社会的改革就显得十分默然了。亚洲学者如果将自身囿于这种欧美中心的主流研究范式中,不敢于"破",自然就不能"立"。那么,如何"破"?

要破除对西方中心主义的依赖,笔者认为还要从亚洲自身出发。禅宗有云"直指人心,见性成佛",其所证正是人人皆具的佛性。作为汉传佛教的宗派之一,禅宗的主旨在于彻见心性的本源,自本具足、不假他求,但世人却头上安顿、葛藤缠身。亚洲学者要破除惯性思维的束缚,挣脱欧洲中心主义所谓"普遍性真理"的枷锁,不在"为学日益",而在"为道日损"。① 只有将本心自然映现,才能如镜照万物,直心而为,达到"触目皆道"的境界。禅宗中的"破"在于让你从原先不疑处起疑,这些惯性思虑使人无从察觉,因此只能用公案来"大死一番",这里的"大死一番"实际是对寻常经验的大否定。禅宗的真诚如镜照万物,胡来胡现,汉来汉现,只须直心而为,便满目青山。佛家讲求本心,本心需要自然的映现,由此而得的是一片不为惯性思虑所束缚的天地,一扇突破有限的事事无碍的圆融之法门。人最大的局限来自于自己,所谓生命的问题最终只能自己解决,佛法对于自力的肯定,体现在"自作因,自受果",一切习见、一切有为法,都不是解救自我的圣理,于是面对公案语录、机峰转语依旧难以契入,岂不知自我的执著才是超越者最大的障碍。这恰恰印合了印度扎伊尔·巴巴教团所倡导的"上帝只有一个,那就是自己"。

毫无疑问,亚洲主张要先破除/解构欧洲中心主义的"普遍性",重视文化多

① "为学日益,为道日损,损之又损,以至于无为。"原见于老子《道德经》第四十八章。意思为求学的人,其情欲文饰一天比一天增加;求道的人,其情欲文饰则一天比一天减少,减少又减少,到最后以至于"无为"的境地。

样的"横截性"现实,展示亚洲中心的自身特性,阐明非西方中心性的元理论概念及其理论必要性,探索亚洲主张的路径。同时,亚洲主张的"破"是打开新局面的意思,而非专断破坏,排斥多元文化形态的存在,三池贤孝(2003)自信而宽容地提出:"亚洲视角不预备宣称自己是唯一的,也不会强加到非亚洲人身上。"①亚洲主张是宽容并蓄、和平真诚的。

(二)万物相联:对交流各方的关照体察

东方哲学关于"正反统一、宇宙恒动、万物相联"的思想对亚洲传播所遵从的认识论进行了解释,亚洲传播不仅仅是人与人之间的交流互动,更是人与自然、人与宇宙生命的交流互动。印度教和佛教中关于整体、变化和相互联系的观点与儒教、神道教以及道教的学说相合:宇宙是一个巨大的整体,其中没有任何部分是静止不动的。正是在这种无穷无尽的变化、循环、转换过程中,我们看到了主与宾、一与众、人类与宇宙是相互认识、相互渗透、联为一体的,这就是"道"。②

对于万物相联的解释,举佛教圣典《华严经》为一例,《华严经》中以因陀罗网譬喻诸法之一与多相即相入、重重无尽之义。因陀罗网,梵语 indra-jāla,又作天帝网、帝网。为帝释天之宝网,乃庄严帝释天宫殿之网。网之一一结皆附宝珠,其数无量,一一宝珠皆映现自他一切宝珠之影,又一一影中亦皆映现自他一切宝珠之影,如是宝珠无限交错反映,重重影现,互显互隐,重重无尽。若依境而言,称为因陀罗网境,依定而言,称为因陀罗网定,依土而言,称为因陀罗网土,此皆为显示事事无碍圆融之法门。在亚洲人的价值观中,人们只有通过和谐才能"在一个相互依存的网络中、在合作的基础上,有尊严地、有影响力地进行传播"③,这种和谐互补的合作理念在东亚和东南亚一带备受尊崇。

亚洲的哲学理论提醒我们,宇宙万物是相互依存、互相联系的过程。如此,东方的传播过程不会过分强调为了达到效果,而过多地伤害与他人、与自然之间的沟通。共生共存的本体论观使得人们能够避免狭隘的个人主义、民族主义和进攻心理,走向广泛的联系和循环。与之对照,欧洲的传播更倾向于是一种

① Miike, Y. (2003). Beyond Eurocentrism in The Intercultural Field: Searching for an Asiacentric paradigm. In W. J. Starosta & G. M. Chen(Eds.). *Ferment in the Intercultural Field: Axiology/value/praxis*(pp. 243-276). Thousand Oaks, CA: Sage.

② 陈国明, J. Z. 爱门森编译:《亚洲传播研究目前的情况和发展趋向》,《中国传媒报告》2009 年第 2 期。

③ Chen, G. M. & Starosta, W. J. (2003). Asian Approaches to Human Communication: A Dialogue. In G. M. Chen & Y. Miike(Eds.). Asian Approaches to Human Communication[Special Issue]. *Intercultural Communication Studies*, 12(4), 1-15.

证明自己、拓展自我的目标性传播。为了实现"自我",彰显"天赋人权的自由",全世界都可以为之让路,这种启蒙思想的影响之深,直至今日仍然被许多人奉为圭臬。但实际上,个人是无法独立于自然或者战胜自然而存在的,在一处地域成就个体,在同一时间及未来时刻同样会影响到预见不到的地区,例如工业化带来的喧闹不堪、社会阶层分化、交通混乱,是人们所共同感知的。环境污染也是一样,转嫁危机不可能解决污染问题,在非本国本区域大兴工业生产基础设施,看似没有污染到自己的国家,实际上也是一种共业行为,在招感果报的时候,同样会感受到业力的作用。而这些思想原论,在西方宣扬个体的传播过程中是缺失的。

亚洲传播学的理论架构必须在亚洲价值体系内进行,亚洲价值根系影响亚洲长达两千多年的儒家思想,其核心是强调天人合一的和谐精神,以及强调连接关系的"相对论"。正因为亚洲人深谙世界的联系性,才不会任意转嫁危机,例如将环境污染严重的生产制造业设置在其他国家,然后掩耳盗铃地坐在自家门前舒畅自由地呼吸。有连接的"相对论"思想于潜意识中引导亚洲重视传播中各方关系的处理,有进有退,在与世界的联结中共生共进。

(三)和谐之圆:天地人和谐传播模式图

亚洲尤其是中国,从古至今,强调"以理服人,攻心为上",要保持"大国风度",这种以尊重、互利、友邦的思想来进行文化传播的行为,在中国国力强盛的时代,也几乎没有给世界带来过冲突和战乱。中国航海史上的郑和下西洋,带出去的是绸缎蚕丝、陶瓷茶叶,他早狄亚士57年远赴非洲,却没有将任何一座城池占领为己有,他驾驶的"宝船"上满载着礼物,却没有将贪婪抢夺的行为作用于非洲。郑和本姓马,得明成帝赐姓郑,名字之中依然采用了和平的"和"字。这也印证了陈国明发掘拓展出的一套中国传播的和谐理论,他在文章中指出,要想在交流的过程中达到和谐或具有擅长交际之能力,人们必须内化"仁"、"义"、"礼"三种既有原则,协调"时"、"位"、"机"三种外在因素,并且策略性地运用"关系"、"面子"和"权力"三种行为技巧。[①]

为了获得"和谐",在传播反馈中,亚洲的受众有一类特殊的反应方式,即沉默。如果将"沉默"单纯理解为不勇于表达自己感受的懦弱,则不符合亚洲受众心理。"沉默"反映、包含着多种可能,试列举几种:其一是由于"谦虚"而保留不

---

① Chen, G. M. (2001). Toward Transcultural Understanding: A harmony Theory of Chinese Communication. In V. H. Milhouse, M. K. Asante, and P. Nwosu(Eds.). *Transcultural realities: Interdisciplinary perspectives on cross-cultural relations*(pp. 55-70). Thousand Oaks, CA: Sage.

同意见,对他人的传播持"礼让"的态度。亚洲人谦虚、保留的态度受"满招损,谦受益"思想的影响,这其中映射着物极必反、否极泰来的朴素辩证法思想。其二是由于"避让"而选择克己忍让,对他人的传播有不同意见,但为了避免正面冲突而选择采取沉默。其三是由于"恭敬"而对传播者的尊重,这时的沉默反馈一方面涉及"面子"问题,另一方面关系个人"教养"。归纳起来,无论是哪一种理由下的"沉默",其原因发于对"礼"的追寻,目的是为了获得"和谐"的状态。所以,要用一种传播模式图来描绘亚洲的传播行为,圆形是首选,存在于和谐之圆中的绵柔之力,能够将传播这一过程看作一个小宇宙,处理好存在者之间相互影响的微妙关系,就可以达到相对稳定的平衡。见图1。

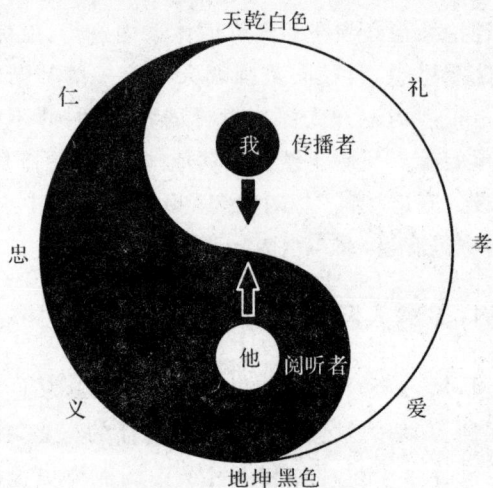

图 1　天地人和谐传播模式图

天地人和谐传播模式图受八卦图启发,以亚洲主张中的"联系"、"和谐"为基本原则,右半边大面积白色部分为阳,左半边大面积黑色部分为阴,在此传播模式图中我们将"阳"理解为主,"阴"理解为客。阴阳之中各自互相包含,你中有我,我中有你,阴阳相克相生。和谐传播图的顶部代表天(乾),底部代表地(坤)。右半边的黑色圆圈代表传播者(我),此时的传播者虽然处在主位的环境之中,但是传播者本身是黑色的客位,即传播者不是以自我为中心的传播控制论者,而是以他人为导向的传播过程论者。左半边的白色圆圈代表阅听者(他),阅听者处于客位的环境之中,但是本身是白色的主位,与传播者(我)同在天地乾坤的中轴线上,上有乾,下有坤,中间为人(传播者和阅听者),暗合了天地人三者合一的和谐理念。仁义之所以位于传者部分,是因为在亚洲主张中,传播者不是强大的效果控制者,而是布恩施义、以真诚和礼义为基础的传播者,身在客位之圆中,象征着以他者为导向的传播观念,无论是出于互惠、礼让、面子或是其他原因,面向受众,易位思考,胸中有数是"以人为先"传播行为的特点。此外,相互性、诚实尊重、开放性思维是亚洲传播的主要原则,既然亚洲传播模式图是一个圆,那么无论这个圆怎样转动,从各个角度来看,传播活动都是可行可逆的,这体现的是亚洲传播的开放包容式思维。通过对比下图西方线性传播模式图和上文天地人和谐传播模式图,不难发现,从香农—韦弗模式和拉斯韦尔 5W 模式的直线传播模式,到德弗勒互动过程模式、奥斯古德与施拉姆的循环模式、施拉姆的大众传播过程模式、韦斯特利和麦克莱恩模式,虽然各有所长,但始终是在线性模式图的基础上发展起来的,线性模式的优点在于流程表达清晰,而缺陷在于对时、位、机的考虑不足。噪音每时每刻都存在着,如同空气一样,可以说有传播行为就有噪点。换一个角度来讲,找出噪点的所在就可以为传播行为创造更多的空间,线性的传播模式图强调逻辑的推理性和顺序的先后性,而实际上影响传播的噪点存在后显性,当下受到的影响并不一定是受到上一步传播行为的影响,而可能是更上一步或某一步的传播行为所致。天地人和谐传播模式图注重传受双方他镜与本心的融合共生,以他者为导向的传播行为在讯息传播过程中遇到的噪点干扰会降低,传播者所携带的信息到达阅听者的部分越多,被积极解码的可能性越大,传受双方的反馈与互动行为继得展开,由于传者的内容是以他者为受众目标而设定的,因而无论是赞同的解读或是抵抗的解读,都是优先被积极解码的现象。

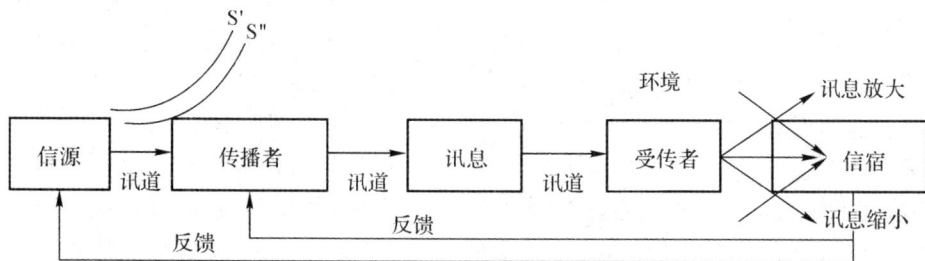

图 2　西方线性传播模式图

(四)尊重互惠:以他者为导向的传播活动

　　亚洲人进行传播活动时,会关注传播对象,即以他者为导向的传播。集体主义和他人取向的文化特质使得东亚社会的从众行为方式较为明显,这似乎印证了"沉默的螺旋"这一理论,但行为方式的表现并不能完全代表其内心思想活动,亚洲人的柔韧变通突出体现在人际传播的过程中,在认知层面更符合"风草论"的解释。《易经·观卦》中已有将风草现象与传播效果相连继的早期论述。其后,孔子明确地用风草关系来比喻传播效果,"君子之德风,小人之德草。草上之风,必偃"(《论语·颜渊》)。我们可以用风行草偃来类比传播的效果,"风"可以用来比喻媒介内容的传播行为,而"草"则是受众对包括传播内容在内的传者行为的反应,这其中用"草"的柔韧性来表述亚洲人对舆论来临时的反应更为贴切,它既不是"应声倒下"的强大效果论,也不是"刺激—反应"的简单反应论,当高风退被的时候,"草"会选择退一步的忍让行为,暂时弯曲身体获得生存空间,静待风渐弱的时候再舒展身躯,以退为进。在"风草论"中,传播的效果不是一次可以改变的,既不是强大效果论,也不是有限效果论,而是渐变效果论。以议题的设置与消退为例,在风声鹤唳的强势舆论环境下,议题要消退,不能盲目依靠迎风而上的做法,逆风而上可能会折断其身,并非最优的解决办法,如果在这种媒介背景下借用"草"的做法应对,顺风保护自己,一方面有利于自身议题的消退(将"倒地"类比为议题的消退),另一方面有利于在风声过后重树自身议题形象。亚洲传播的以他者为导向在"风草论"中体现为顺风而变,风的大小、向度、历时与草的姿势、方向、状态相联系,这种以他者为导向的传播互动渐变效果论,一方面为传播者信息传输强弱提供了选择余地,另一方面也拓宽了阅听者对信息反应的方式。

在不同的传播语境下,面对不同的传播形势宜采用不同的传播方式。"第二名现象"是亚洲传播过程中一个有趣的现象,即在传播活动中,受到内敛、谨慎、谦逊等心理的影响,在需要受众做出反馈意见时,第一名主动回答问题的受众是少见的,大多数人持观望态度,出现所谓"开局难"的现象,一旦有人相对顺利地回答完第一个问题,主动要求反馈的第二名人数会激增,应验了俗语中"抛砖引玉"的描述,这种在大众传播反馈中不紧不慢的反馈时机选择即"第二名现象"。有人将此理解为亚洲人对口头表达的畏惧,其实这更接近内敛式传播方式,当亚洲人担心传播行为会破坏和谐,引起不必要的尴尬或冲突时,或当亚洲人认为有必要拒绝对方的要求或行为时,亚洲传播方式在互动过程中表现为委婉表达和绕开矛盾焦点的传播方式,这依然离不开万物相联系的本体论框架,是亚洲人"中庸之道"的表现之一。

亚洲传播模式重视传播对象,根据不同的传播对象,会采取不同的传播模式。亚洲语言的使用会依照人际关系的不同采用不同的说法,举最常见的敬语为例,韩语中,针对传播者与受传者的亲疏、辈分、社会地位、性别等不同关系区别会采用不同的交流词汇,在动词、人称代词、名词中都会出现明显的差异。在表明亲属关系时,亚洲语言重视细微的差别,英文中用"uncle"一词可以指代叔叔、伯伯、舅舅多重身份,而叔叔、伯伯、舅舅在中文中指向性十分明确,将父亲的亲属关系与母亲的亲属关系分别称呼,这其中更是有一个微妙的现象,与父亲相关的男性称谓被明确划分为"叔叔、伯伯",而与母亲相关的男性称谓统称为"舅舅"(不再根据比母亲年长或年幼而进行细分),在对待与女性相关的称谓时也未作长幼划分,父方关系中统称为"姑妈",母方关系中统称为"姨妈"。在这里,我们暂且不从女权的角度来考量该问题,却发现越是被重视的传播对象,传播者采取的传播分类就越细致。再以民众生活中常见的报丧为例,对不同的受众,传播者(报丧者)要采取不同的通知方式,如果是家中的长者、社会关系中的尊者,传播者要采取登门报丧的方式,以表示对尊长者的敬意;而如果是一般朋友,事发突然,则可以通过电话告知。这一项对于传播方式的选择涉及权力层次的高低。而从传播者自身的角度来说,对不同的受众要选取不同的传播者,尤其当对方是长辈时,更要由家中长子或较为重要的人报丧,这一项涉及的是关系对等的问题,同时也表现出传者是有礼数、体面的家世。值得一提的是,在亚洲的大部分地区,对于即使已经知道消息的亲友家,也要照例过去报丧,这其中涉及的则是传播者的责任和礼节问题。由此可见,在这一传播过程中,送达信息的效果不是唯一的,权力、关系、体面、责任、礼教共同作用于其中,消息传播的告知目的不是唯一的。

(五)家庭为先:忠孝并举的职责传播

在亚洲传播模式中,家庭是一个重要的概念,作为一个小型集体,围绕家庭展开的传播活动都不是单纯的个人行为,属类似组织传播的行为过程。家族中的权威长者扮演着组织传播中的"传播组织者"角色,其他成员分别是"组织人",传播形式可以分为下行传播、上行传播和横向传播。下行传播是为将目标、信息进行发布和贯彻而采取的传播,以灌输、教育为主,在下行传播过程中,"家长"对"组织人"的涵化教化倾向更为明显,组织传播者结合自身的经验将可能预见的风险传授给"组织人",这种以言传身教和灌输知识为主的传播行为备受亚洲人的重视,"养不教父之过",父系种族中长者的代名词为"父"。对于受传者,即"组织人"而言,要遵孝悌、亲师友,行忠孝之举。在上行传播中,由于集体主义和和谐价值观的导向作用,提出意见、愿望和要求的信息传递活动更具有灵活性和可调解性,即组织成员与传播者之间不存在根本利益,许多信息的磨合和退让成为可能。横向传播是指组织内成员之间相互沟通情况、交流信息的活动,传受双方不具有上下级隶属关系,平等协商与联络是传播的主要形式。无论哪一种传播形式,都是为了在家长权威组织下保证家庭内组织信息的畅通和组织内工作的正常开展。

在日本,库默(Kume)建构了一种组织传播中的(ne)mawashi模型。(ne)mawashi源自园艺,指的是移栽时对植物根部的保护。在日本乡村社会中,

(ne)mawashi 指通过没完没了地在组织成员中传布观点以达成共识的做法。①
在(ne)mawashi 的传播与决策过程中,既有重视权威的部分,同时也充分尊重
每位组织成员的意见,在日本乡村中,权威多属于家族中的长者或者有经验有
地位的突出贡献者,此时家族中的长者与组织传播内部的传播者化为一身。在
(ne)mawashi 组织传播决策过程之中,力求在充分磨合个人意见的基础上获得
统一的集体决定,这其中,传播的组织者承担着协调平衡各方面活动因子的任
务,无论传播的面向是组织内传播还是组织外传播,(ne)mawashi 模型中的"家
长"都必须具备决策控制、冲突管理和行为控制的素养,其权威性地位和个人魅
力在磨合各方意见时发挥着重要作用。

在亚洲各国文化框架中,"家庭"、"教养"等文化价值观被普遍尊崇。儒家
文化的特征之一是依赖家族集体主义来建构社会秩序。亚洲人对家庭的重视
在个人修为上注重自律,在教化教养上重视对下一代的培育,对自身道德伦理
的规范体现着追求美满的观念,对晚辈行为操守的教化体现着恪守责任的观
念。新加坡"忠、孝、仁、爱、礼、义、廉、耻"的"东方理念"被后来历届新加坡领导
人所认同和继承。关于"礼义廉耻",古人认为礼定贵贱尊卑,义为行动准绳,廉
为廉洁方正,耻为有知耻之心。"礼义廉耻"共同组成社会的道德标准和行为规
范。这些礼仪起源于儒家的"孝",对父母和家庭的职责是人之所以存在的原
因。英文中"family"一词如果拆分来看可以理解为 I love you, father and
mother(爸爸妈妈,我爱你们);而中文中将"家"书写为宝盖头加一个"豕",可解
义为:有房舍,有牲畜财产,这些财产的取得需要勤奋的付出,这些物资的维护
需要家庭成员强烈的责任心。家庭在儒家思想和实践中处于中心地位,对长辈
而言,有"养不教父之过"的家庭责任,对晚辈而言,有"父母在不远游"的家庭
职责。

在儒家诸种人际关系中,君臣与父子的关系被视为基础。所谓"事君为忠、
事父为孝"。从历史事实上来看,在君臣关系上,孟子强调君臣关系的对等性,
扭转了自孔子以来君尊臣卑型的模式,对君臣关系进行了重新定位,提出了君
贤臣良型的崭新模式并设定了君臣之间各自的分工和职能范围。"君之视臣如
手足,则臣视君如腹心;君之视臣如犬马,则臣视君如国人;君之视臣如土芥,则
臣视君如寇仇。"(《孟子·离娄下》)这种双向礼敬的关系是当时君臣关系的主
要内涵,君臣关系是处在对等状态下的。但是汉代以后,儒学被意识形态化了,
出现了经意识形态打磨后的官方儒学,君臣关系被笼罩上君权神授的神秘色
彩,目的是要实现君主的绝对权威。因而君臣父子的关系到了朱熹的注下,就

---

① Kume, T. (1996). The "mawashi" Style in Japanese Decision-making: A Case Study. *Japan Society*, 1, 41-60.

成了"此人道之大经,政事之根本"(《论语集注》卷六)。后来进一步化为忠君忠国思想;以日本为例,忠于集团的观念在日本是一个重要文化特点。"忠"的观念于日本,表现在国民心态上,即崇尚权力或权威。对天皇效忠不仅是日本军人的神圣职责,也是日本媒体的精神理念,因而日本关于"民族利益至上"、"国家利益至上"的观念从未停止。日本早在古代前期就受到中国文化的深刻影响,虽然现代日本也受到欧美国家的巨大影响,但它实际上是一个东西方结合的复合体,一方面拥有传统儒家文化的沉淀,另一方面接受西方现代文明的灌输。

(六)察言观色:直觉感知的传播习惯

面对问题时,西方人推崇效果目标,选用逻辑思维和线性推理,而东方人推崇和谐关联,选择直觉感和非线性思考方式。偏执地采用西方二元论中"客观"与"主观"来评价这种差异化思维指导下的行动方式显然是不合适的、武断的。如果只剩下理性与逻辑,人类科学就将变成机器的代码运算,总有一日会被逻辑的排列僵化固化。直觉也是科学,是人类智慧和经验的总结,是在长期进化过程中形成的与其他物种相区别的特征,直觉是一系列的思维运作过程,只是人类目前还摸索不出其规律,但并不能说它无权代表这是人类一项特殊的技能,它只是更加随机产生、更加难以解释的问题。

2012 年伦敦奥运会上韩国射箭选手林东贤,右眼视力 20/100,左眼视力更是仅为 20/200,这意味着其看物体能力仅相当于正常人的 1/10,视力测试表上最大的字母也看不清楚,这样视力的选手,日常生活都受到影响,竟然在奥运会上取得两枚金牌。至今,林东贤仍坚持不做手术矫正视力,他说,射出箭时的感觉比看清靶心更重要。射箭前,林东贤会专注地看着前方的箭靶,根据上面颜色确定方位,然后再凭借感觉发箭。比赛时,视力从没有困扰过他,在射箭场上他可以看得很远。林东贤用心射出每一支箭,他不仅学会克服风速,还努力学会利用风速,这样苦练而成的"御风神箭"不禁令世界对亚洲的射箭选手赞叹不绝。这对人类传播学的启发是:传播的技术、工具只是通向良好传播效果的可能手段,而非决定因素,在传播的过程中,人是最重要的因素,直心感受,才有可能堪破常态,进入别有洞天,直契当下。只有在和谐相容,互为利用的前提下,处理好人与外界的关系,才能更轻松地越过临界点。

此外,通过直觉加以体验、能够察觉和体会到别人的喜怒哀乐是亚洲传播的一个显著特点。亚洲人普遍具有良好的观察能力,可以从传播对象的神色、动作、语言倾向来感知其对于传播内容所产生的反应,中国人称其为"察言观色",但如果将这种有别于西方传播者的能力仅仅归纳为敏感则错失了太多内涵,这个问题还是要回到本体论的描述框架中去,正是因为谋求和谐的传播目标,才会在传播过程中更加关注阅听者的反馈,通过各种信号及时了解到阅听者是在积极配合还是无所事事抑或消极抵触,这些可能性的推测依然来自于亚洲人安静、沉默,甚至礼貌到不会轻易打断的行为方式。当传播的内容与阅听者不是十分贴合时,出于对传者的礼让(即使是平辈之间同样存在),也会选择静听,而这时的传播效果就开始减弱,阅听者可能出现走神的信号。亚洲传播者利用"察言观色"的本领可以及时地发现削弱传播效果的因子,并及时调整传播行为,例如变更传播的角度,加大互动以了解传播行为的偏差,适当做停顿给受众休息和交流的时间等方式。这种简单及时的变通行为,对保证传播效果在可控范围内是十分有效的。教授课程在某种程度上依赖于"察言观色",也是熟稔掌握"因材施教"的保证。

(七)悲天悯人:怀揣慈悲心的同情式传播

亚洲传播过程对"情"的关注较明显,对弱者的不忍之心、对他者的仁爱之心,类似"悲天悯人"的情绪很可能成为影响最终传播效果的因子,但在亚洲文化特性、社会历史传统和现实状况下,无"情"的人不会被称道,对于弱者的同情之心恰恰是"善和美"的体现,对真丈夫的理解是"无情未必真豪杰,怜子如何不丈夫"。举中国名著为例,《水浒传》中的"义"是情,《西游记》中的"忠"是情,《红楼梦》中的"色"与"空"是情,《三国演义》中的"各为其主"的"忠义"亦是"情"。

同情式的传播依然离不开亚洲本体论中的联系观点,它是在悲悯心的指导下,对他者的认可和接纳,是一种崇高的道德情感,是一种将宇宙道德化、和谐化的行为。同情式传播依靠的是对他人的关切之情,对他者感受的关注,还可以回归"他者导向"式的传播模式图中。媒体内容分析显示,在中国,提及针对弱势群体展开的议题,传者和受众在传播和接受时分别不自觉地偏向于为弱势群体鸣不平,给予边缘人士更多的关注和谅解,在传播者的报道视域中,同情式传播似乎成为传媒道德素养和媒介道德的偏爱选择,成为其实现社会责任论的主要方式。

亚洲人在传播互动的过程中更倾向于"感知"而非理性的"分析",愿意主动脱离小我、培养一种慈悲心,愿意包容他者的存在。慈悲心引导个体达到和谐圆融的状态,作为对他者存在的感知和关爱,慈悲心将人类和一切事物结合在一起,在传播中自然地建立起互动和谐关系。作为"大慈悲心"的两个方面,敏感性将多样聚于同一,创造性将同一演为多样。敏感性提供了潜力基础,成为创造性的补充;而创造性则为慈悲之心的表达提供了实现方式。① 慈悲心总是与感恩心相伴而在,处在传播活动上游的信息占有者应该怀有慈悲心,以仁义的态度对待暂时没有享受到对等信息的阅听者,倾听别人的需求和反馈。而对于处在传播活动下游的信息索取者,则应怀有感恩心,以郑重的态度对待分享信息的传播者,及时主动地给予反馈。出于慈悲心,为了减缓受传者可能产生的痛苦,传播者会通过含蓄的方式微妙地表达自己。其中,将传播阐释为对万物生灵的欢乐与痛苦加以体验的过程,畅快淋漓地表达了亚洲人对于过程的观照,不管是劫是缘,在生命的过程中,体会"随缘作主,立处即真"的实在感受。

(八)互动互助:东西方传播学说的相生相克

太极八卦是用来阐释宇宙"无极生太极、太极还无极"的转化过程的。浩瀚的宇宙间,万物都包含着阴和阳、表与里两面,而它们之间却既互相对立斗争又相互滋生依存,这是物质世界的一般规律,是众多事物的纲领和由来,也是事物产生与毁灭的根由所在。所谓缘起即灭,缘生已空。质能互相转化原理中,能量平衡创生物质、物质失衡转化为能量。宇宙就是这样一个物质化、生命化、阴阳化、辩证化的过程。八卦能量和宇宙万物通过 $E=mc^2$ 公式互相转代。八色光子是太极八卦图,由此组成的电子、原子、天体、人体是太极八卦图。男女是太极八卦图,人体之左右两半是太极八卦图,地球之东西两半球和人体之左右两半一样,是一个典型而美丽的太极八卦图。

西方文化与东方文化一样,都是局部的、地区性的、狭隘的、残缺的半球文化,两者皆未包括对方,故而全球化的过程既不可能是西方中心论,也不可能是东方中心论,地球文化本就是阴阳相辅、共生共存的八卦圆融体。而人类文明的进化本就是从单一到交融、兼容并蓄、有容乃大的发展过程。从各自掌握信息、彼此不了解到互相了解、掌握更多信息,不正是传播的真谛么?阴阳相克相生带来的启示很普遍,军事上注意把握的两点:一"攻"一"守";中医治疗应把握的两点:一"补"一"泻";养生长寿上应注意两点:一"动"一"静";农业方面应把握的两点:一"种"一"收";国画艺术应注意的两点:一"浓"一"淡";歌唱艺术应把握的两点:一"声"一"情";油画艺术应注意的两点:一"明"一"暗";企业运营上需注意两点:一"产"一"销";待人处事上要注意两点:一"言"一"行";卜筮观卦应详查的两点:一"世"一"应"。

① Chen,G. M. , & Starosta, W. J. (2004). Communication Among Cultural Diversities: A Dialogue. In G. M Chen W. J. Starosta(Eds.). Dialogue Among Diversities[*International and Intercultual Communication Annual* , Vol. 27](pp. 3-16). Washington,DC:National Communication Association.

　　反观为何欧洲中心思想在亚洲能得到广泛传播,其中一个重要的原因正是"阴阳互补"原则。东方思维主张感性与展演,西方思维主张理性与逻辑,与之相辅而成的感性与阐释甚至被归为贬义。在发展观上,西方重视个体发展观,对自主意识的关注大于对整体权益的维护。东方偏向和谐发展观,以系统最大可能利益优化取代局部性格彰显。西方价值观的核心是欧洲的古典自由主义,强调从个体出发。美国成为传播学发源地的重要原因之一是由于其社会环境有着高度重视大众传媒的传统,在政治机制中大众媒介被认为是与立法机构、政府机构互相制衡的力量之一。我们都知道,单纯的"阴"或者"阳"都不足以调和社会,正如欧洲个人主义至上的思想下,许多国家允许个人持有枪支,这样一来,便给集体聚会和大型活动的安保带来了很大障碍;相反,亚洲儒家文化倡导集体认同高于个人主权,纪律高于自由,但这实际上也会带来一些问题,在"小我"与"大我"之间,不存在谁成全谁的问题,"小我"与"大我"之间也不是非此即彼、宾主有别的关系,成全"小我"实际上也是在完善和诠释"大我"。另一个相对次要的原因是出于尝鲜的猎奇心理在作用。人类天性之中有着迎新求异的猎奇心理,新鲜的总是可以引起注意,受到更多关注。同时人性之中希望与众不同、标新立异的做法又使得异域的事物容易被采纳,这并不一定是因为它事实上有多好,而在于它的出处不同。中国有句俗语云"外来的和尚好念经",用来解注这种现象颇为恰当,因猎奇求新对异域产物而产生的偏爱情绪可以理解,但要分门别类地认识,不可因新鲜感就盲目地埋下偏见。

(九)灵形合一:和谐流动的媒介生态观

　　在联系观念的作用下,中国风水学试图将人、建筑与自然生态的和谐共生联系起来,其观念逐渐被欧美建筑文化所关注,风水中的三个基本观点第一条就是太极泛存观。凯文·林奇在《城市意象》一书中提到中国的风水理论时是这样表述的:"'风水'是受景观制约的一门复杂的学问,由'风水先生'进行系统阐述,它涉及运用山、石、树木来控制邪气,在视觉上阻挡危险的关口,运用池塘、水道引入水的灵气,等等。环境特征的形状表达着也象征着它其中蕴藏的各种精神,这些精神可能有用,也可能消极无用,它们或集中或分散,或深奥或肤浅,或纯粹或混杂,或虚弱或强壮,最终必须利用植物、选址、塔、石等对其进行控制和强化。可能出现的解释复杂多样,这也正是专家们在各方面进行探索的一个广阔领域。"虽然西方学者对中国的"风水"多有误解,例如德格罗特(de Groot)认为,"中国的风水理论,从一种非理性的角度,成为解决这一问题的特殊方法"①。林奇本人认为:"这(风水)是一种'伪科学',脱离了现实,但它有两个有趣的特征十分符合我们的理论。首先,它对环境的分析是开放式的,因此有可能更进一步地发展新蕴含和新诗意;其次,它引导人们对外部形态及影响进行使用和控制,强调人类能够预见、控制整个宇宙,并有能力改造世界。这为我们建构一个可意象的、同时又不压抑的环境,或许能提供一些方法和线索。"这其中,值得讨论的是,在林奇的结论中,将"风水"视为开放式的环境分析是较为贴切的结论,但至于第二点结论,认为风水"强调人类能够预见、控制整个宇宙,并有能力改造世界"则不符合亚洲本体论思想。亚洲人没有控制宇宙的愿望,人类在自然面前是谦卑的,可以预见灾害,规避风险;世界是联系的,宇宙时空是无限的,而人类的历史是有限的,人是宇宙生命的过客,妄图反客为主、控制整个宇宙是贪心不足而自取灭亡。风水的核心思想是天人合一,人与自然的和谐,并非是林奇所说的控制宇宙,而是一种趋吉避凶的术数,以天地为观察了解对象,以人为依归,是一种中国独有的以天人合一、阴阳调和为核心的哲学思想产物。

"风水"并非无章可循的"玄而又玄",这种与自然契合的建筑观早在四百多年前就被日本用来指导庭院建设了。町屋作为日本传统的连体式建筑,始于17世纪,是一种前店后舍,中间设有庭院作为过渡和休憩的传统京都住宅。町屋一般是木格子架结构,使用传统的泥土砖顶,作为日本中世纪以来城市住宅的典型样式,其清晰地反映了日本传统的自然主义建筑观。中国风水主要分形法、理法、日法、符镇法,其流派则主要分为形势派、理气派、命理派,尽管众多门派采取形态各异的操作方法,但都必须遵循三大原则:天地人合一原则、阴阳平衡原则、五行相生相克原则。风水理论实际上综合了地球物理学、水文地质学、宇宙星体学、气象学、环境景观学、建筑学、生态学以及人体生命信息学等多种学科,并不能因其有现代科学所不能解释之处就简单归为"伪科学",现代科学也不是天衣无缝的完美学科。

在认识论上,亚洲文化倾向于对宇宙采取一种整体观。就像中医讲求整体论,对于局部的观照采用内调的、关联的医治方法;而西医在局部解剖上见长,效果直接,但是西医对预防病痛的研究并不擅长。无论是整体疏导的方法还是局部解剖的办法,就像是阴阳相生相克的两面一样,皆不可偏废。自古亦正亦邪,从来善恶相间,中医西医各自的特点也是其弱点所在,此位无宾主,药毒同性;例如砒霜,既可为药,亦可为毒。一味地执著于概念,恪守于固定法则,反而会使自身被困。

---

①　J. J. M. de Groot,(1912). *Religion in China*. New York,G. P. Putnam's.

中医擅养生,西医擅救命。中西方学说的阴阳互补不能用简单的好与坏、科学与非科学进行区分。中医中对于食物性平、性温、性寒的划分,在寻常人家的养生过程中依然受到重视,中医主张将人的体质调离至"平和体质"的状态,用"平和"来代称健康的体魄,并不单纯是中庸的作为,而是忌阴阳两气过盛。中医将亿万苍生分为九种,除去刚才提及的"平和体质",还有气虚体质、阳虚体质、阴虚体质、血瘀体质、痰湿体质、湿热体质、气郁体质、特禀体质。各类体质的寒、热表现不一,但统一规则在于阴阳调和、寒热皆不宜过,以平和为养生长寿之目标。在其理念中,人体如同一个和谐的小宇宙,脏腑气血间存在着相互影响的微妙关系,而如何恢复体内原有的平衡与和谐,则要从体质调理着手。中医着重宿生(host)的体质调理与生理状态,依据不同经络、脏腑属性和虚实寒热症状,配合患者的体质分类(biotype profile)——"风、寒、湿、燥、火"等症状,量身提供最适合该患者体质的诊疗。西医则是对症诊疗的实证科学,针对不适的部位对症舒缓或解决问题。应时代与患者的种种需求,西医不断地发展各科专业化,把整体细分为各部位的诊治科别,又从各科别发展出更详尽的说明与诊断。中医的整体疗法与丰富的草药知识经历了数千年的考验,并成功疗愈了无数患者,所以才能世世代代被完整保留下来,对于古人的智慧我们应以开放的心胸肯定与尊重。唐代著名禅师石头希迁又被称为"石头和尚",91岁时无疾而终,谥号无际大师。希迁曾为世人开列十味奇药,并且其自身服下后,肉体千年不腐,其舍利身于1944年被日本牙医渡边四郎偷运至东京郊外,现供奉在日本横滨市鹤见区曹洞宗总部,其身仍是生前盘腿打坐的姿势,保存完好,余香犹存。在泰国,一个以身体排毒、健康恢复和调养身心为主要目的,遵循佛教教义的课程,每个月都会接收来自包括欧美等不同国家的学生。在课程中会结合慈悲、从善等佛学思想进行渲染,利用旋舞、瑜伽等方法进行身体修炼,运用中医针灸、推拿等方法进行调养维护,以期统一整合灵与形的关系。

洛克菲勒大学分子免疫及细胞生物学主任杨定一认为:"中西医虽存在着观念与哲学上的分歧,但中西医必定会整合。"随着医学的不断发展,西医发展趋势会由粗重体走向微细体,由形体走向能量体,由有形走向无形。当西医发展到愈细微的范畴,愈会认同中医的整体疗法观念是正确的。从另一个角度来说,中医也会同意现代科学与先进科技能落实运用,以帮助解决健康问题。"相信中西医的整合会带来最先进、最完整的21世纪医学观,走向将身、心、灵视为整体治疗的整体疗法,这不但是古人的智慧呈现,也是最现代的医学。"①

---

① 杨定一:《真原医》,中国台湾天下杂志股份有限公司2012年版。

四、亚洲主张面临的问题及解决路径

亚洲的现实是地域辽阔、种族众多、宗教多样、历史源远流长、政治复杂、价值观念多元,这使得亚洲传播面临的问题也更加繁冗复杂。对多本国际学术期刊的调研发现,亚洲元素在国际传播学研究中非常弱势,没有获得应有的地位。这与亚洲的人口数量、政治经济地位极不相称。缺陷之一是西亚学者缺乏,并且未能把西亚伊斯兰宗教和思想传统真正纳入其视野范围,这明显不符合亚洲的真实情况,导致"亚洲中心"是偏重的亚洲,也容易受到被迫整体化和刻板化的限制。

文化差异是导致亚洲传播学研究很难进入西方视野的重要原因,根据何镇飚对《人类传播研究》刊物上亚洲论文缺位的深入剖析,亚洲国家和地区在《人类传播研究》上论文数量的稀少不是由于亚洲国家学者不擅长量化研究和经验主义方法(这一点在《计算机传播期刊》杂志的论文数量上已经被否定了),其最主要的原因是,欧美中心传播学术研究的个人主义价值取向和亚洲集体主义价值取向的矛盾。亚洲的传播学者更多对大众传播而非人际传播感兴趣,其重要原因之一,就是亚洲的集体主义人文精神。所以,同样是研究人际传播,亚洲学者的关注重点和研究方法就与西方学者大相径庭,而这一文化和价值观的差异,也使亚洲的传播学研究在传播学的某些领域难以进入西方视野。[①]

亚洲传播"缺位"的真正问题,在于西方的视角是无法发现亚洲传播理论、传达亚洲主张的,因而创办依托于亚洲本土语言和本土理念研究的国际学术期刊是实际且有效的解决路径,必须在这样有分量的国际学术期刊平台上,勾勒搭建一批成熟的亚洲传播学理论研究者,渐成一个稳定而健康的学术气候和话语体系,改变严重依赖西方学界的环境,为传播学的改良找寻新的突破机遇。《中国传媒报告》(CHINA MEDIA REPORT)杂志是中国传媒报告杂志社与浙江大学传播研究所联合主办的一份面向海内外新闻与传播界的学术性国际连续出版物(ISSN 1682-3362),自创刊以来,锲而不舍地以人文的、文化的、思辨的学术精神和多元的、立体的、独特的理论视野鼓励传播研究,为促进海内外华人传播社群间的对话搭建了良好平台,推动着中国传媒理论和实践在国际传播中不断向前。亚洲主张要想在国际传播舞台上释放出更大的能量,需要先办出有分量、有前瞻性的国际学术期刊,在亚洲人主办的期刊上研究本土化向外

---

① 何镇飚:《亚洲地位与亚洲视角:国际传播学会(ICA)的亚洲元素研究》,《中国传媒报告》2009年第2期。

传播和全球化落地传播将更具活力和潜力,其持久性和连续性也可以得到保证。

发现亚洲文化多样性中的相似成分,归纳亚洲本土传播学研究的可能范式。亚洲地域跨度大、人口众多、文化宗教种类众多,要想对"亚洲传播"的本质加以概括,就要提炼大类别下的相同,暂搁内部小分支下的差异。这是所有研究亚洲主张的学者需要认清的形势,也是避免走入研究迷阵、浪费精力的有效通道。亚洲主张并不是要统一亚洲内部的思想文化,而是强调抓住其中稳定共通的基本精神和内核,建构"亚洲共同体"或"亚洲共通体"。陈和斯塔罗斯塔(2003),为亚洲找寻了一些特定的共性,并得出以下总结①:

在本体论上,亚洲文化(特别是受佛教、儒教、道教和神道教影响地区)倾向于对宇宙采取一种整体观,那么其中任何部分都不过是一种过渡过程,没有什么固定的物质。这种本体论预设也影响到了其他方面。

在认识论上,认为万物之间都有联系,并存在着复杂的互动关系。人或者物都是在其他人事关系中才变得有意义。这和对宇宙的整体性理解密切相关。

在价值论上,和谐作为一种核心价值观成为一种日常生活式的感受性目标。这样就使所有的行为重新获得了最后的指归,这明显不同于西方浮士德式的永无止境、无法定义的进步标准。

在方法论上,亚洲文化采用了一种非线性无穷循环的直觉感知方式。

在目的论上,亚洲文化中个体的生活总要指向一种更高、更理想化、更道德的秩序或者"法度"的境界,比如佛教的"彼岸"、印度教的"法"、中国的"道"等境界。

(一)正视宗教和民族的力量

亚洲是道教、佛教、伊斯兰教、基督教和犹太教的发源地,因而亚洲传播的思想与理论研究也要多维并行。宗教问题总是关乎民族和种族话题,也是当前身份/认同的重要话域,亚洲主张的态度不是回避,而是积极地迎上去,例如针对伊斯兰教一直被一些西方发达国家进行框架化和妖魔化报道,使得宗教身份研究成为近年来的关注话题。一篇关于以色列的阿拉伯少数民族媒介使用状况的研究发现,媒介消费文化被视为少数民族克服他们弱势地位的一种偏向选择。在一个政治和军事摩擦频频发生的地区内,通过凸显民间社会的力量而不

---

① Chen,G. M. & Starosta, W. J. (2003). Asian Approaches to Human Communication: A dia-logue. In G. M. Chen& Y. Miike(Eds.), Asian Approaches to Human Communication[Special Issue]. *Intercultural Communication Studies*,12(4),1-15.

是凸显国家或组织的政策方式,更容易得到国民的肯定:媒体的描述可以把日常人际关系的适应能力转变成显著的国家价值,并最终成为一个民族性格的神话。[①]

从儒家思想出发的研究,如尤姆(Yum,1988)的《儒家思想对东亚人际关系及传播模式的影响》影响深远。从佛教思想出发的研究如艾思(Ishii,2001),关于伊斯兰教思想传统与传播的理论研究如牟拉纳(Mowlana,2007),斯塔罗斯塔(Starosta)和史莉莉(Lili Shi)则对甘地主义传播伦理进行了创新探索。亚洲主张在面临复杂的历史和宗教问题时,应努力放下成见,携手共前。近年来,在印度,一位八旬老人的宗教观点为我们处理亚洲主张提供了思考的参照系。他叫施利·萨蒂亚·扎伊尔·巴巴(Sathya Sai Baba),这位长者的文化信息经翻译被传播到美国、智利、新加坡、德国及肯尼亚等国家。扎伊尔·巴巴教团倡导宗教调和、兼容并蓄,推崇博爱、人人平等,使得巴巴教义的精神之光得以穿越众多不同的文化壁垒而普照到世界的诸多角落。[②] 扎伊尔的教义思想"博爱"包含了:"宗教只有一个,那就是爱。语言只有一个,那就是心灵。种族只有一个,那就是人类。上帝只有一个,那就是自己。"扎伊尔的标识是一朵由两层花瓣组成的花朵。花朵的五瓣包含着世界主要宗教的标识:分别为印度教——奥姆符,基督教——十字,拜火教——火焰,伊斯兰教——星月和佛教——法轮。这种求调和、重相容的宇宙观如扎伊尔·巴巴的箴言所言:"让不同的宗教共存并生,让繁多的信仰百花齐放,让神的赞歌用不同的语言在各处传唱,有的高亢,有的低昂,这是臻于完美的理想境界。尊重不同信仰的差异性,承认它们的正当性,只要它们不熄灭团结的光焰。"

同时,比较研究的展开也十分重要,要让西方与东方之门交融碰撞,类别的研究是使双方了解对方最有效的途径,对于类同事物或者概念之间的比较研究,对于亚洲主张的传播十分有必要,亚洲学者自主发声比欧洲镜像中的亚洲世界要更真实。在比较研究中发现的相似或者相异之处,都是非常具有意义的行为。原印度商业部长兰密施2005年出了一本名为《CHINDIA应该说得通:中国与印度之探讨》的书,创造并使用了一个新的英文词"Chindia"(中印大同),从而引起西方媒体的高度关注。当年8月22日,美国《商业周刊》杂志发表了三篇文章,集中讨论新出现的"Chindia"现象。兰密施先生本人还在同年出版了另一本书,书名是《理解CHINDIA——关于中国与印度的思考》(*Making Sense of Chindia:Reflections on China and India*)。2005年,"城市词典"网站(Un-

---

① Paul Frosh (2007). ImagiNation: News Discourse, Nationhood and Civil Society. *Media, Culture & Society*, 29(1), pp. 105-129.

② 徐迎春:《亚洲文化"推手":应对文化全球化的"太极"战略》,《中国传媒报告》2009年第1期。

banDictionary. com)将"Chindia"作为新词条录入,并解释道:"这是中国和印度两个名词的缩写。这两个国家经常出现在同一个句子中被同时提及,因为它们是同时出现的经济实体。"谭中将其翻译成"中印大同"十分贴切①,亚洲文化珠联璧合的个案跃然纸上。宗教文化为中印两国的交流提供了良好的平台,印传佛教在中国落脚之后,承载着媒介的功能,缩短了中印两国的心理距离,横截不同民族的文化,将彼此的认知拉进可对话的语言圈。在佛教的传播过程中,哲学、文学、艺术、民俗、技术等各方面的渗透也一一呈现。

(二)建构亚洲主张的框架语系

亚洲传播理论的架构,需要贴近亚洲现实,解决亚洲传播的问题,日裔著名的传播学者三池贤孝(2004)从亚洲中心的角度对人类传播的本质进行再思考,提出了五个与西方中心相异的人类传播命题:(1)传播是提醒我们宇宙万物都相互依存、相互联系的过程;(2)传播是让我们减少自私心理/自我中心主义的过程;(3)传播是我们对万物生灵的欢乐与痛苦加以体验的过程;(4)传播是我们与万物生灵进行受恩与汇报的过程;(5)传播是我们将宇宙道德化、和谐化的过程。② 亚洲传播在以往的发展路程上曾过分强调将外国理论与本国实际相结合,结果造成大量"生搬硬套"的失败案例,后来开始重视和强调理论创新,因为仅依赖于外国理论的思维路径会造成理论嫁接缺乏内涵深度。

亚洲学者要勇于抛弃欧洲中心模式。楚(Chu)在1988年时提出的问题发人深省:"我们只能处理那些能用定量方式和统计检验解决的研究问题。我们常常让研究方法决定我们的研究选题。"质化和思辨的论文很少涉及亚洲,如果将传播学囿于欧洲的文化价值观、研究方法和角度、欧洲话语和哲学体系之中,那么亚洲将永远处于"他者"的地位,被动自然不可避免。对于欧洲中心传播研究缺陷的综合批评令曾经数十年浸润于欧洲中心主义理论中的"其他"地区学者,越来越明晰地认识到当代传播学研究范式需要新的选择来完善和补充。

符号的使用也是一个重要原因,用西方的文字符号来研究亚洲以儒家文化为基础的传播现象是一件困难且事倍功半的事,"鉴于欧美中心传播学研究不断用英语中伪客位理念界定亚洲文化认同以及传播模式,亚洲中心传播学者应

---

① 参见兰密施《理解 CHINDIA——关于中国与印度的思考》(2006)一书中谭中所写的中文版前言。

② Miike,Y. (2004). Rethinking Humanity,Culture,and Communication:Asiacentic Critiques and Contributions. *Human Communication*,7(1),67-82.

当通过亚洲文字符号中的主位理念进行积极的再定义。"①在欧洲的符号体系中亚洲"客"的地位很难扭转,即便假设成功扭转,所得的结果也很可能是被西方文化收编,失去世界文化应有的平衡。

语言文字在传播过程中不仅是交流的媒介、记录的符号,更重要的是文化的外衣,是展现文化内核的所在。利用外国的符号研究在地化理论,实在不是明智之举,如果说为了弘扬本地区的文化,为了达到更好的传播效果而采用英文或对方国家语言文字尚且情有可原,但如果要树立起亚洲主张的大旗,就没有必要一直配合西方社会而采用纯英文研究,毕竟,没有多少人可以在配合别人的世界里成就自我。东亚各国存在可以交流的文字,如果可以放下芥蒂,在研究东亚文化中尽可能选用繁体中文,则可以免除在交流的过程中再进行翻译和转化,中国、新加坡、韩国、日本、越南等国都有使用汉字的历史,对于繁体汉字的辨认驾轻就熟,这就使得传播学符号分析更具本土意义,所面向的问题也更具地缘性,亚洲主张的参与者也更加宽广,研究的数量逐渐积累之后,会成为国际传播学主张的重要组成部分,亚洲主张的理论展开将更具活力。此外,以《易经》为代表的东方编码和解码的符号模式,讲求言(Discourse)、象(Image)、意(Meaning)、道(Tao)的整体性,构成 DIMT 模式,也是儒家文化独有的符号体系和文化编码。②

(三)投身跨文化传播比较研究

欧洲中心传播研究将注意力集中在最近发生和当前发生的问题上,忽视历史的视角,对历史性的分析存在偏见,认为其是落后过时的、古板的、鲜有活力的,将历史视角和纵向研究与创新革新对立起来,这还是受到笛卡尔二元论哲学思想的制约。传播学虽然是一门新兴的学科,但是传播活动是从人类初始就已存在的,故而对传播行为的研究不能断裂地接触,只停留在探寻某一特定时间下的共时性研究上。亚洲具有深厚的历史积淀是一个不争的事实,亚洲在国际传播平台上的弱势现状也是客观存在,只有照见自己的长处及短处,反观他者,才可能突破有限,走出樊笼。如果在研究的界域里,舍己之长就人之短,就永无宁日了。

北美学者们在传播学研究中,重视自身社会内部跨文化、跨种族、跨民族的比较研究,但这些都是基础本土意义上的"国内"研究,是最容易着手、最富于成

① 三池贤孝、J. Z. 爱门森编译:《建立亚洲背景的文化与传播理论:一个假设性基础(国际跨文化传播精华文选)》,浙江大学出版社 2007 年版。

② 李思屈:《东方智慧与符号消费——DIMT 模式中的日本茶饮料广告》,浙江大学出版社 2003 年版。

效且具有现实意义的研究。这也是值得亚洲学者所借鉴的，在本土传播范式、理论架构尚未研究透彻的情况下，舍近求远，设想在"异域"的世界摘取果实，直接套用，是难有长远出路的。东亚文化传播者也应观照自身内部的多元文化，亚洲本身复杂的文化现象可以满足自身内部展开的比较研究，而本土化内部的交流研究只有自己先重视起来，才能在国际传播中得到关注，例如亚洲内部（西亚与东亚，东亚与东南亚、南亚）之间的跨文化、跨种族问题都是具有挑战性的国际性课题，需要更为系统的研究。长期以来，北美和欧洲学者对亚洲研究的最普遍途径就是聘用一些具有双语能力的东亚研究人员作为助理研究员，进行一些跨文化的对比研究，然而这必然带有东方主义的观念和意识形态色彩，也缺乏心理和地缘上的接近性。

　　跨文化的传播似乎不断印证着一条自然科学的规律：接触越多、摩擦越大。将跨文化传播定义为具有涵盖性的一段话：跨文化传播是指在人际传播、群体传播、组织传播或公共传播的语境中，在有着互异的文化背景的人们之间，互动地发送和接收语言和非语音信息，从而进行文化上互相联系的认识、情感和行为活动过程。这个定义将注意力集中于传播中互相联系的思想和行为活动过程、文化对传播活动的潜在影响，以及传播活动所处的物质、社会文化和关系语境上。[①] 其对跨文化研究者提出的三个基本要求切实而中肯：

　　其一，研究者们坚信不同文化间的平等，不应盲目地崇拜和接受西方、尤其是北美的文化。[②] 文化是不同种族的人们在有所区别的地域长期生活并演化交融而成的精神世界表达，与种族本身一样，无关优劣、只照本心。人为地将不同区隔开来，本身就是有悖于文化中交流的宗旨的。

　　这种谦逊、无排他性的观念，也与印度教和佛教文化影响有关。印度教是多神教的代表，其在印度拥有八亿多的信徒，也是该国的主要宗教信仰。关于佛教的归类，学者分别持多神论、泛神论和无神论三种，但无论归属哪一种类别，佛教对神的供奉是没有排他性的，即非一神论。

　　其二，研究者们应持续地努力实践双向的跨文化传播，改正以往单向引进和模仿西方文化的传统做法。[③] 欧美中心的传播研究是建立在崇尚个性、独立

---

　　① 石井敏文、赵晶晶译：《用东亚社会文化的视角与实践完善当代跨文化传播研究》，《中国传媒报告》2006 年第 4 期。

　　② 石井敏文、赵晶晶译：《用东亚社会文化的视角与实践完善当代跨文化传播研究》，《中国传媒报告》2006 年第 4 期。

　　③ 石井敏文：《用东亚社会文化的视角与实践完善当代跨文化传播研究》，《中国传媒报告》2006 年第 4 期。

与竞争的欧美文化价值基础之上的，亚洲是一个"听众"的角色，"传者"的角色只能由欧美来扮演，劝服和文化输送成为其传播的主要目的，亚洲学者如果一味地被动引进和接受，与顺从其思想殖民行径无二。

其三，除了要研究自己感兴趣的目标文化外，研究者们还应对自身所处的、传统上长期受到佛教、儒教和道教影响的东亚文化特质与东亚传播特点加以研究。① 在发起亚洲主张的研究时，忽略或者无视宗教对文化的作用力将寸步难行。宗教作为文化的重要组成部分，在漫长的发展岁月中受到原生民间信仰的影响，与传统思想和在地文化的互动深刻而久远，在讨论亚洲主张时应该给予这种联系特别的关注，而非规避宗教这一特定的文化情境。

(四)重视文化资本的传播效果

"大力发展文化产业是世界主要大国的共识，也是中国经济社会发展的必然选择。大力发展文化产业不仅是提升中国国家形象，优化竞争方式的有效手段，也是转变经济增长方式、推动建设创新型国家、推进和平外交和建立和谐世界的有效战略。"②印度的电影、韩国的电视剧、日本的动漫、中国的功夫在国际传播中都有成功运作的经验，中国武侠片以独特的文化资本参与国际竞争；香港迪斯尼的万圣节宣传个案瞄准全球文化资本；日韩潮流的深度发展所带来的持久发展空间……这一系列文化资本运作的成功经验，为避免本土化被收编、同化及和平演变争取了更大的对话空间。为早日为亚洲主张争取到与其地理版图、文化积淀、整体实力相匹配的中心文化提供了借鉴。

布尔迪厄将文化资本分为三种形式：身体形态、客观形态、制度形态。身体形态的文化资本是具体的形态，表现为个人的审美趣味、学识风度、教养技能等。客观形态的文化资本表现为物质性文化财富，这一类的文化资本可以由经济资本直接转化而成，如书籍、机器、工具等。制度形态的文化资本需要有"一种文化的、约定俗成的、经久不变的、合法化的价值"，典型例子是文凭和资格证书。既然类属资本，就是具备再生产性的，其回报可以是物质性利润，也可以是象征性利润，例如于个人而言，利用制度形态将文化资本在人才市场上兜售换取经济报酬，利用文化资本获得众人的青眼和敬重等。推及一个国家也是如此，身体形态的文化资本可以通过积累而流传，却无法通过馈赠、买卖和交换的方式进行继承。国家文化软实力的积累不是仅仅靠一个短期计划就可以完成

---

① 石井敏文：《用东亚社会文化的视角与实践完善当代跨文化传播研究》，《中国传媒报告》2006年第4期。

② 邵培仁：《增强中国文化国际竞争力的几点思考》，《新闻记者》2010年第11期。

的。亚洲主张中对于身体形态文化资本的重视需要一贯到底,坚持不懈。只有润物细无声的积累习得,文化资本的原动力才能源源不断,永葆生机。客观形态的文化资本则直接与硬件设施想连接了,拥有相当规模的文化创意园区、配备多种媒介设施的现代化图书馆、设计华丽顶级的立体环绕音乐厅,在经济实力允许的情况下,这些都可以用经济资本在短期内完成转化,但这些只是文化资本的初级形态。将上述两种形态的文化资本兼具之后,展示给世界,得到制度程序的认可和标示是很有必要的。这也是众多国家争相申请世博会、奥运会主办权的一个重要原因,在得到制度认可的同时,文化资本转化为更多经济资本的可能性加大,这种利用文化资本再生产的方式更为高级和可持续。文化创意产业的催生和发展即是利用文化资本进行再生产的经济发展模式,而文化创意产业对自有知识产权培养、能源环保、可持续发展都大有裨益。

1997 年亚洲金融危机迫使韩国、日本等国家重新思考经济增长方式和经济增长点。其中韩国更是制定了专门的法律法规,将"文化立国"确定为国家方针,政府作为创办文化创意产业的急先锋,在国家意志的高度支持下,文化产品的研发、制作、经销、出口变得有保障。在世界市场登陆时,韩国有计划地将中国和日本两个东亚大国作为进军世界舞台的台阶,正是因为拥有相类似的文化背景,在审美情趣、价值取向、叙事表达上可以产生更多的共鸣。文化的传播总是涉及情感理解的问题,是一个主体间的过程(intersubjective process),人们因为拥有与他人类似或者相同的经历,才能理解他人目前所表现的情感状态,产生心灵上的共鸣,进而形成共享的情感图景。韩国明智地选择东亚具有相同儒家文化背景的中日作为扬声筒,无疑是稳妥且成功的。只有拥有共享的概念图,才可能在传播的过程中无限接近于传受双方所期待达到的效果,这些共享的概念图最初是以一种看似简单、碎片化的形式出现的,我们可以称之为元素。如亚洲形象符号、中国元素,亚洲符号并非一定是红灯笼高粱地、唐装旗袍、丝绸茶叶、饺子火锅、戏曲脸谱、故宫胡同儿四合院,中国元素也并非一定是书法、国画、刺绣、石窟、壁画。美国梦工厂动画 2008 年拍摄的《功夫熊猫》,以功夫加熊猫的中国元素征服了全球观众,其故事以中国古代为背景,电影中的布景、服装、食物、语音均充满中国元素。电影中憨态可掬的阿宝从一只笨拙的小熊猫成长为身怀绝技的武林高手,除此之外,电影透过阿宝与其师傅之间的关系将亚洲人尊师重道的道理娓娓道来,别具意义。这其中,打动人心的部分是人类共通的美感与期待,平凡之极的小熊猫也可以拥有一技之长,在生命的体验中明白存在的意义。人性之中总是有相通相惜之处,2012 年再度上映的 3D 版《泰坦尼克号》之所以时隔十年依然票房不减,正是因为剧中冰冷海水、残酷命运面前所展露出的人性美打动了世人的心,千千万万的普通人在原本以为最可怕的死神面前变成了英雄,这种人性的光亮像温暖的光芒,超越国界、种族,感染着每一颗心,此时文化传播的共享价值就被成功地普世化了。

五、结语:亚洲的声音很温柔

在传播亚洲主张理论时,要清醒地认识到,一旦地域性被普遍性的面纱阻隔,非西方的思想论断被边缘搁置,"欧洲中心主义"就会以优越的姿态再次亮相。当一些西方思想家公然断定"意识形态终结"时,他们实际上是在宣告西方自由主义意识形态的最终胜利。这一论断话语如同"历史的终结"论断一样,充满着西方自由主义或西方现代性的傲慢与偏见。要明白,那些一直寻求话语垄断和掌握话语霸权的国家或国际集团不会轻言放弃,世界的多极化本身也面临着如何开展多极平等对话的问题。亚洲主张的道路是一条既不同于西方,又不排斥其他现代化模式的道路。它是连贯的、延续的,怀揣着传统资源的光辉,承继着已有文明的遗产与硕果。亚洲主张要充分表达自己,就不能囿于在西方现代话语的喧哗之中做一名沉默的追随者。

在亚洲传播的研究发现中,不追求优美的模型,不需要空洞的理论。这其中,文化自觉、文化自信和文化自强是需要坚守的基本原则。要将"亚洲主张"的对话发展下去,就时刻不可忘记亚洲存在异质性和同质性。在坚守异质性方面,任何有关亚洲传播的讨论都必须避免可能存在的过度简化和概括化,我们同样不能将"亚洲"视为整体性的概念,寥寥数种理论难以描绘亚洲传播行为的无限可能。除此之外,亚洲主张的倡导者们不断强调:片面推崇差异、消弭共识并非亚洲主张学派所求。事实上,不同文化确然存在共性。格博瑟就曾指出:"除了主体的意识结构外,所有人类社会中都存在初始的、巫术的、神话的和理性的结构。这些意识结构可能在某种文化中呈隐性,但在另一种文化中却通过文化价值的形式明显地表现出来,可在行为层面加以观察。"①贯穿并渗透于亚洲五个地区传播行为中最重要的、最具有共性的儒学思想线索也并不为中国独有,虽然儒学在中国封建社会中一直处于主导地位,但是在传入朝鲜、日本、越南等国后,对形塑东亚社会精神产生了重要作用;此外,起源于印度的佛教思想,传入东南亚和东亚之后,在当地的传播过程中不断发展,别是一家,在传播中不断扩大影响;在南亚和西亚地区,同样可以梳理出一条线索,这些秉承不同宗教信仰、思想传统的人们在与亚洲其他地区的不断互动中,产生了共享的文

---

① Gebser, J(1985). *The ever-present origin*. Athen, OH: Ohio University Press.

化概念图。

目前亚洲中心学派已经达成共识的部分是：要想对亚洲传播加以考察，于纷繁的线团中抽离出一丝细线，则需要在确定的空间范围内推演总结，而非在研究初始阶段，就尝试在不同的空间范围中寻求更宽泛的综览和比较研究。在人类存续的发展中，更绵柔包容的"和谐圆"是迫切需要的，对交流各方更多的体察观照，在行为和意识上注重与外界的共生共进，在传播过程中增加以他者为导向的考虑因素，开放宽容的思维和心态、互惠共荣的发展模式，善用悲天悯人的同情式传播方式……这些都是亚洲主张范式的价值前提。亚洲主张开辟了另一个端口位置，致力于共同理解、保护和存续人类文化的多样性。

由宣传至营销：
中国国家形象建构话语的另一种解读[*]

杜忠锋^{**}

一、引　言

　　过去 30 多年间,伴随着经济全球化过程,中国迅速积累了巨大财富,成为世界第二大经济体,且拥有联合国常任理事国、世界最大外汇储备国、全球最大出口国等名号,在世界政治、经济、军事等领域发挥着愈来愈大的影响。这使中国近几年成为西方媒体关注的热点。但有些西方媒体抱着冷战思维与政治正确主义,对与西方国家在政治制度、价值观方面相异的中国进行"口诛笔伐",刻意歪曲中国形象。譬如,当中国在海外租赁土地,进行农业种植时,"德国之声"诬称中国搞"新殖民主义";当西方高官的计算机遭到黑客入侵时,西方媒体指责中国是幕后推手;当中国 GDP 超过日本位居世界第二时,西方少数经济学家又提出新的"中国威胁论"等。除了西方媒体丑化中国国家形象外,中国出口的食品质量不达标,中国少数公民涉外旅游期间的不文明行为等,在某种程度上也损害了中国的国际形象,给了西方媒体歪曲中国形象的口实。

　　同时,伴随着现代化进程,中国的经济、文化和社会等领域正面临着深刻转型。主要体现在:经济上面临着由出口导向型到内需驱动型经济转变,文化上面临着构建社会主义核心价值观,社会上面临着建设"和谐社会"等。在此过程中,不可避免地暴露出了各种问题。诸如贫富分化、环境污染、官员腐败、民众信仰缺失、假冒伪劣商品盛行等,诸多问题汇聚在一起,经过媒体的曝光与民众

　　* 本文为教育部哲学社会科学研究重大课题攻关项目《国际传播的理论、现状和发展趋势研究》阶段性成果(批准号 09ZJD0010)。

　　** 杜忠锋:浙江大学传播所博士研究生,云南师范大学传媒学院讲师。

的口碑传播,在国民心理上形成了负面的国内形象。

　　在此语境下,加强中国的传播力建设,争夺国际话语权,完善国内各项改革,进而塑造良好的国际与国内形象,成为中国今后面临的一个重要课题。北京大学国际关系学院院长王缉思认为,一国国际形象是由国内形象决定的。一个国家塑造国家形象的关键是国内形象,它是一个能否让国内老百姓满意的问题。国内民众不满意,却有好的国际形象,这基本上不可能①。国际媒体记者尤烈(Julie)表示,提升国家形象最有效的方式是通过切实的行动,而不是语言或者影像②。但目前在推介国家形象的过程中,我国有关部门热衷于国际形象的推广,而忽视了国内形象的打造;专注于国家形象的媒介呈现,而轻视了国家形象的实体表现。比如,一方面我们在做着"中国制造"的形象宣传片,一方面中国的某些产品质量不达标。国内有关专家认为,国家形象是由表现和传播两方面共同构建的,实实在在的表现和符合规律的传播就是国家形象的塑造。如果说中国国际形象更为关注"传播",侧重媒介的建构,那么中国国内形象则更多关注"表现"。但问题是怎样我们才能合理、正当地"传播"与"表现"?

二、国家形象宣传的话语实践困局

　　在传播层面,目前中国国家形象的推介话语还没有脱离"宣传"的色彩。2011 年年初国家推出的"中国国家形象"宣传片就是这方面的典型例子。该片不仅冠有"宣传"的字眼,而且在传播模式上是一种单向传递,传播效果并不乐观。该片在美播出后,皮尤公众与媒体研究中心(Pew Research Center for the People & the Press)对 1503 个美国人做了调查,发现 58% 的被调查者希望美国与中国建立更强有力的关系,而 65% 的人认为中国是"对手"。北京营销策略公司沃尔夫亚洲集团(Wolf Group Asia)首席执行长沃尔夫(David Wolf)认为,这则广告完美佐证了这样一种观点,即"表达你想说的,而不是表达应让观众知道的"。严格地说,这部片子透露的是"宣传"话语,而不是"营销"话语。相较而言,宣传话语是传者本位,属单向传播,注重传者利益;而营销话语是受众本位,在传受双方互动基础上,注重传受双方的共赢理念。由此,利用宣传话语推广国家形象不仅收不到预期效果,更会陷入一种学理与实践上的双重困境。

　　基于对第一次世界大战中"协约国"与"同盟国"宣传战的研究,拉斯韦尔于

①　王缉思:《国际形象是国内形象决定的——记北京大学国际关系学院院长王缉思》,《公关世界》2009 年第 8 期。
②　转引自江玮:《在时代广场读懂中国》,《21 世纪经济报道》,2011-1-19。

1927 年写了《世界大战中的宣传技巧》一书，这本著作的出现，虽将"宣传"上升到学理研究的层面，但也将其归入负面学术话语之列。因为在他看来，"宣传"是通过操纵有意义的符号控制集体的态度，它对民主社会构成了一种特别严重的威胁①。正是基于此，二战后在美国与欧洲兴起的传播研究的两大学派——"经验学派"和"批判学派"，是在批判语境中来关照宣传的。在美国，以拉扎斯菲尔德和霍夫兰为代表的第一代大众传播研究者，见证了两次世界大战后西方民主社会发生的危机。这种危机来自两个方面：一方面是反民主的政治极权势力发现了大众传媒，并利用这一工具大力展开政治宣传；另一方面是商业利益集团发现了大众传媒，并利用这一工具大力展开大众市场营销。这种危机使拉氏等人面临的实际问题是：一方面要武装民众，以抵御政治和市场营销的宣传；另一方面要重建或强化民主社会建制的信誉②。在欧洲，"法兰克福学派"的代表人物马尔库塞与阿多诺等人认为，大众文化已经沦为文化工业链条上的可复制和标准的商品，其内含的统治阶级的意识形态已经将受众异化成了"单向度的人"。资产阶级通过大众文化制造的虚假认同来维护其不合理的政治与经济秩序③。在这里，"法兰克福学派"对文化工业的意识形态批判，在某种意义上蕴涵着他们对资产阶级要弄"宣传"伎俩的贬斥。

　　在此社会语境下，西方学者对宣传研究保持着敏感，西方民众也对政治与商业领域的宣传保持着警觉，西方传媒在利用宣传手段服务政治选举与品牌推广时，也把本质的宣传美其名曰"广告"或"公关"。在美国某政府部门从事外聘员工工作的比尔(Bill)认为，几十年以来，美国人生活中泛滥着汪洋大海一般的广告和公关宣传，而最近几年政治性的媒体推广或操纵活动也越来越多，美国人是一群对任何宣传信息都充满警惕的观众④。国内官员与学者也对中国国家形象宣传片使用"宣传"一词，表示了不赞同的意见。全国政协外事委员会副主任韩方明表示，"我并不赞成'宣传'的提法，大概用'说明'或者'推广'更妥当些"⑤。北京外国语大学的展江认为："西方一听宣传就会吓一跳，实际上我们对外的说法应该是推广。"⑥

　　在此，本文无须驳斥西方不使用"宣传"而使用"传播"的虚假性，也没必要为我国使用"宣传"的历史合法性辩护，因为这超过出我们的探讨范围。本文只

　　①　[美]E. M. 罗杰斯：《传播学史》，殷晓蓉译，上海译文出版社 2005 年版。
　　②　潘忠党：《媒介效果实证研究的话语——对一个研究领域的理解与误解之反思》；[美]简宁斯·布莱恩特、道尔夫·兹尔曼：《媒介效果理念与研究前沿》，华夏出版社 2009 年版。
　　③　杜忠锋：《美国传播批判研究存在的张力原因》，《新闻爱好者》2011 年第 7 期。
　　④　江玮：《在时代广场读懂中国》，《21 世纪经济报道》，2011-1-19。
　　⑤　郭一娜：《中国打造国家形象宣传片 接近与世界距离》，《国际先驱导报》，2010-10-11。
　　⑥　江玮：《在时代广场读懂中国？热议中国国家形象宣传片》，《21 世纪经济报道》，2011-1-19。

想表明,在中国迈向全球传播大国的进程中,为使国外媒体与受众认可中国的传播话语与传播风格,中国应当用营销思维而非宣传思维来表达国家形象。

三、国家形象营销的结构要素

把营销从商品领域扩展到地理区划的"国家营销",始于 20 世纪 90 年代管理学大师菲利普·科特勒。据他统计,在当今世界上 100 个最大的经济体当中,主权国家和大型企业约各占一半。因此他认为,完全可以像管理和营销企业那样来管理和营销国家。科特勒提出的"国家营销"概念侧重于经济层面的营销,而本文提出的"国家形象营销"概念,其营销的面向更加多元,这种多元源自国家形象的丰富内涵。

美国政治学家布丁(Boulding, K. E.)认为,国家形象是一个国家对自己的认知以及国际体系中其他行为体对它的认知的结合;它是一系列信息输入和输出所产生的结果,是一个"结构十分明确的信息资本"[1]。布丁的定义突出了国家形象是种信息资本,这带给我们的启发是:国家形象是一种信息,它的呈现需要传播媒介,而且积极的国家形象信息可以转化为国家资本;同时,该定义还把国家形象的认知主体分为国内受众与国外受众。孙有中认为,国家形象是一国内部公众和外部公众对该国政治(包括政府声誉、外交能力与军事实力等)、经济(包括金融实力、财政实力、产品特色与质量、国民收入等)、文化(包括科技实力、教育水平、文化遗产、风俗习惯、价值观念等)与地理(包括地理环境、自然资源、人口数量等)等方面状况的认识和评价,可分为国内形象与国际形象,两者之间往往存在很大差异[2]。孙有中的定义同时关注了国家形象的软硬实力构成要素。段鹏认为,国家形象由国家实体形象、国家虚拟形象和公众认知形象三个子概念组成[3]。该定义的亮点是国家虚拟形象的提法。本文以为,国家形象是指国内外受众通过亲身感知或传播媒介对一个国家政治、经济、军事、科技、文化等软硬实力所形成的总体印象与评价,它是一个国家品牌资本的重要体现。

依据国家形象内涵,国家形象营销应考虑的结构要素有:(1)受众,分为国内受众与国际受众。(2)展示场域,既包含国家软实力,如意识形态、政治价值吸引力和文化感召力等;又指国家的硬实力,如经济、地缘政治、军事影响力、基本资源等。有人说,国家形象属软实力范畴,应只包含一国的软实力要素,而不

---

① 百度百科网:http://baike.baidu.com/view/1112777,htm,2011-4-3。
② 孙有中:《国家形象的内涵及其功能》,《国际论坛》2002 年第 3 期。
③ 段鹏:《国家形象建构中的传播策略》,中国传媒大学出版社 2007 版。

应当包含硬实力。该说法只对了一半,国家形象从本质上来说是一种主观认知和情感体验,其认识与体验的实体要素既可是一国的软实力,如中国的孔子学院;也可是硬实力,如参与东南亚海啸人道主义救援的美国航空母舰。软硬实力两方面经过媒体的报道与受众的体验,会在受众心理上化约成主观的国家形象。(3)行为主体,包括政府、媒体、企业、民间组织与公民等。其中,媒体着眼于传播国家形象,政府、企业、民间组织与公民则重在表现国家形象。(4)形象构成,分为国际形象与国内形象,两者可谓一枚硬币的两面,互为表里。上述四个要素,用营销话语来说,行为主体可看作国家形象的营销者,它们发出或携带国家形象的信息,信息的载体既可以是符号(传播层面),又可以是行为(表现层面);国家形象可看作品牌,展示场域可代表国家形象品牌之下的多类产品;受众(国际受众与国内受众)是消费者,他们是国家形象这个品牌的体验者与评判者。这几个要素之间的关系,用模型表示如图1所示。从图中可以看出,营销者(行为主体)与产品(展示场域)的关系网络共同构成为了消费者(受众)心目中的品牌印象(国家形象),也就是说,国家形象与受众两者之间是一种互动关系,这种关系的持久性,决定着国内外受众对一国国家形象的认同甚至忠诚度。

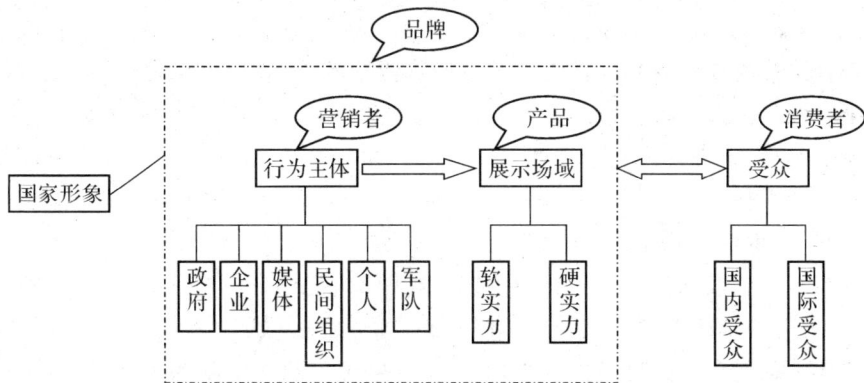

图 1　国家形象营销的结构要素

本文认为,中国定位于国家形象营销比定位于国家形象宣传更有优势。首先,国家形象营销凸显了自由市场中的竞争法则,能够淡化国家形象推广的政治功利性。其次,国家形象营销定位,使国家形象的表达主体更显多元化,而不像宣传话语,让人联想到更多由政府主导。这里的表达主体不仅有政府,还有企业、民间组织、公民等,特别后三者,他们是国家公共外交的重要实施者,对于国家形象的建构发挥着举足轻重的作用。第三,国家形象营销以满足受众(顾客)为最大价值。在满足受众认知需求情况下,政府或其他机构通过受众细分,能更好地了解国内外受众对国家形象传播的信息需求与话语风格。

四、国家形象营销的策略

　　清华大学史安斌教授认为,目前的国家形象塑造虽然取得了进步,但还没有被当作一项"系统工程",还比较零散,今天举行一个大的活动,明天做一套宣传片,后天开一个新的卫星电视频道,缺乏统一的规划和战略构想①。本文认为,由于国家形象营销实施主体的多元化,展示场域(政治、经济、军事、科技、文化、外交等)的多样性,以及传播渠道(新闻、广告、公共关系等)的多形态等特点,以"整合营销传播"(简称 IMC)策略来建构国家形象效果更佳。

　　整合营销传播是指发展和实施针对现有和潜在客户的各种劝说性沟通计划的长期过程。它认为现有或潜在客户与产品或服务之间发生的一切有关品牌或公司的接触,都可能是将来讯息的传递渠道。进一步来说,IMC 运用与现有和潜在客户有关的并可能为其接受的一切沟通形式。IMC 具有五个特征:影响行为;从现有或潜在的客户出发;运用一切接触方式;获取协同优势;建立关系②。简而言之,整合营销传播即综合运用各种传播渠道,用同一个声音说话。整合营销传播提出的初衷虽着眼于市场营销领域,但我们可以把这种理念运用到国家形象传播上来。事实上,已经有人声称(在下个千年)营销就是传播,传播就是营销,二者不可分开③。

　　由此观之,依据 IMC 策略来推广国家形象不仅能够增强和改善受众对它的认知,更重要的是能鼓励受众对国家形象做出某种反应,如喜欢购买这个国家的商品或到该国旅游。而且,在接触方法和传播渠道选择上,IMC 策略拒绝了"由内而外",即由国家到受众的传播方式,而是从受众出发,"由外而内"地选择最能满足受众对信息的需要。IMC 采用有利于触及目标受众的任何接触途径,而不是先入为主地固守一种传播渠道。这种理念有利于扭转我国相关部门过度依赖大众媒介来传播国家形象的局面,给予公共事件、公共外交与文化交流等渠道在表现国家形象上以更多关注。一国对公共事件,特别是对危机事件处理的恰当与否,可对该国国家形象带来不同的效果。其经典案例莫过于 2010年 10 月,智利政府成功拯救了被困地下 69 天的矿工,缔造了人类救援史上的

---

① 马军、陈俊宇:《从宣传到传播 中国迈入公关时代》,中国新闻网:http://www.chinanews.com/gn/2010/09-09/2522532.shtml,2010-9-9.

② [美]特伦斯·A. 辛普:《整合营销沟通》,熊英翔译,中信出版社 2003 年版.

③ [美]唐·E. 舒尔茨、菲利普·J. 凯奇:《全球整合营销传播 IGMC》,何西军、黄鹏、张怡、朱采虹译,中国财政经济出版社 2004 年版.

奇迹，从而使该国国家形象大为改观。相较之下，菲律宾对中国香港游客被劫持危机的处理迟缓、低效，最终酿成 8 人死亡的惨剧，致使菲律宾国家形象一落千丈。中国在这方面也有经验教训，例如中国在海外建立的孔子学院以及与其他国家联合举办的各种"文化年"活动，改善了中国形象。可见，这几个接触渠道都直接或间接地塑造着我国的国家形象。这就更需要我们采用 IMC 策略，发挥各种传播与表现途径的协同优势（见图 2），用同一个声音说话，建立统一的国家品牌形象。否则，各种传播或表现渠道各自为政，势必会导致事倍功半的后果，甚至会使国内外受众得到相互矛盾的国家形象信息。

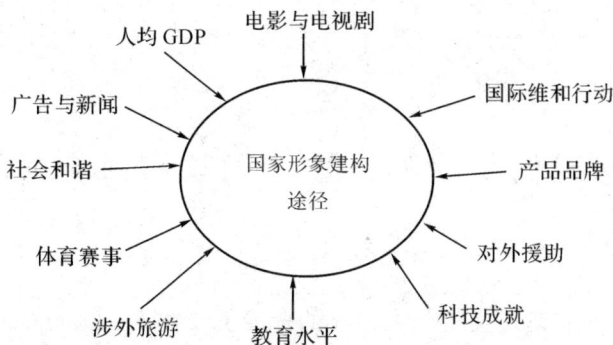

图 2　国家形象建构的各种传播与表现渠道

五、结　语

关于国家形象建构问题，国内虽有不少文章进行过探讨，但多数从对外传播的角度来分析中国国际形象的塑造，其着眼点只针对国外受众，而忽略了国内受众。而且，多数学者提出建构中国国家形象的对策时，多寄希望于传媒的信息建构作用，而忽视了支撑国家形象的实体表现。在国家形象传播话语上，国内虽有学者（例如，史安斌）提议用国家形象的传播观代替宣传观，但由于传播概念的外延蕴含着宣传的内涵，这造成了以"传播"推广国家形象的操作性并不强，也易造成"传播"语词使用的泛化。这也是近几年有些学者宁可使用"国家公关"或"国家营销"概念的原因之一。基于此，本文认为，推广中国国家形象应当以营销话语来代替宣传话语，并用整合营销传播的策略去推介中国国家形象。沿此思路，下一步应当解决的问题是将国家形象的定义可操作化，并进行数据化的测量研究，以更好地验证国家形象营销的效果。

试论议程融合视阈下国家形象的网络传播问题

林 敏*

一、互联网时代从议程设置论到议程融合假设的历史演进

假设判断一篇理论文章是否经典的标准主要体现在其观点的影响力和生命力上,那么美国传播学者马尔科姆·麦库姆斯和唐纳德·肖于 1972 年提出的议程设置理论显然就是经典文章的一个很好的例子。自两人在《大众传播的议程设置功能》报告中首次提出"大众传媒具有一种为公众设置'议事日程'的功能;媒介所强化报道的题材和事件,会引起人们的重视;传媒的新闻报道和信息表达活动以赋予各种'议题'不同程度的显著性的方式,影响着人们对周围世界的'大事'及其重要性的判断"[1]这一核心假设以来,该理论在近 40 年来持续不断地吸引着世界各地的研究目光。如今,甚至连伯纳德·科恩(Bernard Cohen)就此理论作出的简要描述,即"新闻媒介在告诉人们怎么想方面可能并不成功,但是在告诉人们想什么方面则异常成功"[2]也已成为传媒界广为引用的著名论断,并不断在新的环境中提出新的相关问题。截至 2006 年,全世界范围内已有 400 多项关于议程设置的研究,其分别经历了"媒介议程与公众议程相关性"、"影响媒介议程设置效果强度变化的因素"、"媒介属性议程与公众属性议程的相关性"、"媒介议程形成的因素"、"媒介议程设置对于对象及其属性

---

* 林敏:浙江省委宣传部,浙江大学传播与国际文化学院博士生。

① 王维、王锋:《究竟谁在设置议程》,《新闻知识》2007 年第 5 期。

② [美]马克斯韦尔·麦库姆斯:《议程设置:大众媒介与舆论》,郭镇之、徐培喜译,北京大学出版社 2008 年版。

的显著性的影响"五个相对独立的研究阶段。[1]

在众多庞杂的研究著述中,麦库姆斯和肖面对传播环境的巨变提出的"议程融合"理论假说尤为值得关注。1999 年,两人在《个人、团体和议题融合:社会分歧论》和《公共议题的衰落:个人怎样与媒介融合以形成新的社群》等论文中提出该理论,认为个体受众拥有与生俱来的加入团体的愿望和通过包括大众媒介在内的各种媒介了解、寻求、融入与其旨趣相近的团体议题的行为,并将"议题融合"作为一个社会传播过程,分成寻求团体—寻求团体"议题"—寻求引导—寻求引导传播媒介—"议程设置"初级阶段—"议程设置"高级阶段六个阶段。[2] 如文所述,该理论对发生在议程融合效果显现之前的四个阶段进行了学术描述,极大地丰富和拓展了议程设置理论的演化图谱,突出了社会大众选择和使用媒介及其议题的主体有意识行为。

尽管目前关于议程融合论的研究尚未进入实证阶段,但是这一植根于受众自主性的历史转变无疑更符合媒介"魔弹论"到"有限效果论"的理论转向,更契合新媒体,尤其是网络时代传播环境的巨大改变。从物质技术层面看,当前基于互联网 web2.0 甚至 3.0 技术的新媒体形态不断涌现,家用电脑、智能手机、手持阅读器、平版电脑等上网终端迅速普及,信息选择和媒介应用进一步拓展,议程载体的范围得到极速扩大,为各种议程的迅速融合提供了极大的方便。从受众精神层面看,随着社会媒介素养的整体提高,受众变得更加主动而有经验,参与互联网的意识和互动规模也日益增强,各种议程不断发生碰撞、交织,正如肖在 2001 年描述的那样,"在 1968 年,在新闻绘制的世界地图中,你容易分辨出少数主要媒介报道的事件,但现在我们看到的却是一段蒙太奇,一个议程的颜色与另一些议程抽象地混合在一起",[3]议程融合呈现出纷繁复杂的景象。从社会历史发展角度看,由于网络传播时空的压缩,报纸、杂志、广播、电视等分别代表不同传播时代的大众媒介受到程度不等的冲击,它们惯于设置的突出"区域性和阶级性"的议程也逐渐式微,相反,个人团体等非专业信息发布主体却可以凭借网络平台自我勾勒新闻图像、编织社交网络,受众与媒体之间的关系变得更加复杂,一种新的议程设置的权力结构关系也由此得以建立。

① 蔡雯、戴佳:《议程设置研究的历史、现状与未来》,《国际新闻界》2006 年第 2 期。
② 崔波:《议题运动规律及其启示》,《新闻实践》2008 年第 8 期。
③ 刘海龙:《议程设置理论与后大众媒体时代的民意研究》,《国际新闻界》2004 年第 4 期。

二、议程融合假设对互联网国家形象传播的理论启示

　　鉴于其核心假设揭示的传者与受者之间的紧密关系,议程设置理论的触角遍及传播学研究的各个领域,国家形象传播也不例外。2007 年,盖顿(Galtung)和罗格(Ruge)提出了"世界性事件"的传播模型,后来的研究者将"世界性事件"替换为"国家",这样便衍生出了国家形象传播的模型(见图 1)①。

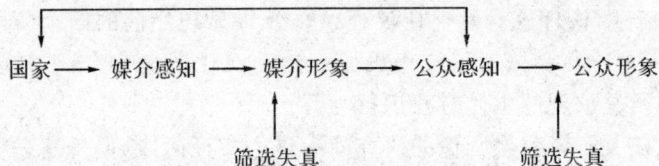

图 1　国家形象传播的模型

　　显然,上述将国家形象传播描述为大众媒介设置议程,建构公众认知环境,从而影响公众对国家事实的认识判断的过程,明显带有 20 世纪 60 年代传播学理论的"魔弹论"色彩。如前文所述,随着网络时代的到来,议题设置的载体、面貌及权力关系发生了很大变化,这势必引起国家形象传播理论模型的相应变革。综合部分学者的观点,本文认为,在议程融合视阈下,国家形象是他国公众在一定的社会文化背景下,通过复杂的心理过滤机制,借助媒介对信息的组织、建构、传播,对该国的客观现实产生的具有较强概括性、相对稳定性的主观印象②;国家形象的传播模型则从大众传媒设置议程作用于公众感知国家形象的单一线性过程,走向了由多个传播力量互动博弈构建形成国家公共形象的过程(见图 2),并呈现出一些新的特点:

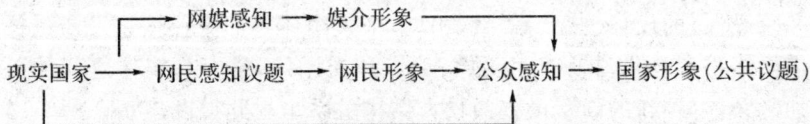

图 2　国家形象传播模式网络议程建构模型

　　一是传播的起点从唯一主体转向复合主体。与议程设置到融合的演变相呼应,国家形象传播网络构建模式也将研究的起点从大众媒体这一唯一主体转移到媒体与大众的复合主体上,以全新的视角重新审视大众拥有的传播地位和

---

① 涂光晋、宫贺:《北京奥运与国家形象传播中的议程建构》,《中国广播电视学刊》2008 年第 7 期。
② 何辉、刘明等:《新传媒环境中国家形象的构建与传播》,外文出版社 2008 年版。

传播权力。一方面,网络的交互性使网民彻底摆脱了只能通过大众媒介尤其是西方主流媒体获得他国信息的被动地位,转而成为有意识地接触、选择、使用传播媒介及其议题的主动接受者。更具有颠覆性意义的是,随着 web2.0 技术运用的成熟和经济门槛的降低,网络日益成为自主发布信息的主要通道,受众也由此拥有了表达自我思想言论的权力,并与大众媒体一起共同影响着公众对相关议程的认知、排序和显著性认识的权力。

　　二是传播的过程从单向设置变为多元建构。作为一种社会传播过程,"议程融合"假设描述的议题"设置"的方向和形式也较"议程设置"理论显得更为复杂。传统议程设置理论认为:媒介作为"把关人",通过选择、过滤、放大团体议程及现实国家情况等手段,形成媒介形象,作用于媒介受众,进而影响公众感知,构建国家公共形象,即 A(媒介)—B(媒介受众)—C(公众)的单向度传播模式。在议程融合视阈下,国家形象塑造以 A、B、C 三者之间多种排列组合的方式呈现,如 B(媒介受众)—A(媒介)—C(公众),即网民通过大众媒介或其他渠道,感知现实国家情况,形成网民印象,影响公众感知等,实现了传播过程双向、多向的变革。此外,随着媒介(专业的传播组织)、团体(包括政府组织、非政府组织等)、受众三者同时成为议程的建构者,各类国家形象议程也由必经大众媒介间接抵达而升格为一种新型的直接融合的关系(如图 3)。以受众议题为例,原生态的受众议题可以通过自我表达、绕开团体议题先抵达媒介议题或加入团体议题再影响媒介议题等多种方式,与其他两类议题互通互融,共同作用于公众议题、构建国家形象。有鉴于此,下文将统一使用"议程建构"代替"议程设置"一词。

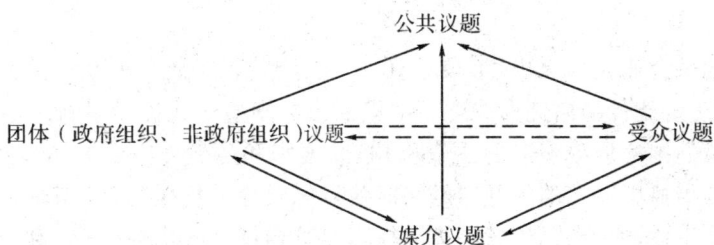

图 3　团体议题、媒介议题、受众议题和公共议题之间的关系模型

　　三是传播的内容从表层主流拓展到边缘深层。互联网的无限链接性为无数议题的全面立体呈现提供了可能,国家形象议程也由此突破了在传统媒体上的拘谨、格式化面貌,网络虚拟世界平台上包罗万象的话题既关涉传统的国家领导人互访、双边贸易关系等宏大话题,也不乏分享交流个人旨趣、爱好的小众化话题,还有民族情感、宗教信仰、价值观念、文明冲突等随着全球化时代的到来而受到特别关注的泛化话题。同时,随着网络实时在线讨论的实现,议程的

深度和广度也得到进一步的拓展,一些看似微小的议题可能由于讨论人和内容的不断充实而变得更加深刻丰富,一些原本单一的议题也可能因另一些议程的交错混合而改变属性和走向,这在很大程度上改写了传统国家形象传播极易停留在表面,并终结于政治体制和民族属性的常规做法,为海外受众了解真实客观的国家形象提供了多棱立体的视角。

四是传播的终点从高度整合转为相对多元。议程融合中主体、内容、方式的多元、多样、多变使得国家形象传播从一个可控制的政治过程走向了开放性的社会过程,其着力塑造的高度一致的国家形象也相应变得相对分化离散。按照零和博弈观点,社会各种议题为获得媒介与公众注意力而展开激烈竞争。①国家形象传播过程中受众的注意力是恒定的,虽然议程构建的主体在不断变化,内容也层出不穷,但其竞争博弈的结果必然是大众媒介聚光灯效应的减弱,团体及受众议题的碎片化,及议题在公众议程上更替的速度加快,而这些均会对国家形象传播产生正负两方面的效应。具体来看,匿名、直接的网络在为国际受众获悉信息、畅所欲言提供方便快捷的渠道,构建自由、开放、真实的国家形象的同时,也在客观上减少了对分散化个人和小团体的约束,其既可能在关键时候为国家形象增光添彩,也可能发布情绪化、非理性、虚假失实的网上言论,加剧某些国际话题的负面效应,影响到真实的国家形象。

三、议程融合假设视阈下国家形象网络传播运行机制的实践思考

议程融合假设的提出,不仅革新、丰富了议程设置假设的理论认识和应用范围,更为置于传播研究命题之下的国家形象塑造实践提供了新的启示。这里主要从我们国家形象塑造的主管机构,即国家和各地外宣办的角度出发,分析国家形象传播中存在的问题和网络时代议题建构的规律变化,并在有限效果论范式下从主体、内容、过程三层维度探索"巧"构议程的传播技巧,为我国塑造开放自信、负责任的大国形象提供现实的参考路径。

(一)重心位移,打破国际传播的议程设置霸权,扩大中国国家形象的知晓度、影响力

2011年2月18日发布的《2010年文化软实力蓝皮书》指出,虽然我国整体

___

① [美]马克斯韦尔麦·库姆斯:《议程设置:大众媒介与舆论》,郭镇之、徐培喜译,北京大学出版社2008年版。

实力得到很大增强,但"西强我弱"的国际舆论格局并没有发生根本改变。① 这与我国至今尚未出现能在国际范围内产生重大影响的议程建构媒体或渠道不无关系。在议程融合理论视域下,议程构建国家形象的重心从传统媒介位移至网络平台和网络受众,而两者天然的海外落地性和接近性,为我们实现网络空间传播思想观点的话语权力,扩大国家形象的知晓度和影响力提供了前所未有的契机。

因此,当务之急是大力建设网络平台,增强议程建构主体的话语能力。尽管当今时代数字鸿沟依然存在,但网络时代直接迅速的议程融合总体上使得传统传播模式中相对弱势的国家拥有了平等对话的权力,通过网络平台输送至海外受众的海量、全时议程将极大地增强国家形象的覆盖面、曝光度、熟悉度。值得欣喜的是,我国网络媒体的建设从一开始就紧跟上了西方主流媒体的步伐,国家也一直把发展新媒体作为国际传播战略规划的重要部分,目前我国已依托国家级媒体机构资源建立了一批国际主流网站,如中广广播电视网络台(CN-BN),中国网络电视台(CNTV)、中国新华新闻电视网(CNC)等,这些媒体也具有了和国外同行竞争第一时间报道、发布、解读信息和资讯的机会,并逐步掌握了新闻议程设置的主动权。同时我们也要意识到,在以资助鼓励网民或直接以网民身份建设"民间"网站方面,我们离以美国为代表的西方发达国家还有较大差距。事实上,作为官方主流网站的有益补充,一些公益性、公共性网站,如获2010年第94届普利策新闻奖的美国公共利益新闻网(Center for Propublica)等往往能够突破"官方"报道视角,在国家形象特殊情境中显示出强大的生命力和影响力。

另一方面,我们要充分重视网民的力量,拓展议程建构对象的接受范围。据2009年佩尤研究中心的调查,由于对中国的实际情况缺乏了解,海外公众其实比精英们更加迟疑和担忧中国的崛起②,一种直接有效的解决方法就是以我国网络民众对应海外普通民众,根据互联网上单个议题也可经由旨趣相近网民共同参与讨论而汇集成群体诉求的特点,培养和规范我国网民使用媒介的素养能力,以他们正面积极的力量影响海外受众。此外,网络意见领袖在国家形象塑造中也具有重要作用,他们可以通过人际、大众传播手段影响受众、大众媒体及其他网络意见领袖,并促成公共话题的形成(如图4)③。因此,我们大可将现

---

① 猫扑杂谈社区:http://dzh.mop.com/topic/main/readSubMain_13569846_0.html,参见《中国文化软实力研究报告(2010)》,社会科学文献出版社2011年版。

② 马凌等:《2009年全球舆论调查中的中国国家形象》,《中国地质大学学报(社会科学版)》2010年第3期。

③ 宋石男:《互联网与公共领域构建——以Web2.0时代的网络意见领袖为例》,《四川大学学报(哲学社会科学版)》2010年第3期。

实社会中的名人、明星形象移到网上,借助他们之口之力生动、深入地传递和阐释其承载的符号意义、中国精神,或者通过培养素质高、能力强的外籍网络中国通,增加中国话题"曝光度",提升中国国家形象的覆盖面和影响力。

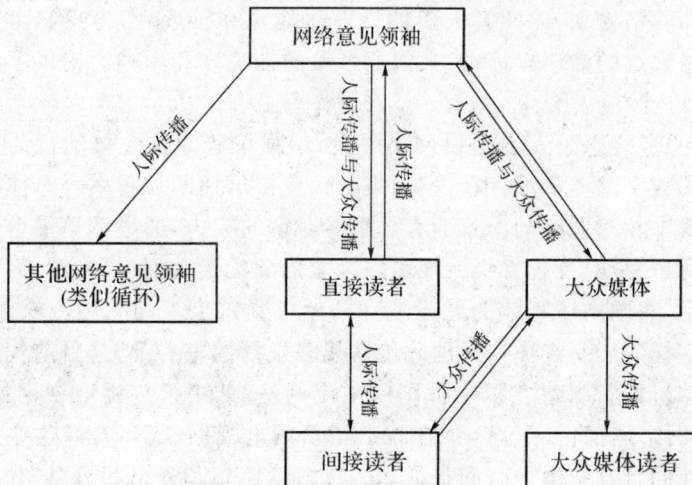

图 4   网络意见领袖传播模式

(二)多元聚焦,突破西方媒体的议程设置框架,提高中国国家形象的亲近性和吸引力

出于经济利益、历史文化、媒介体制等多方考量,掌握议题建构渠道的西方主流媒体进一步"塑造"中国形象的常见做法是设置框架议题。在认识到西方媒体不可能做到"价值中立"的同时,我们也要注意到"涉华"报道并未完全受制于偏见和成见。针对上述困境的积极做法是跳出"他者"的思维,凭借网站、网民两大重要传播渠道,根据议程融合原理,主动寻找、巧妙构建他国大众关注、国外媒体报道和我们希望传递的焦点议题(参见图 5),提高中国国家形象传播的亲近性和吸引力。具体策略可参照以下两点:

第一,广泛设置富有中国特色的亮点议题。针对受众天生的好奇求知心理,综合采用图文、音视频等多媒体手段在各大网站的新闻评论、博客播客、论坛微博上广泛设置中国特色话题,往往能起到事半功倍的效果。首先要主推中国文化话题,互联网上大量充斥的琴棋书画、中国功夫、京剧、儒家道教等,证明传统文化永远是国家形象传播的经典议题,它们不仅能在表面上吸引众多的目光,而且能够潜移默化地影响海外受众的内在心理感受。其次是突出娱乐休闲议题,针对当前世界范围内相当大比例网民的上网目的是娱乐休闲,主动设置

有关中国的名人奇人趣事、独特生活习性、社会变化面貌等话题,展示异域风情、彰显娱乐元素,吸引海外受众的注意力。最后是移植共有性话题。将人们普遍关注的税收、就业、交通、环境等话题嫁接融入到当下中国"建设和谐社会""迈入高铁时代"等社会语境中,形成与海外受众的"共同议程",激发他们对中国现实的感同身受。

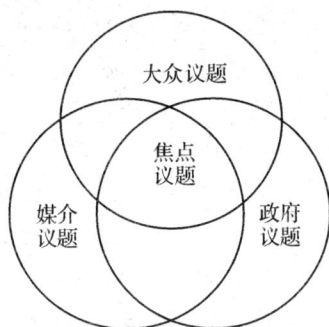

图 5　大众、媒介、政府三种议题的相互融合

第二,二次加工媒体及公众关注的热点议题。互联网上,源于媒体和大众的海量、原生态报道评论、交流探讨为我们精准建构国家形象议题提供了丰富素材。一方面,我们不难从海外主流媒体网站中发现媒体感兴趣的热点话题,另一方面,针对人们总是倾向于寻求、接受与自己观点相近的团体议题,我们可以从国外一些著名的公民、公共、公益性网站精选海外公众关注的中国议题。实践证明,带有文化交流、教育输出、人道援助、环境保护等组织色彩的议题会起到良好的聚焦作用,其海外意义价值输出也显得更亲近、自然。与此同时,根据受众主动选择、深入讨论的信息比论调一致的信息更能给人留下深刻印象的传播原理,我们还可以对这些焦点话题进行二次加工,策划新的争议议题,如"虎妈与猫爸(中外教育)孰是孰非""没有中国制造的生活"等,吸引公众的关注讨论,加深他们对中国的了解。

(三)交互推进,修复我国对外传播的议题建构能力,增强国家形象传播的可信性和认同度

除了西方媒体刻意为之等因素外,明显带有宣传色彩的议程建构方式也是导致我国国家形象塑造可信度不高的重要原因。转变单向灌输的传播观念,以交互推进的方式巧妙地促进负面议题的重新平衡及良性议题的形成,当是消除国家形象传播中的杂音、噪音,有效修复我国输出"中国意义"能力的重要路径之一。

第一,搭建平台,确保议题流动的畅通性。在国家形象建构的时间轴上,公共议题的最终形成有赖于团体(政府)、受众、媒介等各种议题的互通互融,政府机构要在其中发挥正面建构作用,关键是搭建好与其他两类主体的对话平台,确保上述各方议题快速直接抵达对方。首先是加强正向流动渠道的建设,近年

来大力推进的部门网站建设和新闻发言人制度正是其中的一项重要举措,通过政府主动向媒介、公众提供公开、透明、准确信息的方式,可以有效消除传播中杂音、噪音的干扰,实现政府议题与媒介和公众议题迅速直接的融合。在2003年"非典"疫情的报道中,正是随着新闻发言人制度的逐步完善和信息的及时公开,逐渐扭转了始发阶段由于政府不发声、不主动建构议程而导致的被动舆论局面。其次是确保渠道的逆向流动,将议程建构的端口前移,及时了解分析他国公众在网上发表的涉华观点、评论,把握相关公共议题的起因发端,并通过在主流网站设置搜索引擎服务、简易信息聚合(RSS)新闻内容订阅、在线留言讨论、征集稿评博客写作等多种交流方式(如以《华尔街日报》中文版和《环球时报》为代表的几家传统媒体已经在人人网上开辟以好友形式提供媒体内容更新服务的公共主页①),主动为海外及我国受众提供表达渠道,发挥公众议题、媒介议题对政府议题的反向构建作用,增强我国国家形象的认同感。在2008年北京奥运会圣火海外传递遭遇亵渎事件中,面对祖国所遭受到的不公正待遇,中国民众及海外华人没有沉默,他们通过MSN和新浪网的红心签名和留言签名等方式参加反分裂护圣火的实际行动,展示出了民族凝聚力,影响了世界对中国的看法,维护了中国的国家形象。

第二,多方传播,增强议题流动的有效性。在国家形象的传播空间中,个人、政府、媒介、团体、企业等形形色色主体同时成为传播和接受对象,彼此之间互相影响。针对这一情况,我们可以采用多种传播方式编织各对象之间的联系,以各对象间的互动联动形成构建议题的合力。一是免费推送。锁定国外受众经常使用的网站留言板、电子信箱、3G手机等终端,通过提供旅游资源查询免费服务,发送节日祝福或精美网页,引入竞赛和幸运抽签等免费推送方式增加中国议题的关注度。二是口碑传播。因应目前在线聊天、社区论坛、博客博客、视频分享网站等按照六度分隔理论创立的社会性网络服务(SNS)的广泛应用,以建立在"熟人与熟人"互信关系上和超越国家利益、意识形态斗争基础上的讨论、沟通、交流为主要内容,突出议题建构接近性、真诚性、人情味,推动他国公众对我国国家形象的认同。三是"病毒"营销。主动策划或顺应中国世界性议题开展网络"病毒"营销传播,如利用外媒对2008年北京奥运会、2010年上海世博会等前所未有的关注,选取其中的热点议题,发动网络推手或大学生等富有激情的群体讨论交流,利用他们的人脉资源,在人与人之间扩散传播、推广议题,塑造我国正面国家形象。

第三,立体整合,促进议题流动的平衡性。议程构建传受者和内容的多元

---

① 豆丁网:http://www.docin.com/p-57274399.html;谢秦川:《网络时代中国国家形象塑造的研究》,上海外国语大学新闻学专业学士学位论文,2011年。

互动使得网络时空中关于中国的话题亦正亦负、交替演进,因此围绕各主体选择、加入、接受、记忆信息的过程,进行全方位、全时段的立体整合,当是修正互联网环境下开放议题对国家形象的分散影响,促进正面议题重新平衡的有效路径(见图6)。首先是平台整合,通过遴选甄别国内外重点网站中点击率高和回帖数多的关于中国的个人、团体话题,在各网络平台进行互相转载推荐为媒介话题,形成各种力量交织的"共振"话题。其次是内容整合,将"共振"议题相关的各种意见集合起来,以网民境内外讨论、专家在线解读、意见领袖发言、发布评论文章等方式进行公开交锋和碰撞,形成强大的网上"舆论场"。最后是意义整合。选择推进"舆论场"中符合我国国家利益的"优势议题"逐步升温,使原来小众化的个人、团体议题转变成为公众议题,吸引各类社会群体,包括议题涉及的各方利益群体的主动或被动介入,达到议题间的良性互动或重新平衡,使优势的公共议题最终成功升华为他国受众眼中的我国国家形象。

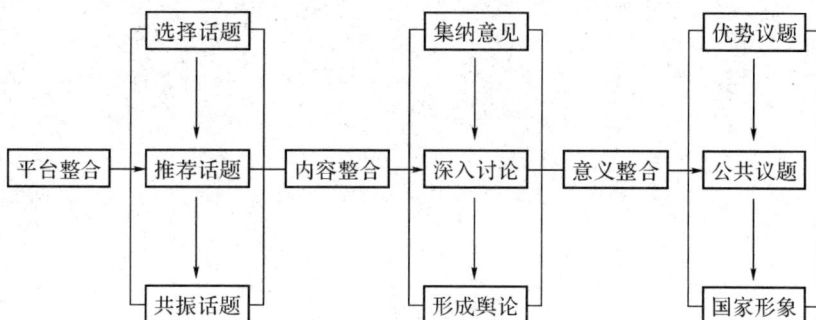

图6　立体整合议题模型

四、结　语

正如胡启恒院士2009年在"迎接网络传播时代"主题演讲中所言:"一个国际传播的黄金时代正在向我们走来。"①在全球化浪潮和中国和平发展的历史进程中,国家形象塑造注定要与网络传播联系在一起。通过对议程设置这一经典传播理论研究的梳理,我们发现,既源自于又拓展了该理论的议程融合假设为我们塑造良好的中国国家形象提供了新鲜的理论视角和实践思考。尽管过去的国家形象传播困境依然存在,但通过多种传播手段,特别是把握网络议程的

① 潘天翠:《互联网协会胡启恒:迎接网络传播时代》,2009年12月21日,参见新华网互联网频道:http://news.xinhuanet.com/internet/2009-12/21/content_12682369.htm。

交互融合方式建构国家形象已成为趋势。这一趋势不仅表明了我们从宣传到传播理念的革新,也彰显了我们主动塑造中国大国形象的决心,更预示了传播开放、自信、和平的我国国家形象的信心。

剖析"伯尔基金会研究报告"

吴 飞 李红涛等[*]

以诺贝尔文学奖得主海因里希·伯尔命名的德国伯尔基金会,委托德国埃尔福特大学和杜易斯堡大学联合进行了题为《德国媒体2008年的对华报道》的专项研究,2010年6月14日在柏林发布了共300页的研究报告。虽然报告目前只有德语版,却引起了中国媒体的很大兴趣和广泛报道,但对报告存在不少误读的地方。如何分析这一现状,2010年7月10日,浙江大学召开了"伯尔基金会研究报告"专题研讨会,出席会议的主要有"国际传播的理论、现状与发展趋势研究"的课题组成员以及部分特邀专家代表。会议由课题首席专家、浙江大学传媒与国际文化学院吴飞教授主持。

与会代表就这一报告及其所涉及的问题进行了广泛深入的讨论。基本观点如下:

一、如何把握德国媒介的体制与结构

由于语言和观念的限制(想象与参照范围很多时候还是局限在英、美两国),我们一向对英国之外的欧洲媒介所知甚少。看到伯尔基金会的报告和相关的报道与评述,当时想到的第一个问题就是,德国媒介是什么样的体制?媒介与政治建制的关系怎样?这种对该国媒介体制与现状的基本了解,应该是我们理解伯尔报告的背景和基础。

---

[*] 本文由"国际传播的理论、现状与发展趋势"课题组成员共同撰写,主要执笔人为吴飞、李红涛等。

在哈林和曼奇尼(Daniel C. Hallin 和 Paolo Mancini,2004)所著的《比较媒体系统》(*Comparing Media Systems*)一书当中,作者将德国、荷兰、芬兰、挪威、瑞典、丹麦等中欧、北欧国家及澳大利亚划分到民主法团/统合主义(democratic corporatist)这种媒介系统的模式中,并从大众报业的发展、政治平行(political parallelism)、新闻专业主义及国家角色等几个方面描述了它们的一般特征。简要而言,其特征是:高媒介发行量(存在发达的商业媒介体系)、媒介呈现为外部多元(external pluralism)状态(与发达的商业媒介并行,存在较多政治取向与特定党派或社会团体接近的"政党或团体媒介",这些拥有特定取向与观点的媒体机构共同构成了整个媒介产业的结构)、拥有较高的专业主义与自主性、政府对媒介(特别是公共广播系统)较为严格的管制。

在伯尔基金会的研究中,选取了《法兰克福汇报》、《南德意志报》、《日报》三家全国性日报,《明镜》、《焦点》、《时代》三份周刊或周报,以及德国电视一台《每日新闻》节目,这一选样的确有偏重全国性媒体的趋向,而较少关注地方性媒体。

二、反思"阴谋论"或"妖魔化"中国论

香港城市大学李红涛博士认为,伯尔报告的一个基本结论是,样本媒体的对华报道中,并不存在"反华阴谋"。梅凯灵(Katrin Altmeyer)的文章还特别指出,"不仅这七家媒体'统一思想'不太现实,就是在同一家媒体也常能找到立场见解针锋相对的文章"。当然,在一些人看来,这种表面上的"客观性"策略,无法掩盖本质上(意识形态上)西方媒体的"反华立场"。(这里涉及一种更深层次的"语境错置"和"挪用",比如把西方学者对客观性理念的批判性讨论拿来作为批评西方媒体的理由;这类似于对处于晚期资本主义的西方新左派言论资源的挪用。)

伯尔报告以及相关的评述显然是在回应某些学者所抱持的西方媒体有意"妖魔化"中国的观点。无论在政策或官方话语层面,还是作为对西方媒体对华报道的一种"理论解释",我们都需要放弃"阴谋论"或"妖魔化"中国论,因为它不仅遮蔽了我们对相关经验事实的解释,也不可能促进我们所希望的跨国的理性沟通。

妖魔化中国论,算是一种统摄性的论述(totalizing accounts),但在前提假设、理论逻辑、论证方法等方面,都存在非常大的缺陷。第一,它假定存在一个整齐划一的"西方媒体",而西方媒体又是一个整齐划一的宣传机器的一部分。但这个假定显然忽略了所谓西方国家之间的内部差异,特定国家内部媒介场域与政治场域的距离以及媒介生产本身的逻辑与自主性。第二,在理论论述层

次,"西方媒体妖魔化中国"是一个论断,但这个论断背后的逻辑或内在机制是什么？这个全称论断是否不存在任何条件与限定？第三,不应观点或主题先行,再选择性地选取例证作为观点的"佐证"。这种论证方式,不是在经验证据基础上作出结论,而往往只是强化了我们既有的"偏见"。

范志忠教授认为,国际传播的实质是文化的沟通与对话,从这个角度上看,德语媒体对中国的报道,应该说就是对中国形象以及华人文化在德国传媒的建构与重构。中国经济实力在国际上的崛起,引起了西方世界的争议与对中国观点的诸多分歧。一方面,全球性的经济发展使得中国与世界的联系日益紧密;另一方面,意识形态的差异又使得西方对中国的这种崛起充满了文化上的偏见与盲视。反映到德国媒体上,就是在关于中国信息的议程设置,总是或多或少选择偏向于负面的报道,从而在某种意义上扭曲了中国在西方大众中的国际形象。

三、如何解释伯尔报告的发现

从研究者的角度来说,如何看待或者解释伯尔报告的研究发现？香港城市大学的李红涛博士认为,要回到有关新闻生产或者国际新闻的理论文献。其中很大一块是讨论国家—媒体关系(state-media relationship),基本的研究发现是,媒体对国际事件的呈现倾向于折射所属国的国家利益或者官方立场。这方面的论述非常多,比如班尼特(Bennett)等人的索引假说(indexing hypothesis),哈林(Hallin)对争议空间(sphere of consensus, sphere of controversy, sphere of deviance)的区分,扎勒(Zaller)对媒介在战时角色(government's little helper)的讨论,恩特曼(Entman)提出的瀑布模式(cascading network activation),等等。当然,这些论述当中,需要给民主国家媒介系统的自主性以及新闻专业人员的专业主义、为公共商议和不同于官方立场的媒介论述的产生(如恩特曼所说的反向框架过程)留出理论空间,而不至于像赫尔曼(Herman)和乔姆斯基(Chomsky)的"宣传模式"一样推到极端(《纽约时报》和《真理报》都是宣传机器)。

如果从决定媒介讯息生产的因素来看,大概有几个不同的分析层次[休梅克和里斯(Shoemaker 和 Reese, 1996)]:新闻工作者的个体与职业特征、新闻实践的常规(routine)、组织因素与考量、消息来源、广告商、受众及政府机构等组织外因素、意识形态等。首先,在意识形态层次,伯尔报告中指出德国媒体存在明显的自我中心或欧洲中心主义的视角。乌尔夫·翰纳兹(Ulf Hannerz, 2004)对驻外记者的民族志研究发现,国际新闻总是会嵌入到新闻从业者对外部世界的总体理解之中。换言之,对于在他国的观察,无法摆脱扎根于驻外记者头脑中的信仰与观念的影响。赫伯特·甘斯（Herbert Gans）提出美国记者抱持的类意识形态:恒久价值,包括种族中心主义、利他民主、负责任的资本主义等,指出这些价值会影响记者的世界观和他们打量世界的方式(或者所谓新闻范式的基本特征)。曾任驻华记者的阿曼达·贝内特（Amanda Bennett,1990）呼应甘斯提出的"恒久价值",认为在驻外记者的外国报道中也贯穿着类似的主题或"迷思",它们包括:对于社会进步的信念、对下层民众的同情、对秩序的信念以及对 20 世纪 60 年代美国民权运动的怀念,等等。这一"迷思结构"(myth structure)导致驻外记者的专业实践,伴随着中美之间爱恨关系的变化,也在浪漫与怀疑这两极之间摆荡。

其次,在新闻生产层次,国际新闻与国内新闻的产制逻辑有所不同。具体而言,驻外记者于所在国采集新闻,但新闻的编辑与消费过程,却在所属国完成。无论是传统的驻站记者还是降落伞记者（parachute journalists）,或者是从本地招募的记者,其专业实践都逾越了特定国家的疆界。在这种情况下,新闻从业者编织"事实网络"(web of facticity)时受到的结构限制与拥有的资源都有所不同。比如,凯斯特（Kester,2010）对过去 20 年间驻俄荷兰记者的研究发现,为了与消息来源之间建立联系,驻外记者需要掌握"平衡之术"。而在不同的国家,这种平衡之术的内涵又有所不同。伯尔报告的一个主要结论或建议即是,"中国有关方面进一步开放外国驻华记者的工作环境"。

再者,很多研究都相当关注消息来源对媒介内容的影响。比如在对媒介内容的分析中经常涉及的消息来源的分析与比较,看(本国)官方消息来源是否占有主导或者支配地位,进而讨论这种支配是否可能导向官方立场向媒介论述的延伸等。

四、需要更多比较研究

德国人做这样的研究实际上是树立了两面镜子,照己照人,照环境。这样的研究我们可以反着做,也分析一下中国媒体怎么报道外国,比如美国或者德国这样的西方中心国家,甚至可以做国别系列,研究方法可以参照伯尔基金会,但需加以完善。这样结合对中国受众的调查材料,也许可以描述和说明中国媒体是怎么报道外国的,存在着怎样的认识观、"媒体逻辑"或者文化上的惯性,这种惯性是否同样反映在对外报道中(这也是材料中很多人指出了的)。中国大众是如何看待或者想象外国,具有怎样的心态和接受心理,大众传媒多大程度上受制于受众的成见,对受众观念形成具有哪些影响? 记者报道的职业伦理协调等问题都需要讨论。鉴于新闻不能也不应该在国内外报道中采用两种态度或者专业精神,从内部下工夫(不排斥短期的实用办法)可能才是未来国际话语权争夺、公信力培植甚至所谓软实力竞争的重要法宝,沿着这个思路,我们在理论和学术上可以走得更远些,等等。

　　香港城市大学李红涛博士质疑,伯尔基金会的研究给我们什么启发? 或者在此基础上,还可以关注哪些方面的问题? 关键是跳脱"国家形象"这条思路,针对上面提及的概念与分析层次(它们都对应不同的研究问题),对国际新闻报道进行更多经验性的比较研究。这样的比较可以沿着三个维度展开:一是媒介架构与现实指标的比较,二是同一媒介系统内部不同媒体的比较,三是不同媒介系统的比较。

　　其一,媒介报道与现实指标的比较。当我们检视新闻报道时,如何从概念化与操作化层次界定媒介偏见? 负面新闻的存在是否就等同于新闻歪曲? 在这种判定过程中,援用规范层次的标准或理想状态来衡量实际的媒介呈现是否公平或客观? 这些问题绝非不关痛痒,但在实际研究中也不容易解决。一个比较现实的策略是,将媒介报道与现实指标对比。最近读到一篇论文,肖恩·阿代(Sean Aday,2010)就比较好地处理了这个问题。在伊拉克战争与阿富汗战争中,美国总统布什及共和党多次指责媒体过分强调战争中的负面新闻,导致公众对反恐战争的支持度降低。阿代比较了 2005 年全年每个月美军实际的阵亡人数与 NBC 或 FOX 报道的阵亡人数,发现后者远远低于前者,由此证明这种偏向负面的指责并无经验层次的根据。另一类可能的现实指标是,官方话语中采用的框架或者陈述。在同一项研究中,作者还将媒体对战争中敌对方的标签与政府使用的标签进行比较,由此考察媒体报道是否紧跟政府立场。由于布什政府将伊拉克战争和阿富汗战争视为反恐战争,自然将"敌人"标签为"恐怖分子"。但研究发现,NBC 较多使用叛乱者(insurgent)而不是恐怖主义者(terrorist)来描述伊拉克战争时的敌人,而 FOX news 则更多使用 terrorist 一词。这里自然又涉及同一媒介系统的不同媒介机构(NBC 和 FOX)之间的比较。

　　其二,不同媒介机构的比较。在同一个媒介系统内部,不同媒介因其在媒介体制或场域中的不同位置,如拥有较高政治平行的国家中的不同政治立场的媒介(德国的"左中右"媒介等)、主流媒介与替代性媒介、公共媒介与商业媒介等,可能导致它们在国际新闻报道中的不同表现。由经验层次的这种差异反溯之,亦可以解释特定因素(比如媒体的政治立场、商业媒介的运作逻辑等)如何对媒体报道产生影响。再以追踪负面报道为例,作者比较了 NBC 与 FOX news 对伊拉克战争的报道,发现 FOX 比 NBC 更倾向于接受或者认同政府对两次战争的立场(包括采用政府的敌对标签,总统及共和党消息来源占据支配性地位,在评论文章中对战争持更支持的态度等),其表现更接近亲近共和党党派的媒介,而不应被视为主流媒介。

其三,不同媒介系统的比较。基于与上节类似的理由,对于不同媒介系统的比较亦能帮助我们解答有关国际新闻的问题。这方面的研究很多,兹举几例:(1)李金铨、陈韬文等人关于多个国家对香港回归事件的报道中,涉及的国际新闻驯化问题,以及国际新闻如何折射国家利益的问题;(2)罗德尼·本森(Rodney Benson)发展布迪厄(Bourdieu)的场域理论,通过对美国媒体(商业媒体为主的专业主义媒介)与法国媒体(literary journalism)对特定议题报道进行的一系列经验性的比较研究,非常值得我们参考;(3)费雷和甘姆森(Ferree和Gamson,2002)等人建立的比较框架、评判媒介话语的标准,以及书中提出的"话语机会结构"(discursive opportunity structure)的概念,都值得参照。

五、跨文化误读,还是意识形态曲解?

奇蒂(Chitty)认为,"中国关心自己在世人面前的形象,希望被看作友好的强国及世界社会的优秀成员,关心其人民福利。在西方社会的形象塑造权掌握在西方媒体手中,而西方媒体偏好负面报道。主流媒体的确透过特定的视角来报道中国社会,其政治主张、军事实力对日本及西方的可能威胁,其以环境和安全为代价的高速经济发展。然而开拓公共外交手段、表达不同意见和对外计划性传播有利形象是极为重要且有效的。最好的公共外交建立在确保本国善治的基础上,建立在其最佳价值的基础上。中国共产党在第十七次全国代表大会上陈述的政治主张为以人为本地处理经济、文化、政治和社会问题提供了框架,以期保证在中国的贫富者间没有'长城'的存在。……马基雅维里所提出的仁慈、忠诚、慈悲、虔敬和公正从本质上说与孔子的主张并无差别,只是马基雅维里主张表象更重要。孔子则对人的本性有更高的追求,同时要求君王达到更杰出的境界。无论在文化、经济、政治还是社会方面,中国与其他文明的融合都会丰富中国人民的生活,同样也将丰富世界。正如我们所知,媒体消费模式随新一代技术和新一代人而改变。研究媒介使用者眼中的国家形象应着眼于技术统计学、媒介统计学和人口统计学。……今后我们需进一步关注媒介使用者在使用什么媒介,不同的媒介使用者得到的中国形象有何区别,以及不同国家的社会团体和离散人口对媒介使用的看法。"①

　　德国伯尔基金会驻华首席代表梅凯灵认可《环球时报》英文版 6 月 25 日对这个研究项目的报道。作为迄今为止唯一一家对研究结果介绍比较全面的中国媒体,作者提到了报告的两个重要观点:不存在所谓的"德媒反华阴谋",同时驻华记者的工作条件需要得到改善。北京外国语大学展江教授认为,伯尔基金会 6 月 14 日首次公布的研究成果,概述了德国七家有影响的媒体 2008 年对华报道的基本状况,在肯定德国媒体不存在"反华阴谋"的同时,也不客气地指出了德国媒体的偏向、盲区等缺点。由于伯尔基金会在德国社会公益组织中颇有声望,由于委托研究机构权威性和研究的专业性,由于研究主题的重要性,此项研究引起德中两国涉外媒体高度关注自不待言。

六、其他反思

　　浙江省对外宣传办公室林敏博士认为,这份报告提醒我们应该进行如下反思:

　　一是成因分析方面。为什么是德国,而不是我们通常关注更多的美、英、日等国家,针对西方主流媒体对华报道"妖魔化"的理论,作出了这样一份以广泛经验调查作为论证基础的回应性研究报告?毫无疑问,德国人严谨理性的治学态度在其中发挥了作用。这是不是提醒我们,在认识西方传媒体制、报道方式、信息获取渠道等这些影响对华报道的传播共性因素的同时,也要从中德关系发展的不同阶段(而不是单从媒体报道影响德国民众的中国形象或中德关系角度,事实上媒体可能并没有想象中的那么强大),德国传统的政治、民族、文化特征等历史纵深角度去思考德国媒体的对华报道。

　　二是改进报道方式方面。为什么中德两国媒体报道中存在对方国家形象塑造的巨大反差?全球化背景下,我们尝试以一种学习借鉴的、遵循新闻传播规律、把握受众特点的报道方式(至少表达上如此)进行对外传播,但是西方对东方的解读为何没有经由中国传播业界、学界的持续努力而变得更加客观?显然不能以默克尔在访华期间指出的"在其体制下,媒体应该是'批评性和调查性的'"作为这一现象的唯一理由,因为媒体不管属于哪国,毕竟是作为具有生产、制作新闻这一共性而存在的机构。我们应该看到的一个深层次的原因是,虽然

---

　　① Chitty, Naren(2009). China soft［软实力框架下的中国媒体形象分析］(Kuo. Huang, Trans.). In T. U. School of Journalism and Communication (Ed.), *Global Media Review* (Vol. 3, pp. 23－37). Beijing, Tsinghua University Press.

中国不称霸,但事实上随着经济的飞速发展和国际地位的日趋重要,中国难免引起西方的关注。认识到两国媒体由于上述原因而不可避免地在某些报道上缺少交集这一基本事实,可以让我们在"承认不同新闻、不同题材(内容)对新闻接受者影响程度的差别……遵循新闻传播规律……运用个体认知心理学原理研究跨文化传播中的差异、冲突和障碍问题……"进行对外传播的前提下,首先从心理上做到更理直气壮一些,以自信热情的姿态高扬中国的智慧文明走出国门。更强调自我身份,坦诚直接地对"中国模式"、"中国政策"等关乎中国自主性、现代性、本土性的重要问题进行传播报道。

河南理工大学部书锴副教授则认为,我们关注海外媒体的中国报道,更关注海外公益组织的中国研究,至少可以说明两个问题,一是中国的崛起成为国际社会不可忽视的力量,二是中国对外传播在国际社会中的地位越来越重要。基于以上两个视角,中国在国际传播中应当做到:

首先,媒体必须尊重新闻传播规律。在这样一个全球化的时代,用"惯性"手段处理来自国外的信息,只能让信息解读的一方处于更加被动或孤立的境地。要尊重新闻传播规律,无论对内还是对外传播,都要充分尊重新闻传播规律,消除国人和国际对信息传播的宣传式思维,让每一个接触到信息的人对之产生信任感、依赖感、期待感,以此增强媒体在国际传播中的思想和文化渗透力,让媒体真正发出中国和国际话语的强音。尊重新闻传播规律,还应为驻华记者创造更加宽松的报道环境,让他们充分了解中国、报道中国、热爱中国,向世界客观展示大国和平崛起的新成就、新问题、新动向,以我们的自信赢得国际社会的信任,以互惠共赢的原则构建和谐传播与和谐社会。

其次,政府应支持公益组织机构。以诺贝尔文学奖得主海因里希·伯尔命名的德国伯尔基金会在德国社会公益组织中颇负声望,它的研究报告自然会产生极大影响力。公益组织因为其活动的独立性和可信性而受到青睐,因此,在国际传播战略中,我国政府必须认识到公益组织无可替代的地位,让公益组织的民间智慧充分发挥作用,定期向国际社会公布国内媒体的国际传播的客观状况,增强我国媒体在国际传播中的主动性、权威性。同时,应明确一批媒体,特别是新媒体的市场地位,充分发挥它们以及其背后的民间力量在国际传播中的作用,民间声音和民间智慧在国际传播中的作用已经不可小觑。

再者,社会媒体需要发挥更大作用。不管是海外媒体的具体报道,还是海外机构对媒体报道的研究报告,这些都是民族价值主导的集体行动的组成部分。虽然媒介本身并不必然推动社会运动,但媒介的发明与使用本身就是社会行动的产物,其本身就具有特定的社会隐喻。因此,数字时代的国际传播必须充分发挥社会媒体和群体力量的作用。在全球范围内,风起云涌的社会运动成为推动或阻碍社会进步的动力,或者已经成为一部分人生活方式的新选择。因而,国际传播既要坚持韬光养晦的战略思维,也要坚持以我为尊的行动目标。

从传播学视角看美国国家战略传播体系

边　晗[*]

一、前　言

　　大众媒介时代里,一国的国家形象与国际影响力已不再单单取决于其自身的经济实力和军事实力,传媒技术的发展,不仅扩大了受众获取信息的渠道,同时也拓展了传播主体的"发声"方式。这不仅促使信息力量的快速凸显,同时也意味着,"软权力"正逐渐取代强制性权力成为国际关系中的主要决定因素。基于这一背景,"战略传播"开始走向美国政治舞台的中心,成为美国维护国家安全、推进全球利益的核心支撑。

　　2010 年 3 月,美国总统奥巴马向参众两院提交了题为《国家战略传播框架》的报告,标志着美国的国家传播体系进入了一个成熟的、更具联动运作能力的发展阶段。对该报告进行研究,不仅能够帮助我们依据美国宣传的特点,有的放矢地应对舆论挑战,更能通过对美国体系设置和实际操作的借鉴,弥补我国在国际传播运作过程中的缺陷和不足,改变国家形象塑造过程中的被动局面,减少外界对中国的误读,提升我国在国际关系中的话语权和影响力。

　　我国学者在"软权力"理论背景下,做了大量有关美国对外传播的研究。目前,这些研究大致分为四个方向:

　　第一,对"国家战略传播"概念和运行机制的分析与阐述。

　　我国学者在结合美国官方文件和学术文献的基础上,已经对此做出了较为完善的分析与解释。普遍观点认为,"战略传播"在本质上即是美国式的宣传,不同的是,其宣传方式更为隐蔽,受众目标更有针对性。

---

　　*　边晗:人民网编辑。

第二,军事层面的影响及借鉴意义。

我国早期关于军队传播的研究主要集中在美国对外广播方面,例如 2002年 4 月 17 日的《解放军报》上就有一篇题为《"美国之音"为美军鸣锣开道》的文章。近几年,我国学者的相关研究逐渐深入,刊登于 2011 年第 3 期《国防科技》杂志上的《美军形象战略传播的内涵特点及其启示》一文,即从军事角度对战略传播的必要性、特点、作用以及对我国军队建设的启示进行了全面的阐述。

第三,媒体在战略传播中承担的角色和作用。

媒体是战略传播得以实现的主要凭借,在当今媒介全球化的大背景下,人们对外界信息的需求迅速膨胀的同时,对媒体的依赖性也愈发加强。国内在这方面的研究相对来说较为丰富,对媒体在国际传播中的角色表现以及面临的现实困境已经有比较深入的认识。

第四,战略传播对国家形象建构与改善的作用。

这一类研究都是直接以国家形象的塑造和改善为探讨主线的,往往融合了战略传播、软权力应用、文化传播等多个角度,成果也较为丰富。

综合来看,笔者认为,虽然我国学者已经意识到战略传播在当今社会具有重要的意义和影响力,并在多个角度进行了较为深入的探究,但仍然存在两方面问题:

一是战略传播在本质上是一种传播策略,离不开传播学理论的基本支撑。在庞大的国家战略传播体系下,为什么要采取这样或那样的具体措施,又因何美国的战略传播能够在国际舞台上取得较好的效果,追根究源,是传播理论的成功应用。但是目前国内尚缺少从传播学角度来分析解释战略传播体系的研究。

二是国内对美国国家战略传播相关的例证分析大都停留在伊拉克战争时期,缺乏时效性。在 2010 年《国家战略传播框架》报告提出之后,显性的对外传播是否发生了变化,以及在新的国际形势下,战略传播如何服务于美国国家利益等问题在国内尚属研究空白。

笔者希望通过对这两方面的补充,能够让关于国家战略传播体系本身及其实际操作应用的分析更加深入透彻,从而更有利于我们结合自身境况找到最适合中国的国际传播战略。

二、"战略传播"的概念演变

20 世纪 90 年代初期,美国学者约瑟夫·奈提出了"软权力"的概念,他指出：随着信息时代的到来，虽然军事力量仍然是最终的权力形式，但对于现代大国而言，诉诸武力比以前几个世纪的代价要高得多。如果一个国家可以使自己的权力被其他国家视为合法，它将在追求自己的目标时受到更少的抵制。如果自己的文化和意识形态具有吸引力，那么其他国家将更愿意追随其后。如果该国能够建立与对象国（或称目标国）社会相一致的国际规范，对方就无须被迫做出改变。如果该国支持其他国家按照自己的预期采取行动或限制行动，它就无须以高昂的代价实施强制性权力。① 正是基于这一理念，在"9·11事件"后，美国改变了外交政策的重点，不仅将反恐战争提升至国家安全策略的重中之重，而且开始逐步改革对外传播策略。

时任美国总统布什认为，恐怖主义是一种"极端的意识形态"，而发展有效的民主应当是应对恐怖主义意识形态的一项长期工作，美国的反恐战争实质上是一种"思想观念之战"，宣传将替代武器而成为斗争的主要工具。② 由此，在这一背景下诞生的"战略传播"不仅被推上了反恐战争的最前线，而且慢慢转变为美国改善国家形象、保障国家安全和利益、巩固领导地位、推进全球战略的核心支撑。

"战略传播"概念的兴起离不开美国的"公众外交"（public diplomacy）政策传统。根据美国官方1997年的界定，"公众外交就是通过理解、告知和影响外国公众来确保美国国家利益"。事实上，这一理念早已根植于美国的对外政策中。二战后，公众外交一直是美国维护国家利益的常规武器。"冷战"期间，公共外交的威力更是发挥到极致，但"冷战"结束后，公共外交一度受到冷落。进入21世纪后，随着反恐形势愈发严峻，以及美国学者约瑟夫·奈在1990年提出的"软权力"概念得到广泛认可，公共外交重新回到历史舞台，"战略传播"也于此时开始萌芽。

"战略传播"首次正式登场是在2004年9月，当时美国国防科学委员会提交了一份"战略传播报告"，并将战略传播定义为"描述政府使用各种工具了解全球态度及文化，推动人员和机构开展国际对话，为决策者、外交人员、军事领袖就舆论对政策之影响提供咨询，透过传播策略来影响人们的态度与行为"。③ 2006年2月，美国国防部的《四年防务审查报告》中提出在五个特别领域建立"路线图"，"战略传播"就是其中之一。同年9月，"四年防务审查战略传播路线

① Joseph S. Nye, Jr. (2002). The American National Interest and Global Public Goods. *International Affairs*.

② The Defense Science Board(2004). *Report of the Defense Science Board Task Force on Strategic Communication*.

③ The Defense Science Board(2004). *Report of the Defense Science Board Task Force on Strategic Communication*.

图"全部完成,美军的其他条令也随之做了相应的修正。作为实现政治和军事目标的重要手段,美军"战略传播"得到了政府和军队高级官员的支持与强调。① 随后,《美国国防部军事及相关术语辞典》修订了其定义:"战略传播"是美国政府为理解并触及关键受众以便创造、强化或保持有利于增进美国政府的利益、政策和目标的环境而进行的针对性努力;"战略传播"与国家权力的所有手段相同步,使用协调一致的项目、计划、主题、信息、产品和行动。② 2010 年,美国总统奥巴马在向参众两院提交的《国家战略传播框架》报告中又进一步修正完善了其定义:"提及'战略传播',我们指的是行为与语言的协调一致性及其会如何被特定受众感知、为接触特定受众并与之交流而进行的精心运作的项目与活动,包括那些由公共事务、公众外交、信息运作所实施的活动。"

　　由此能够看出,"战略传播"这一概念经历了一个不断明确、细化的过程。2004 年时,美国由于伊拉克战争的影响被置于世界舆论的漩涡之中,国际形象大为受损。因而美国国防科学委员会首次提出"战略传播"时,其主要指向美国对外的接触与沟通,通过对外的传播策略影响并改变人们对美国的看法和态度。但这一指向显然与"公众外交"发生了重合,这也导致了在此后的几年间,"战略传播"与"公众外交"二者之间的混淆不清。有人认为战略传播同公众外交是两条同时推进美国国际事务的平行线,也有学者提出战略传播的层级应处在公众外交之下,其职能也是对公众外交的辅助作用。这也是奥巴马在其《国家战略传播框架》报告开篇就提及重新定义"战略传播"重要性的原因:"在过去的几年里,战略传播这个概念愈发流行起来。然而,对这一概念的不同使用已经让人们对其产生了很大的困惑,因此我们认为首先阐明它的含义是十分必要的。"相比之下,《国家战略传播构架》报告通过对各部门在国家战略传播体系中所分别承担的角色及职能的详细阐述,使"战略传播"无论在概念上还是实际操作上都更加完善,并且,其也明确指出,公共外交服务于战略传播,是构成国家战略传播体系的众多活动中的重要组成部分。

三、《国家战略传播框架》报告的传播学解读

　　纵观战略传播的概念演化,它所围绕的核心其实并没有发生变化,都是通过对信息的组合利用,完成"吸引——影响——改变——同化"的过程。而"影

---

① 李明富:《美军形象战略传播的内涵特点及其启示》,《国防科技》2011 年第 31 期。
② The US Department of Defense(2009). *Department of Dictionary of Military and Associated Terms*.

响"既是整体目标达成的第一阶段,更是推进后续环节的关键所在,如果没有这种影响力作为目标,战略传播是毫无意义的。在报告中,奥巴马总统数次强调要在美国政府及整个官方机构中营造、保持一种"传播"的氛围,每一名工作人员都要具备"传播"意识,从而确保国家战略传播的有效运转。这就意味着,美国的战略传播并非是一种国家政策的名称或者某几个职能部门需要承担的工作职责,事实上,它贯穿于整个政府的活动之中,是制定、实施、处理任一决策和事件时所需秉持的传播学思维。正因如此,这一庞大复杂却又精密运转的国家宣传体系才保证了其预期目标的最大化实现。

(一)塑造"真实可靠"的传播者

可信性是有效的传播活动所需遵循的首要原则,要想产生积极的说服效果,传播者就应该具有高度的可靠性。这种"真实可靠"的形象的塑造和维护虽然绝大部分是基于信息本身的真实性,但在实际情况中,策略上的包装也是必不可少的。报告中从两方面对"战略传播"进行了概念阐释:行为同语言的同步一致性及精心运作的接触和传播。

言行同步所强调的是行为本身也如语言一样无时无刻不在传达、暗示着某种信息,甚至说,行为具有更重要的传播价值。人们所说所做的每件事以及他们不说或不做某件事的行为,都在传递信息。在媒介发达的今天,信息的流动是爆炸式增长的,除去传播者的主动发布之外,受者也在自行捕捉、收集信息。因此,对于国家政府及各职能部门而言,在这种瞬时的传播过程里,最微小的行为都可能对未来事态走向产生战略性的影响。这就要求"公务员"们在形成决策、采取行动之前,要对这些政策和行为会被受众如何解读进行预判,并确保其解读方式是与宣传语言相协调一致的,且有助于战略目标的有效理解和接受度拓展,而不会产生自相矛盾的反作用,损害自身的可靠性和信誉度。

精心运作的接触和传播则意在强调由"战略传播"所统筹起来的宣传手段和活动必须是系统性的、制度化的,各个部分之间需要时时互相协助配合,紧密围绕整体的传播目标。同时,所有着眼于接触和传播的项目活动都应当是长期的、具有策略性的,而非被动的、机动性的回应,这也是信息传播本身特性的需要。因为传播效果的达成是具有累积性的,它是在接受者对各种信息的耳濡目染和经常接触中逐步地累加堆积起来的,那种立竿见影、一蹴而就的效应是不易产生的,即使产生了也很难持久。[①] 为了在积淀传播效果的这段时间内尽可能保障"言行一致",减少或弥补一些行为可能产生的背向预期的影响,策略性

---

① 邵培仁:《传播学(修订版)》,高等教育出版社 2007 年版。

的传播也是必不可少的。除此之外,它还着重指出要提高对受众的关注度,主动联系、倾听、理解受众的想法态度,同受众建立起长期的关系,从而实现信息的双向流动。这是因为传播是有一定目标和方向的合作性行为,传播过程对传者和受者都是一种自觉的、能动的活动,因此,两者必须紧密配合、相互协调,共同进行沟通,缺少任何一方的配合,传播过程便不复存在。

另外,通过精心运作的接触和传播能够极大地帮助拉近与受众间的距离。日本学者齐藤勇(1987)很直率地写道:"我们都喜欢就近的人。不言而喻,居住在遥远的地球背面的人,我们无法相识,因而也谈不上喜欢。即使居住在同一公寓或住宅区,最初也是对住在附近的人比对住得较远的人亲近。"延伸到传播学上,这种接近性是指传播者在信仰、民族、籍贯、专业、个性、情趣、距离上与受众接近或相似的特质。通常,传播者愈具有接近性的特点,就愈容易产生好的传播效果。这种接近性或相似性会使受众产生一种"同体观"倾向,把传播者看作是"自己人",从而在传播中也易造成传播者同受众意见一致的情境。例如,1941年圣诞节,英国首相丘吉尔在美国白宫的讲演,就是利用"我们讲着同样的语言,有着同样的宗教信仰,还在很大程度上,追求着同样的思想,还有几乎相同的民族和处境"等接近性话题,动员美国人支援反德战争,结果反响热烈。林肯也曾经利用他"生于肯塔基州,长于伊利诺伊州"的接近性优势,说服和争取两个州的家乡人民支持他。需要指出的是,传播学的研究证实,随着时间的推移和交往的增多,在社会的态度和观点上保持一致的人比物理上就近的人,更容易成为朋友和相互支持的对象。《国家战略传播框架》报告中也对如何增强接近性和亲近感,弥补国际传播中物理距离的缺陷做了简短的说明:在建构长期的、协同性的联系的基础上,要使受众的注意力集中在美国赞同的事务上,而非仅仅是美国反对的事务上。例如,我们同全球穆斯林的接触和沟通必须主要定义在互相尊重和共同兴趣上,即使我们仍继续打击暴力极端分子。

要实现这种亲近感和共同兴趣、态度上的认可,一是靠大众传播媒介的功能,此外就需依赖"软权力"的作用,增强对彼此文化的了解度以及传播国文化的流行度和影响力。根据美国广播理事会(BBG)网站的介绍,包括美国之音在内的政府拥有的广播媒介以60种语言通过电台、电视台、互联网和其他新媒体播出节目,每周的受众量约为1.75亿人次。它们充分考虑人们文化、习俗和兴趣的差异,从而吸引了各个国家的当地受众。不仅像英国广播公司(BBC)这样的宣传机构努力迎合国际范围内的目标受众,许多美国媒体特别是大型集团,都在采取有效措施发出它们的声音。例如,《华尔街日报》、《时代》杂志和《福布斯》杂志均针对不同地区,使用不同的语言,量身定制不同的版本。美国密苏里大学圣路易斯分校国际研究中心的托马斯·麦克费尔教授描述了美国和其他西方媒体在这方面的努力:"正如英国、法国、西班牙和其他欧洲强国过去在世界范围内寻找土地作为殖民地一样,现在多媒体和传媒巨头努力捕捉千百万观众、读者和听众的眼球、耳朵和头脑。时代华纳、迪斯尼、MTV、Blockbuster、好莱坞、CNN、BBC、福克斯、谷歌、MSN(微软)、雅虎和互联网等,都努力施加影响力⋯⋯大众传媒和互联网企业正引领我们建立一个新的王国。这一王国不是基于军事力量或者国土面积,而是基于对人们头脑的控制。"①

同时,美国是众所周知的文化输出大国,在过去的半个多世纪中,伴随着美国在全球掀起的商业浪潮,美国的文化产品渗透到了世界各个角落。美国的好莱坞电影、全球电视节目、录音磁带、报纸杂志、交换留学生项目、主题公园、数据库等都成为了美国公共外交的大使,拉近着美国与他国民众间的距离,并在不知不觉中变成海外受众生活中不可或缺的一部分。美国还开展和平志愿者项目等对外文化援助活动。美国把本国教师、传教士、医生派遣到海外从事志愿者工作,向海外赠送图书、杂志、画册、录像带或幻灯片等。这些活动含有西方文明中的慈善成分,也带有美国自身利益的考虑。② 一个现实的结果是,通过这类文化援助,美国的价值观念及意识形态被传播到海外,缓慢但却深刻地渗透进了人们的思维中。

如此建立起的熟悉度与亲近感可以让美国的对外宣传话语更易被受众接受和认同,再加上美国政府自身对"言行协调一致"的注意,两者相辅相成,不仅有利于调动受众参与传播过程的积极性和主动性,帮助美国根据反馈信息跟踪评估传播效果,及时调整传播策略;还能巩固"美国话语"真实可靠的形象,增强其影响力与说服力,从而帮助美国实现其战略传播目标。

(二)明确定位,找准目标受众

有的放矢地传播信息,是决定传播有效达成目的的关键。传播的针对性要求传播者根据接受者(群体的和个体的)的个性特点、具体需求和意识水平,恰当地选择传播内容、传播方式和方法技巧。这不仅有利于提高信息传播的贴近性和吻合性,增强传播活动的吸引力和感召力,还有助于提高传播者的声望。首先,信息传播应该针对接受者的层次特点。虽然传播不可能在共时状态下符合每一个个体接受者的全部特点和要求,但却可以依据接受者的不同地域、不同年龄、不同职业、不同文化素养等所形成的层次特点,采用相应的知识水准、

---

① 姚晓东:《如何向世界讲述中国故事——美国媒体国际传播的经验及其实》,《江海学刊》2010年第6期。

② 李小川:《解析美国对外宣传的奥秘》,《解放军外国语学院学报》2005年第28卷第2期。

论证方法和传播形式进行有针对性的传播。其次,信息传播还应针对接受者的需要,因为人是有需要的"高级动物"。接受者接受信息自始至终都有一个自觉的潜在的需要在驱使、在支配,并且在不同的时间、地点和情况下会有不同的需要。传播者应该针对受众这些不同需要,选用相应的信息资料和传播方式。第三,信息传播还应该针对接受者的阅历经验、心理态势和个性特点,即应该选取、编制与传播广大公众所经历过的、熟悉的和了解的,并能满足他们心理要求,符合他们兴趣爱好、脾气性格的信息或符码。①

美国国家宣传的成功很大程度上归功于对受众的重视和对目标群的细分与选择。美国战略沟通和公共外交政策协调委员会(PCC)发布的《美国公共外交和战略沟通战略》中,明确强调了确认目标受众的重要性:"成功的公共外交和战略沟通必须既考虑一般受众,又考虑特殊目标受众。诸如电视台、电台和互联网等媒体以及新闻机构和公共事务机构,面对的是广大公众。但是,公共外交也针对范围更小的更加分散的群体,特别是通过其专长、地位或领导角色影响决策和他人观点的这些群体……我们的公共外交和沟通方案需要针对具体受众,并运用最合适、最有效的媒体。"美军就把传播对象分为五类:坚定支持者、一般支持者、中立者、一般反对者和坚定反对者,并针对不同对象采取不同的传播策略。例如,极端反对者是难以改变的,因而就采用通过其他方法阻止其发挥组织功能的策略。

同样的,对受众的重视也在《国家战略传播框架》报告中有着充分的体现。根据美国总统奥巴马的阐述,美国国家战略传播的重点是:使国外受众认可本国与美国之间的相互利益;使国外受众相信美国在全球事务中发挥着建设性作用;使国外受众将美国视为应对全球挑战的令人尊敬的伙伴。并且,报告明确指出:"美国政府努力与外国公众沟通和接触,这些努力取决于针对关键受众的信息、研究和分析。"

细分目标受众、根据定位实施针对性传播的前提是全面、准确的情报搜集。因为传播谋略能否得到合理的运用并产生理想的传播效果,与运筹和决断是否科学有着密切的关系,这就需要在进行策划和决断之前尽可能集中地围绕传播目标,广泛搜集各种真实可靠的情报信息,做到"知己知彼""知天知地",明察现状。情报信息的质量是否可靠,取决于必要的信息是否收集充分,取决于收集者对信息是否做了充分的分析,是否发挥了充分的洞察力。当信息的质和量未达到一定标准时,往往会导致谋略策划与决断的偏差,并成为传播失败的主要原因。

---

① 邵培仁:《传播学(修订版)》,高等教育出版社 2007 年版。

　　为了保证信息搜集的"质"和"量"，情报部门自然成为美国国家战略传播体系的重要组成部分。《国家战略传播框架》报告中明确赋予其职责为：各个情报部门通力协作开展有关外国公众观念、传播模式和机制、恐怖主义传播等方面的调查研究和分析。可以说，美国军事和情报部门的隐蔽活动在运作美国"软权力"方面有着巨大而无可替代的作用。除了旗帜鲜明地代表政府进行公开对外传播的"白色宣传"之外，美国情报部门还在幕后承担着大量的"灰色宣传"与"黑色宣传"。"黑色宣传"指以隐蔽行动开展的宣传活动，包括秘密控制国内外媒体、收买政治家等大量的渗透性活动。"灰色宣传"则是指通过幕后收买、利用等手段诱使相关国家内部"意见领袖"及媒体从业者充当其代言人。① 它们都是利用这些有影响力的人作为信息的传输带，使传播的信息更具可信度和说服力，从而达到张扬美国利益诉求，进而影响相关国家政府决策的目的。

　　我国的对外传播之所以成效不尽如人意，很大程度上是由于我国在传播过程中缺乏对受众的区分与重视，没有考虑目标受众的感受和需求，"宣传"色彩较为浓重，不易被人接受。举我国在2011年年初于美国纽约时报广场投放的国家形象宣传片为例来说，就是一个比较站在自我主观立场上的作品。不到一分钟的时间里，整个宣传片只使用了一些西方较为熟知的各个领域中的代表面孔叠加闪现的单种元素，抛开创意不谈，就国家形象本身能否仅仅靠一些"代表人物"就能诠释已然存在很大的争议。对比2010年上海世博会时美国馆的国家宣传片，其用动画片的形式讲述了一个小女孩坚持不懈地在社区空地上种花，终于感动了其他人，最后在邻居们的帮助下共同造就了一个漂亮的小花园的故事。虽说故事与画面都很简单，但是在不经意间就传递了"环保""互助""坚韧"等"美国精神"。相比之下，我国国家形象广告的硬性宣传意味显然更浓，单纯以代表人物展示我国各领域的"出色表现"，且都是静态的影像，没有人的话语，也没有生活或故事的呈现，因而也没有传递出其他更有价值的信息。想传达具有吸引力和说服力的故事，就需事前进行详尽的调查，细分出目标受众后，掌握目标受众感兴趣、想要了解却还不甚清楚的东西以及他们所习惯和易于接受的传播方式，做到"对症下药"。

（三）利用信息的力量，充分发挥媒介作用

　　国际广播曾经是美国战时宣传和公共外交中的利器，在传媒及互联网技术飞速发展之后，信息传播渠道大为拓展，人们对信息的渴求度也迅速增加。相应的，人们对包括国际广播在内的大众媒介的依赖程度也日益加深。传播学的

① 吕翔：《作为美国核心战略构成的国家战略传播体系》，《红旗文稿》2011年第10期。

研究成果表明,大众传媒对社会现实日复一日的描述,影响着人们头脑中对社会现实的构想:媒体通过选择新闻事实形成媒介议题,使某些事实从无数客观事实中凸现出来,从而参与"社会现实的建构"过程,影响着人们对于现实问题重要性的认识。美国传播学者恩特曼(Entman)就认为,如果受众对某议题或事件缺乏丰富的直接经验,那么他们对议题或事件的理解就极大地依赖于新闻媒体,依赖于新闻叙述的性质。① 因此,媒介的议程设置功能在国际传播中就显得尤为重要,"美国新闻之父"沃尔特·李普曼在第一次世界大战中充当了美国政府战时宣传手册的写作高手后,不无感慨地说道:"公众是多么容易成为各种大小谎言的俘虏。"在其题为《虚幻的公众》一书中,他还表述了公众在重大国事问题上完全没有能力与政府对话的观点。也就是说,在媒介化的"伪现实"环境中,媒体设置的议程和话语框架完全取代了公众的舆论环境或话语权。这就使得在当今的国际传播格局中,信息资源量与主导国际舆论的能力成正比,经济实力与传播能力强大的国家能够在国际舞台上掌控舆论操控权,同时也掌握了为其他国家"设置"形象的权力。

信息活动(information activities)、信息运作(information operations)、信息战(information war)、有控的信息散布(managed information dissemination)、认知操控(perception management)等都是美国战略传播体系中明确列出的部分内容,而这些针对信息的操控大部分都是通过媒介实施完成的,在此方面,美国有着我国无法比拟的优势。

首先,美国拥有全球最大的媒体王国,无论是媒体数量还是网络覆盖范围在全世界都是首屈一指的,为其传播影响力提供了最坚实的保障。单单美国广播管理委员会就下辖美国之音、自由欧洲、自由亚洲、马蒂电视台以及中东地区广播网——萨瓦电台和自由之声电视台等国际传播机构,并通过电视、广播、互联网及其他新媒体以 60 余种语言向全球发布信息,每周的受众量约达 1.75 亿人次。而像美国有线电视网、美联社等传媒巨头,则纷纷与其他国家的机构合作,建立自己的分支机构,构筑广泛的全球网络。以美联社为例,它在全世界有超过 300 个分支机构,全球编辑、传媒和行政雇员有 3700 名,其三分之二的员工是新闻采集人员。美联社在其网站上这样描述自己的服务:"在任何一天,全世界超过半数的人从美联社了解新闻……美联社把自己看做是全球信息体系的支柱,每天向成千上万的报纸、电台、电视台和网上用户提供文字、照片、图片和音像信息。美联社夜以继日地持续向其国内用户、国际订阅者和商业客户提供新闻。美联社拥有该行业最精密的数码照片网络、24 小时不间断更新的网上

---

① 张咏华、殷玉倩:《国外主流媒体涉华报道——以英国〈卫报〉2005 年关于中国的报道为分析样本》,《新闻记者》2006 年第 8 期。

新闻服务、先进的电视新闻服务和美国最大的电台网络。"①这就意味着,美国的媒体在每天的新闻生产中占据着主导性地位,也就更容易在国际信息流动中塑造出强势舆论和"沉默螺旋"的状态,从而利用这种话语霸权影响、引导公众的思想,保障其战略传播目标的实现。

此外,美国政府对媒介力量十分重视,并能通过有效策略使媒介在战略传播中的作用充分发挥,伊拉克战争中的"嵌入式"报道就是典型的案例。伊拉克战争期间,美国国防部一改往日强硬独断作风,允许新闻记者全方位跟随美军作战部队进行全程跟踪报道。参加"嵌入式"报道团的记者中有 400 人来自美国,其他 100 人来自世界其他国家。据国防部人士透露,实施新的媒体政策是因为记者通过了解作战部队的具体特点,可以更加客观、深入、准确地开展战地报道。② 这是美国历史上首次采用"嵌入式"战争报道方式,在当时不仅赢得了政府及媒界的支持,且国际上还有舆论称之为"透明的战争"。但在实际的操作过程中,美国对随军采访制订了复杂的游戏规则。这其实是将媒体作为一种武器,配合军事行动进行战略传播的重要举措,从而达到不战而屈人之兵的目的。

在 2010 年年末爆发的"阿拉伯之春"特别是利比亚战争中,美国的战略传播通过媒介又一次发挥了巨大的作用。一方面,美国领导人和政府官方评论在整个过程中一直强调民主和人民"选择的自由",以此表示对反对派的支持。同时一边表明不愿动用武力、发起战争,希望能够和平解决,一边极力塑造当权者独裁、暴力、血腥、腐败的负面形象,以赢得国际舆论的支持。战争初期,有媒体报道卡扎菲拥有巨额黄金储备,并通过非常规渠道用石油换取现金,且为防止制裁在冲突爆发前转移了大量资产。而在继 2011 年 3 月份媒体传出利比亚政府军向抗议者开枪的消息后,美国国务卿希拉里在 2011 年 6 月又指责卡扎菲领导的政府军将强奸和暴力作为"战争工具",对女性进行攻击。希拉里在发表的声明中说:"强奸、生理强迫、性骚扰以及所谓的处女检测等行为在这一地区的国家中普遍存在。"并指出:"卡扎菲军队及该地区的其他组织试图将对女性实施暴力作为战争工具,达到分化人民的目的。美国对此以最强烈的措辞予以谴责。"同时,媒体大量引用卡扎菲反对者的声音,营造出促使卡扎菲下台是利比亚民心所向的氛围,从而给这场战争披上"正义"的外衣。但是,美国官方也曾发出信息,称如果卡扎菲主动交权,美国将愿意为其寻找避难地,并提供安全保护。这又在一定程度上维护了美国在这场战争中的形象,避免美国陷入舆论漩涡。另一方面,在战争进程中,美国媒体,特别是美国之声在描述利比亚当时

---

① 张咏华、殷玉倩:《国外主流媒体涉华报道——以英国〈卫报〉2005 年关于中国的报道为分析样本》,《新闻记者》2006 年第 8 期。

② 于朝晖:《"9·11"后美国中东战略传播管理研究》,《阿拉伯世界研究》2008 年第 4 期。

局势时,往往着重渲染反对派军队不断取得突破与胜利、扩大占领地,而政府军节节败退、不断失守的情况。美国国防部长在 2011 年 8 月就曾明确对外表示,"卡扎菲独裁的日子已经屈指可数"。这既为北约部队与反对派军队增强信心,也间接向卡扎菲政府施加心理压力,为尽早赢取最后的"胜利"增添助力。正是凭借这种议程设置和框架建构,使得当时反对利比亚战争的声音变成"弱势"一方,逐渐湮没在了舆论的"螺旋"之中,从而成为美国在利比亚战争中的最大助推力。

四、结 语

相较于传统的信息传播而言,美国的"战略传播"具备三方面的突出特点:一是强调多种机构的联合与协调运作;二是强调对目标受众的选择、分析、定位以及建立长期的双向联系与沟通;三是强调对事件全面而快速的反应,尤其是在媒介上占取先机与话语权。战略传播对美国国家安全和外交政策都十分重要。战略传播提供的一系列方法,可以供政府理解全球的形势与文化,促进人们与机构之间的对话,为决策者、外交家和军队官员在政策选择上提供舆论支持,并通过传播战略影响受众的态度和行为。[①] 因此,战略传播能够帮助一国塑造环境,建立联系,以促进政治、经济和军事目标的实现。

虽然中国经济的快速发展得到了世界认可,但在政治、文化、军事等方面仍时常受到国际的负面报道。在坚持不断发展自身的同时,借鉴美国战略传播体系,加强国际传播能力、提升话语权、维护国家形象便成为当今我国在面对与处理国际关系时的重要议题。于我国而言,无论是加强对受众的定位与分析,摆脱"宣传者"的思维模式,增强外传信息的平衡性;还是加强新闻报道发布的时效性与可信度,有效运用议程设置提高新闻报道水平,变被动为主动,其本质上都是要树立起良好、敏感的"传播"意识,以便在当今的信息时代,掌握真正具有决定性作用的软力量,更好地改善我国在国际舞台上的形象,减少外界误读,增进世界对我们的信任与理解,为我国营造更加安定、和谐的国际环境。

---

① 李明富:《美军形象战略传播的内涵特点及其启示》,《国防科技》2011 年第 31 期。

国家旅游品牌与形象塑造的
六国经验比较[*]

潘一禾^{**}　　贾　磊^{***}

　　重视国家形象的正面价值传播,势必会广泛地涉及一系列的国家品牌建设和营销,无论是商业品牌、旅游品牌、媒介品牌还是教育品牌、文化娱乐产品的品牌,都更多更广地与国外受众的日常生活发生着每时每刻的联系和互动,也更易与新闻信息产品一起,逐渐形成和影响受众心中的他国印象。这就提醒我们:国家形象往往也要通过生活观念、消费产品和日用商品的塑造,以及对这些商业产品、娱乐产品、文体产品的成功公关和危机处理机制来维护和建构。而在这些方面,许多国家都展示出了它们的成功经验,值得我们进行总结。

　　为了便于比较,本文聚焦国家旅游品牌的策划与营销,选取了英国、德国两个发达国家,日本、韩国两个东亚国家以及新加坡、新西兰两个"小国",以期通过对比分析对世界各国塑造国家旅游品牌和良好国家形象的行动有全面而完整的认识。

一、"创意英国"——到中国"重塑"英国形象

　　英国政府于 2002 年在中国进行了一次民意调查,以了解中国人对英国人的印象,结果让英国政府非常沮丧:中国人对英国的印象仍处于"狄更斯时代",对英国的评价大多是和政治有关的负面评价。这次调查让英国政府认识到了

────────────

　　*　本文系浙江大学传媒与国际文化学院承担的教育部 2009 年重点课题《国际传播的理论、现状与发展趋势研究》的子课题论文。

　　**　潘一禾:浙江大学国际与文化学院教授。

　　***　贾　磊:浙江大学汉语国际教育专业硕士研究生。

在中国"重塑"英国国家形象的重要性。

正如前英国驻广州领事馆总领事 Stephen Lillie(中文译名李丰)所说,"英国领事馆现在面临着一个新的挑战,就是怎样才能把现代英国的概念移植到中国人的脑海当中"。① 2003 年中英建交 30 周年之际,英国政府开展了一场为中国量身打造的"创意英国"(Think UK)公关活动。其目的是要在中国人心目中以"创意活力"的英国取代"刻板守旧"的英国,提升英国的国家形象。"创意英国"官网将其活动目的描述为:"加强(中英)两国良好的合作关系,使中国对当今英国在诸多领域的领先地位有一个更为清晰的了解,从而为中国市场带来良好效益。同时,英国也会以此为契机,对中国的创新人才进行深入了解。"

"创意英国"活动于 2003 年 4 月到 2004 年 1 月在北京、上海、广州和重庆四个城市举行,包括文学艺术、科学技术、金融经贸等多个方面,总共有超过 20 个项目,希望从各个层面展示英国的创意和合作精神。其口号为"中英共创未来",将 16～35 岁的"成功一代"和"未来一代"视为自己的目标受众。整个活动共投入 500 万英镑,经费主要来自政府,部分来自英国五家企业的赞助。

在活动中,英国政府有意识地通过多种手段来扩展其影响,包括将代言人和活动有机融合起来、设立网站进行网上传播、借助特殊时机积极推广等。尤其是时任英国首相布莱尔,他在访华之际亲自参与该活动,通过政府领导人的影响力将这个活动推向高峰。"创意英国"活动取得了巨大的成功。据官方网站统计,大约 450 多万中国青年通过各种形式参与其中,该活动也与 100 多个组织进行了各种合作。

这次充满创意的国家形象公关活动开辟了对外传播的一种新模式。其时间跨度长,参与层次多,由政府牵头引导多机构参与,通过细致入微的方式在中国青年中塑造出了一个创意英国的形象。正如英国皇家历史学会会员、南京大学英国与英联邦国家研究所所长钱乘旦所说,"创意英国"这项活动的实质就是用文化营销国家。② 长久以来各国对英国的印象大多是"刻板守旧",这已经对英国的经济造成了极大的损害,因此英国急需采取措施改变这个现状。此次国家形象公关从文化角度切入,除避免了政治说教的僵化外,又能在不知不觉中影响受众心理。每一件艺术品、每一项科技发明都是媒介,受众每时每刻都在不知不觉地处于媒介的包围之中,政府的声音通过巧妙的包装影响着各种民间机构和个人,将传播者分散化、多层次化,不仅能有效解决跨文化传播中的误

---

① 《"创意英国"创意国家公关》,新浪网:http://finance.sina.com.cn/roll/20030927/1759464772.shtml,2003-09-27。

② 《"创意英国"创意国家公关》,新浪网:http://finance.sina.com.cn/roll/20030927/1759464772.shtml,2003-09-27。

读,而且人际交往可以取得大众传媒不可能取得的成果。准确地选定预期受众,不仅能节省传播成本,而且可以量身定做,取得深层传播效果。① 可以说,通过创意文化产品营销国家、通过成功的大型文化交流活动策划实现多层次的相互了解和沟通、通过丰富多彩的人际交流活动改善他人心中对本国的印象等,都体现了英国对外传播模式的根本变化。

二、"创意德国"——新时代的思想大国

也许是由于有着共同的现代生活理念,另一个老牌强国德国也以"创意"打造自己的国家旅游品牌。从英文的原意看,英国之创意是"动词",更强调艺术性创意,德国之创意是名词,而且是"复数",更强调思想产品特色和思考的多样性。

应该说,诸如汽车、电器等德国商业品牌已经享誉全球,但人们所想到的德国汽车、电器等高科技工业产品,往往质量可靠却新意与时尚感不足。为了改变这种对德国品牌的"刻板印象",德国在 2006 年借世界杯的"东风"提出了"创意德国"(Land of Ideas),并由时任总统科勒亲自挂帅,向世人展示德国人不仅好客,而且幽默风趣,不仅有理性严谨的一面,更拥有极其丰富的创新和艺术细胞。

这一活动由德国政府和德国联邦工业协会以及著名跨国企业联袂举办,并且成立了一个顾问委员会提供咨询,甚至成立了一个足球俱乐部以扩大其影响力。2006 年的宣传活动共包括五部分,以德国世界杯为核心展开:"365 个地标"用以介绍德国的公司、社会机构与个人;"城市介绍"将城市、科技与足球结合起来;"创意漫步"通过巨型雕塑展现德国科技创新;"德国迷俱乐部"是以普通人为目标促进人际传播;"欢迎创意"则展示德国热情好客的一面。这项活动一直持续到世界杯结束并随后走出国门,例如 2009 年德国政府针对中国专门推出了"德中同行"的公关活动,特意给中国国民创造零距离接触创意德国的机会。

也许是为了趁热打铁、把势造足,德国国家旅游局决定 2010 年在全球范围内进行推广德国"青春与创意之国"的新形象。德国旅游局力推的旅游主题涵盖建筑、艺术、设计和时尚四大重点领域,包括德国 21 世纪当代艺术展、梅赛德斯—奔驰时尚周、德国科隆艺术博览会、"建筑艺术日"、莱比锡设计节等多个活

---

① 《有狂欢更有创意精彩》,网易官网:http://travel.163.com/10/0323/18/62FULDG700063IO0.html,2010-03-23。

动。最引人注目的是鲁尔区将作为一个整体呈现在世人面前。除了传统的博物馆、画廊和大众媒体外,德国国家旅游局推广活动的另一个重拳就是推出一种互动的电子宣传册,通过多媒体和网络形式将游客带入"创意之国"。

事实上,在此之前德国在国际舆论中的国家形象本来就非常好,在 2009 年英国广播公司(BBC)所做的国家形象调查中,德国高居榜首。[①] 但是德国并未因此满足和懈怠,而是在国际传播中避免对自身国家形象进行大幅调整,通过不断进行的创意微调,为国家旅游品牌增光添色。整个活动和策划体现的正是国际传播上的最新创意。

三、日本的"观光立国"战略

去日本东京,会发现一些广告牌上用英文、中文和韩文共同书写着"Yoko-so! Japan"("日本欢迎您!")——这正是日本目前"观光立国"(Tourism-based Strategy)战略的重要措施之一。2003 年 1 月,时任日本首相小泉纯一郎提出了"观光立国"战略,旨在将旅游业作为日本世纪初的重要产业,以促进经济发展,重塑日本形象,并把 2003 年作为"观光元年"。其目标是到 2010 年要使访日外国游客数目达到 1000 万人。在此基础上,日本政府采取多项措施推动"观光立国"。包括先后通过了《旅游法》《观光立国基本推进法》等法案,为"观光立国"提供政策上的保障。

此外,日本政府大力推进"赴日观光旅游推进计划"(即"VJC",Visit Japan Champion),这是"观光立国"吸引游客最重要的一环。这一计划始于 2003 年 4 月,为期 3 年,整个推广费用高达 20 亿日元。这笔费用将交由各地方政府及对旅游市场更为熟悉的日本旅行社负责,借各国旅行社的推广网络进行宣传推广,旨在通过汇聚国家、民间团体和个人的力量共同促进访日游客的增加。

为了提升日本对外国游客的吸引力,VJC 活动策划者们采取了大量的措施。例如,2003 年年底,为了吸引外国游客,小泉纯一郎亲自拍摄了 30 秒的广告宣传片,并在亚太地区和欧洲大量投放,在国际航班的班机上播放;2005 年和 2006 年日本政府派团两次赶赴中国、韩国举办"Yokoso! Japan"活动,以面对面的人际交流和商家推销来吸引游客,等等。相关方面组织了"中日旅游交流年""日韩旅游交流年"等官方活动,尽力扫除外国游客赴日的障碍,如改善旅游环境、改进景点的外文说明、外文标识和增加商家的外文服务员等;半官方的

---

① 参见《BBC 公布最新国家形象调查》,21 世纪网:http://news. 21cn. com/world/guojisaomiao/2009/02/07/5838125. shtml,2009-02-07。

"日本观光振兴会"在中国、韩国多次举办旅游洽谈会,并联合日本外交部门邀请所在国媒体代表体验日本旅游,借传媒界人士之特殊外力来为其造势。

"观光立国"的国际宣传效果是很显著的,2003 年日本入境外国游客为 521万次,2007 年大幅增长到了 835 万次。① 不断增加的游客不仅为处于低迷期的日本经济带来了新的增长点,而且通过民间组织来往、公民的人际交流,加强了日本与各国的相互了解,有助于树立良好的日本国家形象。

由于长期的经济低迷和国内民族主义势力泛起,日本在亚洲的国家形象是分裂型的:一方面各国人民赞扬日本产品的物美价廉,钦佩日本人民的高素质,对日本动漫非常喜爱;另一方面又对日本极右势力非常不满,对日本自卫队极其警惕,更不用说中国、韩国还和日本存在领土争端。可以说,在相当一段历史时期,日本的国家形象在亚洲国家基本是负面的,亚洲各国人民并没有和日本人民重建信任,体现在媒体上就是双方媒体之间的互相指责与负面报道,被这种大众传媒信息包围的亚洲各国国民自然很难对日本产生好感。因此,战后日本的旅游品牌和国家形象一直与日本的诉求紧密结合,如其"观光立国"的营销活动最终目的还是要塑造"正常国家"或者"受人尊重的国家"。由于意识到日本国家形象的"分裂性",日本的"国家广告"基本不会出现在公众电视报纸的广告栏目上,而是常常出现在赠给贫困儿童的铅笔盒上、刻在免费医疗队的国旗上。日本外务省特别注重通过向海外免费传播日本文化以改善本国形象,早在中日建交不久后,日本就主动向中国免费提供了很多电影和动漫作品。

另一方面,日本的旅游推广活动也总是很明智地利用本国的已有优势,营造国家的正面形象。如日本产品的吸引力、日本生态的独特性、日本科技的先进性等,推出一系列让普通游客能够感受日本正面形象的活动内容和观光服务,如针对中国游客设立使用中文的服务电话热线,去除"语言障碍"和"信息不足"等负面因素,举办极具地域文化特色的主题活动、大型娱乐设施的欢迎活动,还有针对游客的特别大甩卖、入场费优惠等,让更多的人更愉快地享受公园乐趣、了解日本魅力。此外,还通过观光旅游吸引外国游客,尤其是亚洲游客,让他们走入日本家庭,与普通日本人交谈,通过人际交谈的方式消除弥漫在双方之间的不信任。

四、"韩流"——传统文化之流

"韩流"(Hallyu)在汉语中是一个争议词,它最早被《北京青年报》用来警醒

---

① 凌强:《日本观光立国战略的新发展及其问题》,《旅游经济》2008 年第 6 期。

那些对韩国流行文化痴迷的人,由此也可见韩国大众文化对今天中国年轻人的影响力。其实这种巨大的影响力并不只限于中国。从 20 世纪末开始,韩国流行文化,包括美容、网游、韩剧、音乐、小说、电影等,如潮水般涌入东亚和东南亚各国。这些文化产品不仅给韩国带来了巨额的经济利益。同时也极大地美化了韩国形象,甚至刺激了韩国传统工业产品的销售。这一切都与韩国"文化立国"、打造"文化韩国"的战略密不可分。

韩国文化产业形成于 20 世纪 60 年代,期间几经变化;到 1998 年正式确立"文化立国"战略,将文化产业作为新世纪的支柱产业,除了通过多项法律进行支持外,政府也大力扶持,主要包括向文化产业投入巨额资金补贴,优化发展环境,完善产业格局,积极扩展海外市场等,并在文化观光部下面专门建立了文化产业局,以全面统筹韩国文化产业的发展。到 21 世纪初期,"韩流"已经风靡整个东亚和东南亚。以 2003 年为例,韩国的广播电视节目出口额达到 4213 万美元,其中 73% 出口到亚洲国家和地区。①

"韩流"的成功归根到底是因为韩国文化成功地找到了在世界舞台上的定位。从本质上说,"韩流"是韩国传统文化与美国流行文化的"混血儿",还掺杂了中国儒家文化和日本文化的要素,正是这种多元文化的主动碰撞和有机融合,使得"韩流"具有一种别样的魅力。"韩流"的基础是韩国的民族文化,韩国特别重视保护民族的优秀传统文化,不仅文化管理政策上对本土电影及电视剧全力支持,而且十分擅长集中力量大力开发民族文化产品和包装本土明星,比如韩国每年都会挑选最具人气的明星,拍摄不同风格的宣传片。韩国观光公社在 2007 年推广品牌为"Korea Sparkling"的旅游宣传广告,同年 4 月开始在美国有线新闻网上播出,该广告即由 2002 年一出道便收囊了几乎全部韩国媒体新人奖项的第一新人郑智薰(Rain)当家拍摄。

从中国观众十分喜爱的韩剧和韩国电影中不难看出:"韩流"文化的骨子里还是保守的韩国传统文化,但这些保守的韩国传统文化也经过了针对现代社会弊端的加工和创造,从而具有让世界看到韩国传统文化现代价值的功能。不仅如此,各种"韩流"产品也十分成功地与现代科学技术和传媒体系全方位对接,明智借鉴了美国式大众文化和消费文化的包装,所以具备了超凡的魅力和超强的传播效力。"韩流"文化自然也可能在受众心中投射出一个完美的韩国形象。

韩国当前并没有强大的巨型传媒,因此韩国政府将塑造国家形象的重任寄希望于文化产品。在全球化语境下,如何正确处理传统文化是许多民族都面临的难题。在资金、技术都比较落后的情况下,在缺乏传播渠道的情况下,"韩流"

① 王众一、朴光海:《日本韩国国家形象的塑造与形成》,外文出版社 2007 年版。

以"内容为王",将内含现代价值的传统文化打造成富有魅力的文化产品,再借用他国媒介迅速推广,所以深得受众欢迎。

五、"非凡新加坡——找寻对比的世界"

新加坡历来就是一个非常注重形象宣传的国家,从 20 世纪 80 年代的"无限惊喜新加坡",到 90 年代的"新亚洲,新加坡",新加坡的旅游宣传口号每次都能按照国家发展规划进程突出新的特点。一直到 2004 年新加坡旅游局制定出新的口号"非凡新加坡——找寻对比的世界"(Unique Singapore, Discover a world of contrasts)。

多年来新加坡政府面临的一个重要问题就是如何建立统一的"新加坡民族",多民族在政治上也许是一个问题,但在旅游文化上却是高质而价廉的资源。因此新加坡一直在旅游市场大打"民族牌"。新加坡将国内民族分为四大类:汉族、印度族、马来族和其他种族,四个民族在不同的文化氛围内各得其所,各族民众既可以保持自己的特色又相互配合,形成了一种独特的"鸡尾酒式"的文化。

在深层次上,新加坡强调的是宗教文化的"和而不同",无论是佛教、印度教还是伊斯兰教,都可以在新加坡和谐共存。多元宗教的新加坡不仅给外界留下宗教信仰自由的印象,多种宗教的共存更可以突出"对比的世界",新加坡的国家特色也就在多元化的"碰撞"与"共存"中得到淋漓尽致的展示。宗教既是新加坡国家形象的重要内容,又是新加坡展示自己的重要工具,让游客在不知不觉中对新加坡形成了良好的印象。在这个意义上,新加坡的旅游策略从深层次重新塑造了新加坡的国家形象,为国民提供了一个明晰的"想象的共同体"。

在对外宣传上,新加坡特别重视网络传播的作用,除了建立自己的官网之外,还同多国的门户网站合作,通过网络进行宣传推广。其次,新加坡旅游局下属的大中华区等,会直接派员进驻客源国,以期加强和各国政府的合作。再次,重视和各国旅行社的直接合作,包括建立绿色通道,提供一站式服务等。比如针对中国游客特地推出"非常家庭,非常新加坡"活动,以中华民族最重视的"家"的概念为"非凡新加坡"抹上一缕温馨的色彩。多元化的传播手段,不仅扩大了新加坡旅游的受众面,而且带来了良好的国际传播效果。

六、"百分百纯净的新西兰"

从 1991 年开始,新西兰政府启动"百分百纯净的新西兰"(100% Pure New Zealand)国家旅游品牌宣传活动,其重点是突出新西兰的独特价值观和国家个性,塑造健康阳光无污染的国家形象,强调和其他澳洲国家的不同。值得学习的是其国家品牌和企业品牌的良好互动,新西兰旅游局的国家形象广告一直和国内企业的各种产品广告协调配合,共同携手为新西兰国家形象的提升出谋划策。由此,塑造新西兰良好的国家形象,也同时提升了新西兰商品和服务的国际影响力。

新西兰旅游局格外重视传播渠道的多样化。首先是借力互联网进行全球推广。其官方网站制作精美、内容丰富,不仅仅有每个地区乃至城市的详细介绍,而且会根据季节变化推出不同的活动,并多次与世界知名社交网站进行合作,极力在互联网上扩大影响力。其次,伴随着《指环王》三部曲在全球范围的热映,新西兰旅游局也不失时机地进行大量宣传,新西兰一夜之间变成了"仙境"的代名词,好莱坞大片着着实实帮新西兰做了一次广告。再次,题为"百分百纯净的新西兰——突破自我"的电影短片大赛,也吸引了众多影迷的兴趣,参赛选手在制作影片的过程中,不知不觉地加深了对新西兰的理解,而且由于参赛者是来自不同国家的民间摄影爱好者,他们的作品有特定民族的视角和文化,也极大地扩展了新西兰被国际受众接受和喜爱的范围。

新西兰旅游局的宣传重点有两个:其一是突出土著毛利人的文化。无论是让人惊叹的音乐和舞蹈,还是精美绝伦的木雕,最终展现给游客的都是独特的新西兰。另外一个重点是新西兰优美的环境。新西兰的经济支柱是畜牧业,几乎没有重污染工业,因此新西兰环境优美,是世界上少有的几乎不存在环境污染的国家。多年来"洁净"一直是新西兰塑造国家形象的核心,毛利语中新西兰的意思正是"长白云之乡"。

七、国家旅游品牌的六国经验比较

总结起来看,上述六个国家可以分作三种类型:传统的传媒大国如英、德,非西方强国如日、韩和国土相对狭小的新加坡、新西兰。三种类型的国家自身条件不同,面临的问题不同,在塑造国家形象上采取的策略也不一样。

英国和德国等传统强国、传媒大国的国家形象相对良好,所以进行国家形象塑造时更多的是"保养修复"工作,是锦上添花或拾遗补缺,其目的或是吸引游客,或是给本国产品增加"创意度""高科技度"。同时他们占据了全球信息传播的制高点,又有强大资金的支持,再加上长久以来形成的良好形象和对其他国家国民的巨大吸引力,往往微小的动作都能引起巨大的影响。另一方面,恰恰因为其国际形象具有高度稳定性,又往往容易陷入"雷声大雨点小"的尴尬处境。这些公关活动在媒体层面可以产生巨量的信息,但是与原有的信息量相比仍然是小巫见大巫,要改变受众思维中根深蒂固的"刻板印象"自然也不是件容易的事情。

从英国和德国两国的经验来看,要想突破"刻板印象"的束缚,可以从两方面着手,一方面是要找准国家形象塑造的"发力点",以一点突破带动全部形象的改变,以期达到四两拨千斤的效果。就英德两国来说,都将国家形象塑造的重点放在"创意"之上,针对的就是以往"呆板"的国家形象。另一方面是要注重传播手段的多样化,发布会、展览等方式既可以弥补大众传媒的不足,又可以利用受众"眼见为实"的心态和实物的跨语言优势,有效提高传播效果。相比之下,由于西方受众对我国的"官方媒体"都有很强的抵触情绪,类似的产品发布会和大型项目展览推销等形式可能就更为重要了。

日本和韩国经济发达,尤其是汽车、钢铁等传统工业可以在全球市场占据一席之地,但是与西方相比在信息传播方面相对处于不利地位。首先,缺乏强势媒体。日本虽然是传媒大国,但并不是传媒强国。无论是日本放送协会(NHK)还是各大报刊媒体,其影响力大多局限于日本国内。韩国也缺乏强势媒体,因此在国际传播中难免被动。其次,日本、韩国在国际主流舆论中难逃"东方主义"视角的审视。再次,日语和韩语在国际传播中处于弱势地位,在欧美国家影响力还有待提升。

"东方文明"的国际标签有时也是一种"劣势",因为东方国家很多,情况又很复杂,但是处理得好则完全可以转变为相对优势。因此日韩两国在国家形象塑造的过程中就更加重视突出和西方的不同。以韩国为例,无论是"宁静的晨曦之国"、"动感韩国"、"活力韩国"还是"文化韩国",立足点都在民族特色上。日本"文化立国"的重点也是宣传日本民族的特殊性。对比而言,中国地广人多、历史悠久,文化特殊性应该是三者中最强的,且中国国内的文化多样性要丰富得多,在电影等文艺作品的出口中"文化牌"和"民族牌"都是好牌,如"女子十二乐坊"在风靡日本的同时,也将中国的传统音乐带给了今天的日本国民。

此外,日本、韩国面临的另外一个问题是第二产业发达,在塑造国家形象时也倾向于考虑第二产业的要求,国家形象和企业形象之间通过良好的互动,竭力形成"光环效应"和"累积效应",比如索尼对日本和现代对韩国国家形象的拉动作用。而当前中国虽已成为"世界工厂",但是驰名世界的民族品牌还太少,尤其是企业形象不能与国家形象形成联动,导致"中国制造"(Made in China)成为廉价货的代名词,这与日本形成了鲜明的对比。因此,如何塑造良好的国家形象和企业形象,并让两者可以紧密配合,仍将是中国民族企业必须解决的难题。

新加坡与新西兰国家实力较弱,传统工业不发达,也更加依赖第三产业尤其是旅游服务业的发展。新加坡和新西兰既不像英德两国那样拥有强大的传媒公司,又不像日韩两国那样有巨额资金做后盾,但在国家形象塑造中同样做得有声有色。这是因为:首先,"小国"意味着更精准的国家形象定位。大国进行国家形象定位时往往追求面面俱到,难免瞻前顾后、顾此失彼;小国则不存在这样的问题,国小自然特色突出,也更容易找到国家形象构建的发力点。如新加坡的定位就是民族多元化的国家,重点在于呈现多民族风情的丰富多彩,新西兰的定位则突出环境的美丽。

其次,所谓"船小好调头",小国对国家形象进行"小修小补"乃至"动大手术"的难度要比大国小得多,且极易事半功倍。最典型的例子是新加坡自20世纪60年代开始,形象定位经历了"一站式亚洲"、"无限惊喜新加坡"、"新亚洲、新加坡"和"非凡新加坡"四个阶段,都取得了非常好的效果。频繁地更新国家形象,这对大国来说是不敢想象的。

再次,缺少强大的跨国传媒是不利因素,但是善于利用人际传播和新传播手段不但可以使传播力得到提升,还可以有效避免大众传播的不足,毕竟人际交往和组织传播可以更灵活地和受众进行交流,因此吸引国外游客自然就成为了非常重要的国际传播手段。通过旅游、传播与外交的完美互动,小国极易达到塑造良好国家形象的目的。

由此可见,新加坡和新西兰的经验对中国诸多省市地区的地方性旅游品牌的打造和营销,以及地方性政府、企业、旅游服务如何配合国家形象的统一塑造,也有着很多启示和参考价值。

在国际传播视角下中国国家形象塑造分析

——以《人民日报》海外版与《纽约时报》
的上海世博会报道为例

陈小芳

一、前　言

　　国家形象是指一个国家所获得的国际社会认同和本国人民共鸣的总体印象,它体现该国的国际社会地位,激发本国人民的自豪感与建设国家的热情。1949 年新中国成立以来,特别是改革开放 30 多年来,中国国家形象不断提升,如今中国不仅成为世界经济总量第二的大国,而且成为最受世界瞩目和最具发展前景的新兴国家。中华民族的伟大复兴与和平崛起,正是今天中国在世界人民面前生动而具体的国家形象。

　　良好的国家形象有助于赢得国家信誉和国际社会认同,也能更好地激发本国人民对国家的热爱与建设热情。国家形象的树立离不开舆论的塑造与传播,特别是国际舆论和一国主要媒体的传播。传播一个正面的、美好的、和平崛起的中国国家形象,不仅能为现阶段建设有中国特色的社会主义营造良好的国际舆论环境,也有助于我们更好地建立有中国特色的国际传播战略。[①] 中国目前正处于发展的关键时期,而国际社会仍然对中国存在相当程度上的误读和误解。当下正是我国建构良好国家形象的重要时机。2008 年国务院新闻办启动国家形象系列宣传片,我们开始主动出击争取国际话语权。[②] 2010 年的上海世博会是继 2008 年北京奥运会之后又一次让世界认识中国、让中国融入世界的

---

　　① 李智:《论全球化传播语境下的国家形象建构》,《阴山学刊(社会科学版)》2009 年。
　　② 百度百科网:http://baike.baidu.com/view/5076455.htm。

契机。上海世博会已经圆满谢幕,而期间关于中国国家形象的传播实践仍需要深入总结。全面、客观、科学地权衡国内外媒体世博会报道的特点,深入剖析上海世博会对中国国家形象传播的意义和价值,具有强烈的现实意义和深远的理论价值。

改革开放30多年来,我国的综合国力得到了迅速提升,特别是经济实力的飞速发展,更是举世瞩目,且早已成为世界第二大经济体。相比之下,中国的国际形象却与经济实力不相匹配。国家形象的建立与传播,是国际传播战略的重要课题。2003年以来,中国形象的研究蔚然成为国内学术界的热点,涌现出一大批著作。各界学者试图从各自的专业领域参与到研究中国国际形象的行列中来。① 这几年来学术界对中国国际形象的研究已经往前迈进了一大步。但形象构造不是一蹴而就的,一次盛会的展示固然可以改变很多,良好的国家形象的建立却需要持续性的努力。继2008年奥运会在中国成功举办后,世博会的成功举办让中国又一次站到了聚光灯下,成为全世界的焦点。这是展示中国国家形象的黄金时机,也是中国人了解世界的重要窗口期。中国抓住了这次机遇,在构造良好的国家形象方面迈出了坚实的步伐。

本文通过对《人民日报》海外版和美国《纽约时报》(以下简称"两报")的上海世博报道进行比较分析,试图揭示在这两份对世界舆论有重要影响的报纸中所建构的中国国家形象,运用国际传播学原理来探索构建良好国家形象的传播策略。

本文主要试图通过定量和定性分析,回答关于以下几个主要问题:

• 《纽约时报》在报道体裁、报道倾向等方面有何特征;

• "两报"在关于上海世博会的报道中主要突出了哪些议题;

• "两报"在世博期间报道上有何共性和差异;

• 从国际传播角度分析这些报道对中国形象产生了怎样的影响;

• 从国际传播战略角度分析如何才能树立良好的中国国家形象。

本文主体内容共三部分:第一部分简述国家形象和国际传播理论,阐明利用国际传播理论塑造良好国家形象的基本要点;第二部分对比分析《人民日报》海外版和《纽约时报》的上海世博会报道,从报道篇幅、报道主题、报道议题、感情色彩和头版头条等方面,深入总结其传播理念,解读中外媒体构建的不同中国国家形象;第三部分侧重阐述加强国际传播、重视国际传播战略、塑造良好国家形象的若干思路和方略。

---

① 孙有中:《解码中国形象——〈纽约时报〉和〈泰晤士报〉中国报道比较(1993—2002)》,世界知识出版社2009年版。

二、国家形象与国际传播的关系

一个国家的国家形象建设意义重大,关系到一个国家在国际社会中的地位和作用。良好的国家形象有助于建立与其他国家的互信机制,赢得良好的国家信誉和国际社会认同,并激发本国人民的自豪感与建设国家的热情。国家形象与国际传播关系十分密切。可以说,一个国家的国际形象,很大程度上是通过国际传播来完成的。在这里我们首先要正确理解国家形象,要明确国家形象如何通过国际传播给世界各国人民创造清晰明确的定位,国际传播在国家形象传播中又应该采取怎样的路径与战略实施。

(一)国家形象的概念

当前中国国家形象的传播,在理论上尚在探索阶段,并没有完整的理论建构与清晰的战略思路。而国外很早就开展了对国家形象的研究,但是至今为止国家形象也没有得到系统的阐释。

国外国际关系研究的学者很早就开始展开对国家形象的应用研究,但理论上没有得到系统诠释,只是在很多文章的相关章节有所体现,并以与形象近似的"声望""威望"之类的词语替代。国内新闻传播学者支庭荣认为:"国家形象的概念在西方国家并没有明确提出,因为在实践上西方国家早就利用其发达的宣传机器,鼓吹资产阶级的生活方式和价值观。"因此国家形象的概念多由国内学者提出。国内学者对国家形象的研究起步虽然比国外要晚很多,但是进展极快,在国家形象的定义方面也已经是百花齐放、众说纷纭了。

国家形象是国家最重要的无形资产,是国家最为宝贵的精神资源。国家形象是国家文化上的自我整合,精神上的自我肯定。国家形象是国家现实与国家愿望的有效结合,是对国家现实的高度提纯和对国家愿望的有力回应。

国内最早提出这一概念的是中国新闻学院的徐小鸽教授,他认为:"国家形象是一个国家在国际新闻流动中所形成的形象,或者说是一国在他国新闻媒介的新闻言论报道中所呈现的形象。"作者认为国际新闻流动是形成国家形象的主要因素而不是单一因素。[①]

李寿源教授认为国家形象是"一个主权国家和民族在世界舞台上所展示的

---

① 徐小鸽:《国际新闻传播中的国家形象问题》;参见刘继南主编:《国际传播——现代传播论文集》,北京广播学院出版社 2000 年版。

形状相貌及国际环境中的舆论反映"。①

　　刘继南教授认为国家形象是"其他国家(包括个人、组织和政府)对一国的综合评价和总体印象"。② 管文虎教授等认为"国家形象是一个综合体,它是国家的外部公众和内部公众对国家本身、国家行为、国家的各项活动及其成果所给予的总的评价和认定。国家形象具有极大的影响力、凝聚力,是一个国家的整体实力的体现"。③

　　1999年,管文虎在《国家形象论》中将国家形象界定为:"国家形象是一个综合体,它是国家的外部公众和内部公众对国家本身、国家行为、国家的各项活动及其成果所给予的总的评价和认定。国家形象具有极大的影响力、凝聚力,是一个国家整体实力的体现,是国家一笔雄厚的无形资产。"作者同时指出:"国家形象是国家力量和民族精神的表现与象征,是主权国家最重要的无形资产,是综合国力的集中体现。"

　　孙有中认为,国家形象是一国内部公众和外部公众对该国政治(包括政府信誉、外交能力与军事准备等)、经济(包括金融实力、财政实力、产品特色与质量、国民收入等)、社会(包括社会凝聚力、安全与稳定、国民士气、民族性格等)、文化(包括科技实力、教育水平、文化遗产、风俗习惯、价值观念等)与地理(包括地理环境、自然资源、人口数量等)等方面状况的认识与评价,可分为国内形象与国际形象,两者之间往往存在很大差异。国家形象在根本上取决于国家的综合国力,但并不简单地等同于国家的实际状况,它在某种程度上是可以被塑造的。

　　中国人民大学新闻学院刘小燕则认为:"国家形象是指国家的客观状态在公众舆论中的投影,也就是社会公众对国家的印象、看法、态度、评价的综合反映,是公众对国家所具有的情感和意志的总和。国家形象是存在于国家传播中社会公众对国家的认识和把握,是公众作为主体感受国家客体而形成的复合体,以及国家行为表现、形状特征、精神面貌等在公众心目中的抽象反映和公众对国家的总体评价和解读。"

　　有的学者将国家形象的概念界定在对外形象上,认为国家形象作用于他国舆论和公众。而管文虎、孙有中、刘小燕等三位学者强调国家形象的两面性,认为国家形象是一个综合体,它是社会公众(包括国内和国外)对一个国家的总体评价和认定。

　　本文认同刘小燕等学者关于国家形象"自塑"和"他塑"的观点,并通过此次

---

① 李寿源:《国际关系与中国外交——大众传播的独特风景线》,北京广播学院出版社 1999 年版。
② 刘继南:《大众传播和国际关系》,北京广播学院出版社 1999 年版。
③ 管文虎:《国家形象论》,四川成都科技大学出版社 2000 年版。

研究对比分析外国媒体与本国媒体对我国相同事件的报道,具体以中外媒体对上海世博会的报道为例,通过比较分析《人民日报》海外版和《纽约时报》的相关报道得出结论,为中国塑造良好的国家形象提出自己有见解性的、实际可操作性的建议和措施。

(二)国家形象的作用

关于国家形象在国际交往中的作用,上海外国语大学新闻传播学院副教授郭可在《当代对外传播》中曾比较全面且具体地列举了六个方面的作用:(1)在国际舞台上的发言权。一个国家在国际上的声誉将直接决定其在国际交往中发挥作用的大小,一个没有声誉的国家在国际上肯定是孤立的。(2)融资能力。一个国家在国际市场上的融资能力是和一个国家的形象密不可分的。(3)吸引外资的能力。外商投资首先关心投资环境,只有稳定的社会才能更大地吸引外资。(4)吸引外国游客的能力。一个国家在旅游者心目中的形象,对吸引外国旅游者具有决定性的作用。(5)开拓外贸的能力。在企业寻找贸易伙伴时,对方国家的形象常常起着潜移默化的作用。(6)影响到不同国家的人际交往。一个国家在国际上的形象影响着国民的心理,从而在很大程度上决定着不同国家的人在相互交流中的行为方式、方法。①

本文认为,国家形象的好坏,不仅会影响各国政府、组织和人民的交往形式,而且能左右一个国家的外交、军事政策,或促进交流,或引发误解甚至国际冲突,从而影响世界的稳定和发展。总体来说,国家形象决定了一国所处的国际舆论环境,进而影响到一国的外交政策能否顺利推进,并决定了该国的国家发展与生存空间,归根结底会影响到一个国家国家利益的实现。特别是在全球化时代,国家形象的作用更不容忽视,它时刻在凸显一个国家在国际社会中的影响、作用与国际话语权,时刻在凸显一个国家的民族地位与一个时代的文明高度。

(三)国际传播对塑造国家形象的重要性

1. 国际传播的定义

关于国际传播的定义,中外学者有不同的见解,各自从不同角度进行了概括,其主要代表观点简述如下:

《宣传舆论学大辞典》中对国际传播的定义是:"国际传播指国家与国家之

---

① 郭可:《当代对外传播》,复旦大学出版社 2003 年版。

间的信息交流活动,尤指以其他国家为对象的传播活动。"①

罗伯特·福特纳在《国际传播——全球都市的历史、冲突及控制》一书中指出:"国际传播的简单定义是超越各国国界的传播,即在各民族、各国家之间进行的传播。"②

张桂珍教授从传播介质、范围和性质对国际传播的定义进行了归纳,她认为,所谓"国际传播",表现更多的是利用大众传播的交流,即特定的社会集团通过印刷传播(报纸、书刊)或者电子传播(电影、广播、电视)面向受众的社会范围最广的传播,它是世界各国、各地区经济、文化发展综合实力的一个局部的具体的体现。③

刘继南教授与张桂珍教授持相似观点,只是把传播介质归纳为"大众传播媒介",将传播范围确定为"跨国传播或全球范围传播"。国际传播是一项内涵非常丰富的活动,既有个体传播也有大众传播,既包括向国际传播本国信息,也包括向本国传播国际信息。

本文比较倾向的定义是:国际传播是指以民族、国家为主体而进行的跨文化信息交流与沟通。国际传播有广义和狭义之分。广义的国际传播是指国与国之间的外交往来,包括首脑互访、双边会谈以及其他相关事务。狭义的国际传播是指"以大众传播为支柱的国与国之间的传播"。本文要讨论的国际传播主要是狭义的国际传播范畴。

2. 国际传播对塑造国家形象的重要性

在讨论国际传播对塑造国家形象的重要性前,我们首先来考察国家形象传播的过程与实现。

国际传播是跨国间的政治、经济、军事、文化、意识形态等的交流和扩展。④国家形象传播与其他国际传播类型一样,甚至比其他国际传播更容易被媒体"议程设置",从而使得国家形象的"源像"以及传者的初衷受到不同程度的削弱,使得受众所接收到的"国家形象"是被"N 次变形的结果"。⑤ 在以塑造良好国家形象为目的的国际传播中,国家是传播的主体。中国想要在世界公众中传达一个积极的国家形象,必须通过国际传播的手段有针对性地、真实地、真诚地传递我国的有效信息。

---

① 刘建明:《宣传舆论学大辞典》,经济日报出版社 1993 年版。

② 〔美〕罗伯特·福特纳:《国际传播——全球都市的历史、冲突及控制》,刘利群译,华夏出版社 2000 年版。

③ 张桂珍:《中国对外传播》,中国传媒大学出版社 2006 年版。

④ 刘继南、何辉等:《中国形象——中国国家形象的国际传播现状与对策》,中国传媒大学出版社 2006 年版。

⑤ 刘继南、周积华等:《国际传播与国家形象》,北京广播学院出版社 2002 年版。

1999 年，时任中国国家主席江泽民同志第一次全面、系统、明确地提出了我国的国家形象学说，他首次把塑造我国国家形象问题提到国家对外战略的重要位置。在此背景下，科研机构、高等院校、新闻传媒及相关部门出现了一批专门研究国家形象问题的学者。2008 年和 2011 年国务院新闻办先后两次推出国家形象宣传片，第一次谨慎，第二次自信，主动出击塑造我国繁荣发展、民主进步、文明开放、和平和谐的国家形象，标志着我国国家公关时代的到来。①

从国家形象传播的过程（见图 1）中我们可以看出，国家形象在接受者形成印象之前，经历了 N 级形变，影响这种形变的因素有很多，怎样进行国际传播，国际传播进行得怎样，都是至关重要的因素。国际传播的主旨就在于通过文化信息和价值观念的对外投射和相互流通，产生"文化（吸引）力"，激发他国的认同感（乃至敬畏感），建构起与他国之间积极（友好）的身份认同关系；在获得国际社会的积极肯定和认可中树立起良好的国际形象、确立起应有的国际威望。一个国家需要通过国际传播来影响国际舆论，努力让国际公众对本国产生认同，消除误解，提高本国在国际社会的影响力，进而为本国的发展、战略意图的实现、国家利益的达成创造良好的氛围和条件。

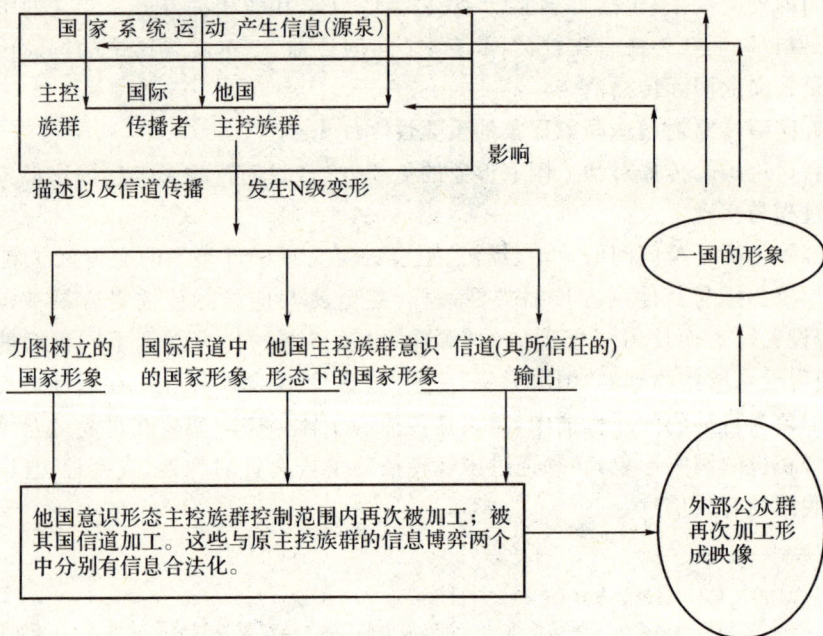

图 1　国家形象传播的过程

---

① 百度百科网：http://baike.baidu.com/view/5076455.htm/ http://baike.baidu.com/view/4011071.html? wtp=tt。

总而言之,在信息时代,人们对一个国家的认识主要是靠大众传播,其中国际传播对塑造一个国家的形象起着主导作用。国家形象(主要指国家的国际形象)的获得和传递,都需要通过国际传播来进行,国际传播对一个国家树立本国形象和他国形象都具有非常重要的意义。

二、"两报"在世博会报道中对中国国家形象传播的比较分析

《人民日报》是国家级的中共中央机关报,也是中国第一大报,在中国与世界都具有极高的权威性,其对中国的报道可以说是最权威的。《人民日报》海外版自 1985 年创刊以来就是海外人士了解中国、中国了解世界的窗口,是沟通海内外交流与合作的纽带和桥梁。因此选取这一媒体作为本研究的样本,十分恰当。《纽约时报》作为美国第一大纸媒,同样具有国际传媒的代表性和权威性。因此本文分析不仅是两大国际传媒的理念与传播思维的具体对比,也体现了中美这两个世界大国在国际传播中不同的战略思路和国家文化特征。因此,这一比较分析体现了理论思考和理论价值的重要性与客观性。

(一)本文的比较分析设计

1. 研究样本

本文选取的样本来源是《纽约时报》和《人民日报》海外版,选择了 2010 年 1 月 1 日至 2010 年 12 月 31 日期间"两报"关于上海世博会的相关报道进行对比分析。通过对"两报"上海世博会报道的报道篇幅、报道主题、报道议题、消息来源、感情色彩、头版头条等方面进行分类汇总、比较分析,得出如何运用国际传播原理来塑造我国良好的国家形象的研究结论。

2. 研究方法

本文的研究主要是文献资料法、内容分析法①、语篇分析法②。通过这些研究方法对研究样本进行分类分析,得出本文想要阐述的问题。

文献资料主要体现在样本选择了 2010 年《纽约时报》和《人民日报》海外版对上海世博会的报道。内容分析以有所选择的较重要的文章进行内容鉴别比

①　[美]迈克尔·辛格尔特里:《大众传播研究:现代方法与应用》,刘燕南等译,华夏出版社 2000 年版。

②　李彬:《大众传播学》,中央广播电视大学出版社 2000 年版。

较,突出不同内容体现的传播意义和价值。语篇分析以不同的话语词汇,突出两大传媒的不同传播价值取向和对中国国家形象的不同理解与关注。

3. 研究重点

本文通过对 2010 年《纽约时报》和《人民日报》海外版的上海世博会报道内容和语篇的比较分析,从国际传播的角度来研究如何构建中国良好的国际形象问题。

4. 研究难点

国家形象的构建是一个非常复杂的体系,不光涉及新闻传播学,更与社会学、哲学、文化学、历史学等学科息息相关。而国家形象与国际传播原理也是一个相对复杂的系统,由于笔者学术水平的限制,研究结论难免有疏漏。本文选取《纽约时报》和《人民日报》海外版截取 2010 年度的上海世博会报道作为深度解读的对象,也只能在一定程度上反映部分国际形象传播现状,从中得出的我国国际形象的定位和国际传播的策略,是否具有普遍性和适用性,仍有待更深入的研究和探讨。

5. 研究意义

当前,中国综合国力正不断增强,国际地位日益提高,融入全球化的程度越来越深,对全球政治、经济、外交等方面的影响也越来越大,这些都为塑造中国良好的国家形象打下了坚实的基础。塑造良好的国家形象,正逢其时。但是中国此前在塑造自身形象方面的工作做得还不够。良好国家形象的塑造,是"自塑"和"他塑"的综合成果。近年来中国已经渐渐走出了单向传播的禁锢,主动出击,争夺世界话语权。但仍然不能忽视外国媒体对中国国家形象的塑造分析,这不是简单的"见招拆招",而是要用一种积极主动的心态来分析外媒报道中国的方式和影响,从中寻找其对中国自身主动报道的启示。2008 年国务院新闻办启动我国国家形象系列宣传片,主动出击塑造我国繁荣发展、民主进步、文明开放、和平和谐的国家形象,这既标志着我国国家公关时代的到来,也赋予了这一课题更加现实的意义。

(二)"两报"上海世博会专题报道的数据分析

本文试图从报道篇幅、报道主题、报道议题、感情色彩、头版头条等方面对《人民日报》海外版和《纽约时报》的上海世博报道进行对比分析。

1. 报道篇幅

本文对"两报"世博会报道的研究是从 2010 年 1 月 1 日开始的,到 2010 年 12 月 31 日结束,时间跨度长达一年,其中《纽约时报》在此期间涉及上海世博会报道的文章共有 26 篇,《人民日报》海外版的上海世博会报道则多达 1131 篇。

在此,笔者按照时间顺序将 2010 年的报道分析分成三个部分(见表 1):

表 1　《人民日报》海外版、《纽约时报》报道篇幅比较　　（单位:篇）

	《人民日报》海外版	《纽约时报》
第一阶段:上海世博会筹备阶段 （1 月 1 日—4 月 21 日）	353	6
第二阶段:上海世博会进行阶段 （4 月 22 日—10 月 31 日）	676	16
第三阶段:后世博会阶段 （11 月 1 日—12 月 31 日）	102	1
总计	1131	23

第一部分为上海世博会筹备阶段(2010 年 1 月 1 日至 2010 年 4 月 21 日)。

自从 2002 年 12 月 3 日上海世博会申办成功之后,全世界对上海世博会的关注就一直没有停止过。尤其是作为我国对外传播重要渠道的《人民日报》海外版更是在离上海世博会正式开幕还有一年多的时候(2008 年 12 月 24 日)就创办了《上海世博特刊》,专门开辟了一个展示上海世博会风采的平台。《上海世博特刊》从世博会的申办、上海市的筹办、各大馆的建设以及世博经济、社会效应等各个方面对上海世博会进行了全面、细致而深入的剖析和解读。从数量上来说,第一阶段中《人民日报》海外版的世博会报道共有 353 篇,占 2010 年总报道数量的 31%,在前期的报道中可谓占尽先机,为海内外读者奉上了精美的"世博盛宴"。

在世博前期,相对于《人民日报》海外版铺天盖地的宣传,《纽约时报》关于上海世博的报道可谓是少得可怜。在第一阶段,《纽约时报》只有 6 篇相关报道,对上海世博会的整体关注程度不高。

第二部分为上海世博会进行阶段(2010 年 4 月 22 日至 2010 年 10 月 31 日)。

《人民日报》海外版在此阶段内有关上海世博的报道数量为 676 篇,占 2010 年一整年上海世博会报道的 60%。上海世博会在 4 月 22 日开始试运行,报道的数量也随之与日俱增。尤其是对开幕式和闭幕式等重要事件进行了大篇幅的报道。

《纽约时报》关于上海世博会的报道多集中在此期间,在开幕式前后达到高潮,然后报道数量呈现出急剧下降的趋势。16篇相关报道中有两组专题报道,日期分布在4月29日和4月30日。

第三阶段为后世博会阶段(2010年11月1日至2010年12月31日)

2010年10月31日,为期184天的上海世博会成功闭幕。但是对于世博的报道仍然没有完全中断,人们在这一时期更多关注的是各国馆的去向、后世博会效应的体现等问题,在此期间《人民日报》海外版仍有102篇报道。

《纽约时报》在后期的报道就寥寥无几了。只有在11月3日有篇题为 *Shanghai Expo Sets Record With 73 Million Visitors* 的文章,除此该年再无关于上海世博会的报道。

2. 报道主题

新闻报道的主题是读者最为关心的方面。同一事件在不同报纸中所呈现的不同侧面,则反映出了不同报纸的定位和报道倾向。对新闻内容的取舍最能体现一份报纸的编辑意图和倾向。首先,我们对上海世博会报道所涉及的内容主题做一个大致的分析梳理,将其分为政治、经济、社会、文化等几大类。如果一则新闻涉及两类以上不同内容,则以其最主要的一类新闻内容为准,将其归入相应的类别。

政治方面的报道主要围绕中国政府在上海世博会筹办中的政治动员,以及参加上海世博会的重要国际领导人的活动等。经济报道突出上海世博会所展示的中国经济实力、世博会的经济辐射影响以及国际经贸关系等。社会报道主要围绕世博会前期筹备中对中国市民的影响展开。文化报道主要围绕世博会涉及文化方面的内容展开,如上海世博会开幕式文艺演出、世博会所展示出的中国文化等。在这四类报道主题中,《纽约时报》关于上海世博会的报道以文化报道数量最多,共计13篇,占总量的52%,经济和政治报道则相对较少(见图2)。

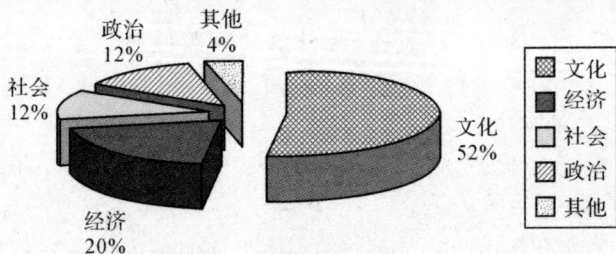

图2 《纽约时报》报道主题分布

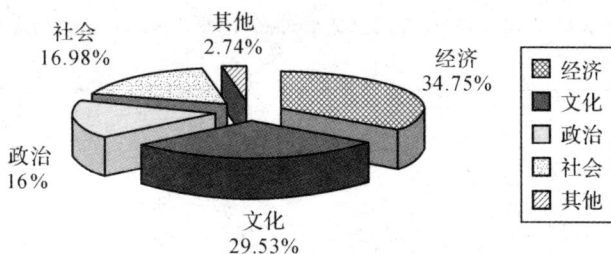

图 3　《人民日报》海外版报道主题分布

表 2　《人民日报》海外版、《纽约时报》世博会报道主题分布

（单位：篇）

	《人民日报》海外版	《纽约时报》
政治	181	3
经济	393	3
文化	334	13
社会	192	3
其他	31	1
总计	1131	23

　　我们从图 2 和图 3 中可以很直观地看出，《人民日报》海外版在报道主题上，占比重最大的是经济，而《纽约时报》关注更多的则是中国的文化。

　　由表 2 和图 2 可得，《人民日报》海外版为读者呈现的关于世博会的内容涉及了中国政治、经济、社会、文化等方面，向全世界和中国人民展示了崭新的中国形象和世界各地的文化。上海世博会的成功举办，不仅让中国人更加了解世界，最重要的是使全世界的人们更加关注中国。中国这一有着五千年文明的古老国家不再只是"蒙着面纱微笑的蒙娜丽莎"，她正向世界人民诉说着中国的古老与时尚。

3. 新闻报道的感情色彩

　　新闻报道的感情色彩，很多学者又称为新闻的报道方式，对感情色彩的分析，是为了研究"两报"对上海世博会报道的倾向性问题。

　　按照感情色彩的划分，本文将"两报"涉及上海世博会的报道分为正面报道、中性报道、负面报道。划分标准为：

　　正面报道，指赞扬上海世博会或赞扬中国的报道，有明显的褒扬词汇；

　　中性报道，客观地陈述事实，看不出很明显的倾向性的报道；

　　负面报道，批评上海世博会或批评中国的报道，有明显的批判词汇。

表 3　《人民日报》海外版、《纽约时报》世博会报道感情色彩比较

(单位:篇)

	《人民日报》海外版		《纽约时报》	
	报道数量	所占百分比	报道数量	所占百分比
正面报道	778	68.8%	5	22%
中性报道	326	28.8%	15	65%
负面报道	27	2.4%	3	13%
总计	1131	100%	23	100%

　　由表 3 可以看出,《人民日报》海外版对上海世博报道以正面和中性报道为主,秉承了我国官方媒体以"正面宣传"为主的一贯做法。

　　《纽约时报》的报道也多以中性和正面为主,相关报道共计 20 篇,占到 87%;负面报道共计 3 篇,占 13%;正面报道 5 篇,占 22%,客观报道 15 篇,占 65%。在世博会开幕式期间,《纽约时报》的三篇专题报道相对还是比较正面。

　　4. 头版头条

　　报纸认为某一事件是当天最重要的新闻时才会把该事件搬上头版头条,从头版头条中我们可以明确地知道新闻编辑对该新闻事件的重视程度。

　　2010 年《人民日报》海外版的上海世博会报道多集中在《上海世博特刊》(第9、10 版)、头版、第 4 版"要闻·社会"版,分别占 30%、17%、15%。而《纽约时报》没有在头版出现上海世博会的报道,基本出现在亚太版块上。不过在《纽约时报》的官方网站首页却关注了上海世博会的开幕情况,认为世博会为处在世界聚光灯下的上海掀开了新的篇章。在同一天的《纽约时报》中有这样的报道,"世博会近些年来或许已经失去昔日的光彩,但中国试图为其抹去灰尘,在它的第二大城市上海举办一场可以和 2008 年奥运会相媲美的盛会,令世博会重新大放异彩"。相比较而言,《人民日报》海外版体现出了比《纽约时报》更突出的报道版面与分量。

　　各国媒体机构都把为国家服务当作自己应尽的责任和义务,即使在信息时代和多元化社会也是如此,因为"无论如何,离开了他们集体脑海中的有关国家、社会及相应机构的复合画面,新闻从业者便无法进行新闻判断"。[①] 美国学者甘斯也指出,"新闻的首要目的源自新闻从业者作为国家与社会建构者与符号场域的管理者等功能。因此,新闻的最重要的目的是为符号场域与公民阶层提供有关国家与社会的全面的、典型的图像(或建构)"。而各国的新闻都是具

---

① [美]赫伯特·甘斯:《什么在决定新闻》,石琳、李红涛译,北京大学出版社 2009 年版。

体的,都具有政治性,都离不开价值判断。因此"新闻从业者力图客观,但无论是他们还是任何其他人,最终都不可能离开价值行事"。① 美国新闻中的恒久价值包括"民族优越感,利他的民主,负责任的资本主义,小城镇的田园主义,个人主义,温和主义,社会秩序以及国家领导权"。我国同样倡导"在新闻报道中,要弘扬爱国主义、集体主义、社会主义的主旋律,动员和团结全国各族人民投身到建设祖国、振兴中华的伟大事业中来"。从对"两报"上海世博会报道的比较中,我们也能知道,为什么同一事件在不同国家的媒介上出现的形象差距会如此之大。

(三)"两报"上海世博会专题报道的特点分析

1.《人民日报》海外版的报道特点

《人民日报》海外版对上海世博会的报道,采用创新报道思路和传播理念,努力为读者展示上海世博会的盛况,搭建世界不同国家文明之间的沟通桥梁。笔者总结出《人民日报》海外版的世博会报道有以下几个特点:

(1)报道规模空前。上海世博会的整体报道从 2008 年 10 月 24 日《上海世博特刊》创刊之日开始启动,4 月 1 日世博会倒计时 30 天起进入冲刺阶段,5 月 1 日世博会开园达到顶峰,之后进入常规报道阶段。此次世博会报道前后,共发表世博会相关报道 1131 篇,并含有上百期世博特刊报道。早在 2008 年,报道方案的策划工作就已开始,针对世博会的重要节点进行了分阶段报道的整体设计。

(2)平稳中见亮点。针对上海世博会参展时期长,参展国家和地区多,参观人数之多史上未有的情况,《人民日报》海外版进行了提前规划和有效引导,使得此次报道突出体现和谐世博、文明世博的理念,高潮迭起,亮点迭出。精心设计了 4 月 30 日、5 月 1 日的世博会开幕式、开园式等重大报道,手法新、效果好、影响大。这些报道立足世博、放眼全球,既体现中国当下经济、政治形势和未来的发展方向,又着眼于舆论引导力和国际影响力。

(3)国际视野传播中的中国文明。上海世博会是在我国举行的全球文明盛会,"国际视野、中国视角"自然成为世博会报道的一个基本特征。《人民日报》海外版从 2008 年 10 月 24 日开始,每周五通过《上海世博特刊》深入介绍和展示各个参展国家独特的民族文化和经济科技发展亮点,使观众做到"足不出户,看尽世博,了解世界"。报道深入浅出、通俗易懂,拉近了普通民众与世博会的距离。

---

① 〔美〕赫伯特·甘斯:《什么在决定新闻》,石琳、李红涛译,北京大学出版社 2009 年版。

2.《纽约时报》的报道特点

相对于《人民日报》海外版铺天盖地的宣传报道,《纽约时报》的关注热情就没有那么高了,依笔者观察,《纽约时报》的报道特点有如下几点:

(1)整体关注不大,关注热情随着世博的进行逐渐衰减。本文选取了《纽约时报》2010年一年期间的世博相关报道共计23篇。从总数上来看,跟《人民日报》海外版的1131篇相去甚远,在这一年中每月平均报道还不到2篇,由此可以认为,《纽约时报》对上海世博会的关注程度整体不高。

在相对集中的报道时期内(即世博会试运行及世博会进行前期),《纽约时报》也只有16篇报道,在4月份世博会试运行期间,《纽约时报》报道数量相对较多,形成关注的前置效应。等到5月份世博会开幕则是《纽约时报》世博报道的高峰,之后随着时间的推移报道数量逐渐减少,6月、7月、8月、9月、10月、11月的报道篇幅分别为2篇、0篇、0篇、1篇、0篇、1篇。

(2)报道态度整体以中性为主,相对奥运报道更趋客观和中性。《纽约时报》的报道多以中性、客观为主,相关报道共计18篇,占到78%。此前上海外国语大学中国国际舆情研究中心对全球重要媒体关于北京奥运会的报道倾向和报道态度的研究结果显示,全球重要媒体对北京奥运的报道态度仅30%为中性和客观,70%为负面报道态度。由此可见,相对于奥运报道,国际媒体对上海世博会的报道态度更趋客观和中性。在世博会开幕式期间,《纽约时报》在4月27日、29日、30日连发三个专题报道,将世博报道推向了高潮。但是负面选题仍是《纽约时报》世博会报道所不能完全避免的。

(3)报道主题以文化为主,经济和社会报道相对较少。在四个报道主题中,《纽约时报》关于上海世博会的报道以文化报道数量最多,共计13篇,占到52%,经济和政治报道则相对较少。在西方记者的眼中,上海的"里弄"(traditional lanes known as lilongs)、"西式洋房"(western-style building)、上海市民穿"睡衣"(pajamas)上街、"中式英语"(Chinglish)都是一种值得保护的独特的上海文化符号。可是上海为了更好地融入国际环境,也是为了表现对外国友人的热情,禁止上海市民穿睡衣上街、逐渐抹去中式英语的痕迹,使得许多上海记忆逐渐消失,十分遗憾。

本文语篇分析重在语句词汇与篇章内容的分析,突出其传播的影响效果与理论价值。特别是《人民日报》海外版的《上海世博特刊》和《纽约时报》的《亚太报道专题》,都是有关世博会报道的重头戏,其相应的形式,不同的内容,体现出了"两报"不同的风格与价值取向,不同的关注重点与目标。

四、以上海世博会为例看如何在国际活动中塑造良好的中国国家形象

(一)从《纽约时报》世博会报道中看国家形象的传播经验

非本土国家媒体对国家形象的报道并不是媒体的日常内容,但涉及一个国家经济社会的报道,特别是大事件的报道,都会反映出该媒体的价值取向与新闻理念。《纽约时报》作为世界知名的媒体,不仅代表着美国的主流社会价值观,也代表了西方传媒对中国的基本态度与认识,同时也体现了这一媒体在国家形象与国际传播方面的成熟经验和可资借鉴的方法。

1. 传播视角,即报道角度

在上海世博会期间《纽约时报》特别偏重文化主题,即多把眼光盯在上海世博会的文化意义上,其文化报道数量最多,共计 13 篇,占到 52%,经济和政治报道则相对较少。但仔细考察,其文化报道中也有着相应的政治倾向,这就是从文化中折射中国政治与社会现实,大都有过于挑剔与负面偏向。如对上海的"里弄"、"西式洋房"、上海市民穿"睡衣"上街、"中式英语"等方面表现出异乎寻常的兴趣,认为它们都是一种值得保护的独特的上海文化符号。与此不同的是,在对世博会开幕式的报道上,表现出了《纽约时报》难得的赞扬与惊叹。可见,文化视角成了《纽约时报》理解一个国家形象与人民精神面貌的重要内容,一个常态的视角。

这种视角从传播角度说,比较容易被受众接受,因为不同文化背景下,受众对文化的认知兴趣相对较浓厚,这也可避免对一个国家的政治做出简单评判,是比较巧妙的做法,也较容易产生良好的传播效果。因此,文化视角应该是国际传播一个有意义的经验与借鉴。

2. 平民视角,即关注百姓生活

文化视角带来的就是日常生活的细节,这些细节通过普通百姓生活中捕捉体现,它们构成了吸引受众的生动内容。《纽约时报》一贯重视"民生",往往通过普通百姓的生活与言行,表达其政治倾向,表达对一个国家国家形象的解读。在上海市对市民提出不要穿睡衣上街的要求中,《纽约时报》却到处捕捉这样的生活画面和事例来进行报道,正是体现它的"民生"视角。

以平民为视角,通过百姓生活来传播国家形象,这不失为又一个有意义的借鉴,也是一条成功的经验。我们的新闻报道往往太过政治化,在一些重大的

问题上说空洞的话,不用生活细节和普通人的言行来表达更深层的政治意义,这都值得中国传媒深入反思。

3. 故事化写作,把褒贬置于故事中

故事化写作一直是西方传媒颇为重视的写作技巧,《纽约时报》更是善于运用这一方法,它的大量报道都会寻找一个故事或一些细节来表明态度与倾向。比如它认为上海城市生活中正在逐渐抹去"中式英语"的痕迹,使得许多上海记忆逐渐消失。这种说法确实能让受众感到震撼,引发读者思考,从而更加深入地去感受一个国家的文化变迁。故事化的写作不仅提供了较好的阅读文本,而且让人感受到了一定的政治倾向与褒贬意义。

以上三条是《纽约时报》在上海世博会报道中隐含的国际传播经验,应该引起我们的深思,也颇值得我们借鉴。

(二)我国应如何借助国际活动来传播良好国家形象

借助大型国际活动,着力宣传并传播良好的国家形象,是一个国家政府的重要工作,更是一个国家新闻传媒界应该做好的专业职责。近年来,中国举办的大型国际活动众多,而且有不断增多的趋势。如 2008 年的北京奥运会,2010 年的上海世博会,2010 年的广州亚运会,2011 年的西安园博会和深圳世界大学生运动会,等等。如何利用大型国际活动,传播好国家形象,实际上是一个国家的国际传播战略问题。本文认为,以下几点十分重要:

1. 明确国家形象定位,系统地传播国家形象

深入了解我国国家形象的内涵,明确国家形象的定位是有效进行国际传播的第一步。关于要树立什么样的国家形象,早在 1999 年,江泽民同志就已经在全国对外宣传工作会议上明确地提出了树立中国良好国际形象的问题,他说:"要充分展示中国人民坚定不移地走自己的道路、实现社会主义现代化的形象;充分展示中国人民坚持实行改革开放的形象;充分展示中国人爱好和平的形象;充分展示中国人民为维护安定团结和实现繁荣富强而不懈奋斗的形象;充分展示中国人民依法治国,建设社会主义法治国家的形象。"2007 年 3 月 5 日温家宝同志在第十届全国人民代表大会第五次会议上所作的政府工作报告中指出:"我们要大力开展经贸、科技、文化、教育、体育等领域的对外交往与合作,增进同世界各国人民的了解和友谊,树立中国和平、民主、文明、进步的形象。"其中,"树立中国和平、民主、文明、进步的形象",就是当今中国国际形象的目标定位。

一个国家形象的定位具有一定的稳定性,在较长的一段时期内我国对外传播的指导思想都围绕着树立中国和平、民主、文明、进步的中国形象。而 2010

年上海世博会是继 2008 年北京奥运会之后又一次展示我国形象的绝佳时机，系统地传播我国形象就成了其题中应有之意。早在 2008 年 10 月 24 日，《人民日报》海外版就开辟了专门的《上海世博特刊》。在对上海世博会进行全方位报道的同时，也向世界展示了一个和平、民主、文明、进步的大国开放形象。可以说，《人民日报》海外版在这次世博会报道中交出了完美的答卷。

2. 建立专门机构，拓展传播渠道，促进国家形象的传播

国家形象的塑造是一个复杂庞大的系统工程，需要国家各有关部门长期协力打造，这就需要建立一个专门的权威机构进行统筹规划。许多国家都设有类似的专门机构，2003 年 1 月，美国成立了"全球传播办公室"（Office of Global Communication，简称 OGC），其主要目的是"协调海外传播策略"，传达"清晰而有力的信息"、"整合美国总统的理念以及美国的政策和价值观"，从而"防止误解与冲突"，更好地保证"国际受众的知情权"，为美国赢得了广泛的国际舆论支持。2009 年 1 月，韩国成立国家品牌委员会，由这个直属于总统办公室的咨询机构来负责国家形象的整体建设和提升工作。有了专门的国家形象传播管理机构，国家形象的塑造、传播、巩固才能事半功倍。然而，即使在国务院新闻办公（厅）室启动国家形象宣传片之后，我国也还没有一个专门的部门来统筹国家形象建设工作，这说明我国离真正的国家公关时代还有一段距离。

现代社会受众获取信息的渠道是非常广泛的，仅从媒介上看，就有传统的报刊、杂志、广播、电视等，还有使用范围更广的互联网、手机客户端，等等。既然受众获取信息的渠道如此多样，传播媒体就更加需要根据不同渠道的特点进行不同内容的编辑，借以使传播效率得到更有效的提高。针对使用不同渠道的受众分析，根据受众特点进行内容和形式上不一样的传播，将会使信息有效到达率大大提高。改革开放以来，我国经济实力的发展不容小觑，科学技术也有了长足的进步，但是在传播渠道上却依旧落后于西方发达国家，因此如果想要更有效地利用国际传播来塑造我国良好的国家形象，针对不同渠道进行不同传播内容和形式的策划将是一个非常重要的环节。

3. 摆正心态看待负面事件和外国的负面报道

国家形象的国际传播不可避免地存在很大程度上的误读，这种误读可能是有意误读、无意误读和两者之间的交叉误读。中国形象被其他国家误读的外部原因主要有：第一，国家利益之间的差异；第二，意识形态之间的对峙；第三，不同文化之间的沟通障碍；第四，消费主义的需求；第五，政客拉选票的伎俩；第六、思维定势的巨大惯性。既然偏差在所难免，那么我们应当摆正自己的心态，正确对待西方媒体对我国的负面报道。首先，如果是不顾事实真相的歪曲报道，我们就要坚决予以揭露和澄清事实真相。其次，如果是一些客观报道中国在社会发展中遇到的问题和矛盾,我们则应坦然面对,积极应对。我们应当有承认问题的勇气和胸怀,应当有解决问题的信念和手段。作为一个发展中国家,我们必须承认自身发展中还存在许多问题,这也决定了我们的国家形象不可能都是好的,在国际报道中肯定会有负面的内容,一味去追求完全正面的国家形象只能让自身背负太多重担,从而影响国家利益的最大化实现。

4.利用西方媒体,塑造我国形象

西方主流媒体之所以对塑造我国国家形象具有举足轻重的作用,是因为在全球化背景下依旧存在"西强我弱"的国际舆论态势。我们要学会利用西方媒体,加强双方的合作,借助它们在国际新闻界的垄断地位来传递中国的声音。从北京奥运开始,我国逐步放宽了国外记者对中国报道门槛,把国外媒体正大光明地请进来,给它们以全方位报道中国的机会,还可以与驻华外国记者进行沟通联系,为其采访活动提供方便,帮助他们获得具有新闻价值的线索和新闻内容,争取他们对我国进行客观、真实的报道。另外,随着中国综合国力的提高,中国传媒在国际上的影响力也应该相应提高。

国家形象需要以强大的国际传播实力作为后盾,需要以统筹兼顾的传播管理作为支持,并且需要根据公众对国家形象认识的变化,以及国家发展现实情况的改变,乃至世界局势的变化,不断修整方向,不断调整传播策略。为了能更有效地表达中国的声音,公正地、准确地塑造我国的国家形象,我国的国际传播能力必须获得极大的提高。

五、结　语

国家形象的传播意义深远。中国国家形象的传播任重道远。通过对2010年上海世博会期间《人民日报》海外版和《纽约时报》这两大报纸相关报道的对照分析,我们充分地看到了中国国家形象在中西传媒中不同的定位与价值取向。一个和平崛起的中国,需要向世界传播良好的国家形象;一个对世界有更大贡献的中国,应该有更好的国际形象建构。我们只有从本国实践出发,不断发出中国的重要信息,不断促进世界对中国社会的正确认识与感受,才能更好地促进中国国际形象的树立和传播,有于益世界人民对中国的认识。同时我们也要兼容并蓄,以更加开放的姿态和心理,以更加积极的行动与努力,求大同存小异,与世界和谐相处,与世界共同进步。促进中国国家形象在世界上的传播与影响,必将能更好地推进中国特色社会主义建设事业,加快实现中华民族复兴的宏图伟业。

基于语料库的个体传播与国家形象的互动路径探究

——以姚明个体传播为案例

赵 凌 *

一、引 言

2002 年,中国篮球运动员姚明成为美国 NBA(全国篮球联赛)状元秀,作为首位 NBA 状元秀的中国篮球运动员,姚明开始了在美国不寻常的篮球之旅。姚明,作为一个个体形象,也开始与中国国家形象发生了多元的关系。2011 年,姚明宣布因为伤病正式退役,结束了 9 年的 NBA 篮球生涯。在这 9 年中,姚明作为一个中国人,成为联系美国与中国的纽带,无论商业交流还是文化交流,姚明都成为学界和业界关注的焦点。

作为一个在 NBA 打球的中国人,姚明到底与中国形象有何种关系,这种关系是如何产生的,对今后中国国家形象的国际传播有怎样的启示? 这是姚明参与国际传播,无论是主动或是被动,带给传播学界的一个现实问题。本研究通过《纽约时报》对姚明的报道,利用语料库和语料库检索软件 Wordsmith4.0,研究姚明个体传播与中国国家形象传播的关系。

---

* 赵 凌:浙江大学传媒与国际文化学院博士研究生,浙江传媒学院国际文化传播学院讲师。

① [美]罗伯特·福特纳:《国际传播:地球都市的历史、冲突及控制》,刘利群译,华夏出版社 2000 年版。

二、国际传播与国家形象

国际传播是指超越各国国界的传播,即在各民族、各国家之间进行的传播。①在这样一个宽泛的概念下,国际传播涉及了许多领域。国际传播与国家形象就是其中一个,刘继南联系当前中国对外传播的背景,把国家形象与国际传播进行了结合,认为国家形象的信息主要依赖于国际传播。① 李少南也早在1994年,就提出了国家形象的八种国际传播渠道,集体或个人行为就是其中一种。②

这些理论,站在一定的高度对国家传播和国家形象做了阐述,但通常只是把集体或个人行为作为国际传播的一个分支,在涉及个体参与国际传播、建构国家形象方面,没有给出详细的分析。这其中可能有两个原因:(1)个体参与国际传播的相关资料太杂太泛,缺少有效的研究方法;(2)个体参与国际传播是否具有典型性,即是否有规律可遵循,且对将来的个体国际传播是否具有一定的启示,等等,研究得还很不够。

基于这两个原因,本文尝试使用语料库研究方法,在建立姚明新闻语料库的基础上,利用语料库检索工具,尝试挖掘姚明作为个体参与国际传播的过程,并在此基础上探索个体传播与国家形象的互动路径。

三、语料库方法与《纽约时报》姚明新闻报道语料库

语料库方法是目前语言学和话语研究比较常用的一个方法。现在对文本的研究主要采用质化研究和内容分析的方法,这种方法有利于对文本及生产的意义过程进行详细阐释与说明。这种方法往往建立在抽样、阅读与分析的基础之上。但许多历史文本由于数量繁多,在抽样的过程中会产生较大的误差。而语料库方法则弥补了这方面的不足,首先通过资料收集建立语料库,在语料库基础上,利用语料库检索软件 Wordsmith4.0 对语料库的语言及内容特征进行总体描述,这种量化的方法有利于研究者发现语料库文本的普遍规律与特征,避免人为阅读而引起的主观性观点,同时为了使语料库方法更具有效性,在文本特征的基础上,研究者可以再抽样对具体文本做内容分析。

---

① 刘继南、何辉:《中国形象:中国国家形象的国际传播现状与对策》,中国传媒大学出版社 2006 年版。

② 李少南:《国际传播》,中国台湾黎明文化事业公司 1994 年版。

本文语料库的研究方法主要包括利用 Wordsmith4.0 对建成的语料库做检索与分析,主要用到了两个工具:

第一个工具是 Wordsmith4.0 中的 wordlist(单词列表),通过 wordlist 的排序,可以对整个语料库中的高频词进行迅速定位。

第二个工具是 Wordsmith4.0 中的 collocation(搭配)[①],通过检索对关键词的前后搭配,可以了解关键词的意义及文本状态,进而了解关键词的义本语境乃至社会语境。

本文采用这种量化与质化相结合的研究方法,以《纽约时报》对姚明的报道为分析样本。之所以选择《纽约时报》,是因为对主流媒体进行研究对下文个体国家形象的建构具有一定的参考意义。[②] 有关主流媒体,邵志择认为:主流媒体就是"依靠主流资本,面对主流受众,运用主流的表现方式体现主流观念和主流生活方式"[③],在社会中享有较高声誉的媒介。《纽约时报》无论在资本还是受众与表现方式上,都符合主流媒体的特征,对《纽约时报》的选择具有一定的代表性。

本文以"Yao"作为检索词,搜索 2002 年至 2011 年间有"Yao"的新闻标题,并按照年份,制作了《纽约时报》2002－2011 年姚明报道新闻语料库。

四、姚明新闻语料库研究

在语料库建好之后,本文使用语料库检索软件 Wordsmith4.0 对语料库进行了分析。

(一)2002－2011 年姚明新闻报道频率呈现

首先我们统计了 2002 年至 2011 年《纽约时报》有关姚明新闻报道的篇数,在检索中我们发现,2002 年至 2011 年,《纽约时报》对姚明的报道呈现出一个平稳发展的趋势。

表1

年度	2002	2003	2004	2005	2006	2007	2008	2009	2010	2011
频率	122	154	140	93	106	87	119	87	68	47

[①]　"corcondance"也有被翻译成"检索",如王立非(2007)。
[②]　刘继南、何辉:《中国形象:中国国家形象的国际传播现状与对策》,中国传媒大学出版社 2006 年版。
[③]　邵志择:《关于党报成为主流媒介的探讨》,《新闻记者》2002 年第 3 期。

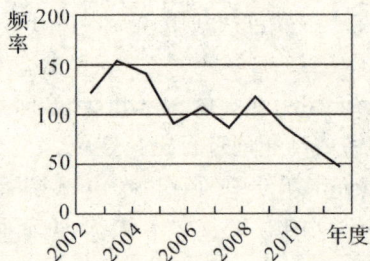

图 1

　　我们把这个频率做成了表 1、图 1,从图表中可以清楚看出,《纽约时报》对姚明的报道并非逐年递增,而是有所波动,并在近几年有所下降。

(二)语料库 wordlist 词频呈现与身份确定

　　Wordlist 是 Wordsmith 的基本功能,主要用于测量语料库中的词频。通过对词频的检索,能够发现被高度关注的事情及其内部的相关联系。在利用语料库检索工具对 2002—2011 年间的 wordlist 进行统计时,去除一些标点、英语助词和无关虚词,在这十年对姚明的报道中,本文找出 14 个高频词,如表 2 所示:

表 2

排序	词	词频
1	Yao	2330
2	China	1741
3	Chinese	1648
4	Rebounds	1585
5	Rockets	1576
6	Coach	951
7	Lakers	875
8	Assists	685
9	Beijing	519
10	Bryant	475
11	Pistons	421
12	President	388
13	Antonio	384
14	Injured	174

在 wordlist 中,频率最高的词主要有两类,一类是姚明的身份,如文化身份中国、北京等;或者是篮球场上的身份与角色,如 Rebound(篮板球),Rockets(火箭队),Injured(受伤)等;另一类是与姚明产生关系的群体或个人,如 Bryant,Coach,Lakers,Pistons 等。

根据上述语料库分析结果,我们可看出,姚明在 NBA 首先是以中国人的身份出现的,这甚至成为姚明一开始引起媒体轰动的原因。从《纽约时报》对姚明报道的频率中可以看出,在 2002 年,当姚明作为中国人进入 NBA 状元秀时,《纽约时报》对姚明的报道数量居十年的第二位,但当时的姚明,无论是球技还是得分,均不是最出色的。姚明后来这样回忆他在印第安纳波利斯步行者主场的首场秀,"那是一个老球馆,球员通道很窄,比赛开场之前我们得排着队从通道里往球场跑,通过窄窄的通道之后,巨大的球场一下子冲到眼前,灯光很亮,我一下子就懵了"。① 为了进一步了解姚明作为个体的传播过程,我们在语料库的基础上,对《纽约时报》有关姚明的报道做了深度解读。

"我就想看看他能否不跳就灌篮,Reeser 说,"他是如此之大,不仅是他的身高,他的小腿也是,他很巨大。"②应该说,姚明在步入 NBA 时,给人的第一印象就是身高。为了保证研究的准确性,本文对《纽约时报》涉及姚明的报道做了随机抽样阅读,发现紧跟在姚明身高 7 英尺 5 后的叙述多为"Chinese",因此我们以"7-foot-5"为检索词,利用语料库中的 collocate(搭配)功能对 2002 年《纽约时报》语料库进行检索,希望能发现《纽约时报》在报道姚明身高时的语言习惯,具体结果如表 3 所示:

表 3

序号	词	检索词	词频	左侧词频	右侧词频
1	THE	7 foot 5	46	31	15
2	YAO	7 foot 5	34	23	11
3	MING	7 foot 5	30	17	13
4	7-FOOT-5 CENTER	7 foot 5	22	0	0
6	CHINA	7 foot 5	13	1	12
7	CENTER	7 foot 5	10	1	9
8	7-FOOT-5 CHINESE	7 foot 5	10	0	0
9	FOR	7 foot 5	6	2	4
10	ROCKETS	7 foot 5	6	3	3
11	WITH	7 foot 5	5	2	3

① 王猛:《平视姚明》,华文出版社 2010 年版。
② "I just want to see if he can dunk the ball without jumping," Reeser said. "He is so big. Not just his height; his calves are big. He's huge." *New York Times*. May 1, 2002.

另外,我们发现在《纽约时报》随后报姚明身高时,数据变成 7 英尺 6,我们又以 7 英尺 6 进行检索搭配,结果如表 4 所示:

表 4

序号	词	检索词	词频	左侧词频	右侧词频
1	7-FOOT-6	7-foot-6	92	0	0
2	THE	7-foot-6	91	68	23
3	YAO	7-foot-6	73	34	39
4	MING	7-foot-6	44	20	24
5	CENTER	7-foot-6	36	0	36
6	ROCKETS	7-foot-6	23	14	9
8	HOUSTON	7-foot-6	19	10	9
9	FROM	7-foot-6	12	1	11
10	HIS	7-foot-6	12	8	4
11	FOR	7-foot-6	11	4	7
12	CHINA	7-foot-6	11	1	10
13	ROOKIE	7-foot-6	7	0	7
14	SHANGHAI	7-foot-6	5	0	5

通过列表,我们发现与"7 foot 5"一起出现的,"China"一共有 15 次,"Chinese"有 10 次。这表明,在姚明刚加入 NBA 的时候,媒介的报道在宣扬其巨人般身高的同时,其中国人的身份同时也不断被提及。这种巨人般身高的身份与中国人身份交织一起,成了姚明进入 NBA 的身份名片。从这个层面上说,姚明在美国的言行,都被赋予了中国的特征和意义。姚明成为中国文化在美国的一个窗口,他也作为一个个体,在媒体的作用下,参与了中国的国际传播进程。

(三)语料库搭配呈现及身份强化

搭配(Concordance)和词簇(Cluster)是语料库工具的又一个功能,通过搭配和词簇的检索,能够找到与中心词密切相关的其他词,进而了解中心词的语境及当时的状态。

本文利用 Wordsmith concordance 工具,以"Yao"作为中心词,检索 2002—2011 年间与"Yao"相搭配的高频词,具体结果如表 5 所示:

表 5

序号	词簇	频率
1	CENTER YAO MING	98
2	YAO MING SCORED	44
3	ROCKETS CENTER YAO	29
4	HOUSTON'S YAO MING	26
5	MR YAO SAID	21
6	MCGRADY AND YAO	19
7	STAR YAO MING	17
8	MING OF CHINA	13
9	BASKETBALL STAR YAO	11
10	CHINESE CENTER YAO	10

这些搭配结果也体现出两类:一是姚明的个体特点,如 center(中锋), scored(得分),basketball star(篮球明星),Ming of China(中国姚明)等;第二类是与姚明相关的社会圈,如姚明与休斯敦,姚明与火箭队,等等。

姚明作为一个中国人,其中国人的身份在《纽约时报》的报道中不断加强,成为姚明的一个传播背景。同时,姚明的另一个身份——篮球明星,也使得姚明的个体身份不断强化,这也为姚明的个体传播铺平了道路。

为了进一步了解搭配的意义,我们对中心词以外的搭配词进行了检索,结果如表 6 所示:

表 6

序号	搭配
1	beating the visiting Cavaliers on Thursday night,93-74. Yao Ming scored 28 points
2	15 points,10 assists and 7 rebounds,and Yao Ming scored 21 points for Houston
3	at Los Angeles. ROCKETS 91,HORNETS 82 Yao Ming scored 21 points,
4	and Yao Ming scored 32 points to help Houston beat visiting Denver
5	ROCKETS 103,MAGIC 92-Yao Ming scored 37 points to lead Houston at home
6	rebounding the Heat,44-34. ROCKETS 124,76ERS 74-Yao Ming scored 24 points
7	ROCKETS 91,PISTONS 85-Yao Ming scored 27 points,grabbed 7 rebounds
8	Yao Ming scored 18 points,and Luther Head had 18
9	Conference.(AP)IN OTHER GAMES-Yao Ming scored 30 points and
10	a 3-2 lead in their first-round series. Yao Ming scored 21 points
11	Yao Ming scored 25,but he also had 8 turnovers-2 more than his rebound
12	Yao Ming scored 27 points and grabbed 12 rebounds
13	Detroit beat Chicago,106-101,to improve to 27-2 at home. Yao Ming scored a season-high
14	they have led after three quarters. Yao Ming scored 36 points for the Rockets

续表

序号	搭配
15	Dallas plays the Nets today in New Jersey. Yao Ming scored 20 points for the Rockets
16	with 21 points. ROCKETS 107, MAVERICKS 76-Yao Ming scored 36 points
17	streak. ROCKETS 85, GRIZZLIES 76-Yao Ming scored 28 points,
18	Livingston. Rockets 82, Timberwolves 75-Yao Ming scored 25 points, Shane Battier
19	ROCKETS 81, CAVALIERS 63-Yao Ming scored 24 points and
20	losing streak to seven games. Yao Ming scored 23 of his season-high 38 points
21	ROCKETS 97, SPURS 78-Yao Ming scored 22 points and Houston beat the Spurs
22	Hoiberg 14 for Minnesota. ROCKETS 103, LAKERS 102-Yao Ming scored 23 points
23	ROCKETS 81, TRAIL BLAZERS 80-Yao Ming scored 23 points as host Houston won

在表 6 中,我们根据搭配词中的 Yao Ming scored (姚明得分)作二次检索,发现姚明得分往往均出现在火箭队与其他队的各自总得分之后,并且结果往往是火箭队获得了胜利。比如第一条"beating the visiting Cavaliers on Thursday night, 93-74. Yao Ming scored 28 points"①(火箭队以 93:74 主场击败骑士队,姚明获 28 分),第三条"ROCKETS 91, HORNETS 82 Yao Ming scored 21 points"②(火箭队以 91:82 击败黄蜂队,姚明获 21 分),等等。由此我们不难看出,在火箭队胜利的场景下,姚明在媒体中始终被置于首要的位置,在这些媒体报道中,姚明篮球巨星的身份被不断强化。

STAR YAO MING(巨星姚明)也是《纽约时报》报道中与姚明相搭配的高频词,我们以此为中心词进行检索,结果如表 7 所示:

表 7

序号	搭配	时间
1	sporting fame, such as the basketball star Yao Ming and the Olympic hurdler Liu	2011
2	and be a role model. "The Chinese star Yao Ming, a former No. 1 pick, is retiring"	2011
3	featuring celebrities like the retired basketball star Yao Ming and the pianist Lang	2011
4	Many people, including former N. B. A. star Yao Ming, felt that Chinese non-contact	2011
5	to end shark fin dining by celebrities like the basketball star Yao Ming of China and	2011

---

① *The New York Times*, March 2, 2009.

② *The New York Times*, November 16, 2008.

续表

序号	搭配	时间
6	Clean Air Act. 〔Environment America〕 The retired N. B. A. star Yao Ming and Richard	2011
7	against eating shark's fin soup now has support from the basketball star Yao Ming	2011
8	juxtapositions: life-size cutouts of the N. B. A. star Yao Ming rubbing up against	2010
9	basketball star Yao Ming adjusted to the Houston Rockets in "The Year of the Yao."	2009
10	on Saturday, the basketball star Yao Ming is starring in a Chinese animated movie	2009
11	Chinese-American woman decides to marry the Chinese basketball star Yao Ming.	2008
12	Bloggers have hectored celebrities, including the basketball star Yao Ming, whose	2008
13	that the Houston Rockets star Yao Ming, Liu's friend and fellow Shanghai native	2008
14	Chinese basketball star Yao Ming ran with the torch from the gates of the Forbidden	2008
15	American N. B. A. stars like Bryant and James. The Chinese star Yao Ming has joined	2008
16	the basketball star Yao Ming, the Chinese athletes who symbolized these Olympics	2008
17	an injury ("What a pity.") to the basketball star Yao Ming ("He's too great.") to	2008
18	often praise Liu and the basketball star Yao Ming for their modesty. Still, as in the	2008
19	with the Chinese basketball star Yao Ming. "Endangered species are our friends,"	2007
20	the Chinese basketball star Yao Ming among its current investors. The major	2006
21	baidu. com for the name of the Chinese N. B. A. star Yao Ming, for example, they are	2006
22	Chinese athlete as a spokesman: the basketball star Yao Ming. Mr. Hainer said the	2005
23	(the team of the Chinese N. B. A. star Yao Ming) who lip-sync a Backstreet Boys tune.	2005
24	of the Yao, about the N. B. A. star Yao Ming, which grossed about $35,000 at	2005
25	Saeger at Visa, which is to present the basketball star Yao Ming in one of its spots.	2003

　　在检索中,我们发现,姚明被冠以篮球明星的头衔早在 2003 年就开始了,
"Ms. Saeger at Visa, which is to present the basketball star Yao Ming in one
of its spots"①(Saeger 女士将在某个场合使篮球明星姚明露面)。此后姚明的

---

① *The New York Times*, January 24, 2003.

篮球明星身份出现在各种场合,比如 2009 年,当中国网球运动员李娜获得"大满贯"之后,姚明的明星身份与刘翔再次被《纽约时报》提起。姚明退役时,他的篮球明星身份与当时的状元秀(No. 1 pick)被同时提及,2011 年,篮球明星姚明与维珍集团总裁、亿万富翁 Richard Branson 来到上海,为停止消费鱼翅进行宣传活动(The retired N. B. A. star Yao Ming and Richard Branson, the billionaire founder of Virgin Atlantic Airways, travel to Shanghai and ask some Chinese business magnates to oppose consumption of shark fins①)。在检索中,我们发现姚明的篮球明星身份在新闻报道中逐渐进入其他领域。这在姚明作为公众人物参与公益广告拍摄中尤为明显,在公益广告中,他成为环保或动物保护的意见领袖,发挥了作为一个篮球明星的积极作用。

五、个体传播与国家形象的互动路径建构

语料库方法能够让我们在众多的语料中找寻规律,通过上文语料库对《纽约时报》有关姚明报道的分析,我们认为,姚明作为一个个体,在其中国身份及篮球明星的背景之下,参与了中国的国际传播,根据语料库的分析。本文尝试绘制了姚明个体国际传播的路径图,如图 2 所示。

从上图中我们可以看出,姚明参与国家形象传播是基于其篮球明星的身份。这其中存在两类传播路径,一类是姚明作为篮球明星的显性传播,另一类则是姚明因为具有中国身份的隐形传播,这两类传播共同构建了姚明作为个体参与国家形象传播的过程。根据路径图,姚明的个体显性传播与国家形象的隐形传播主要发生在以下四个领域:

(一)姚明　篮球明星　粉丝群

姚明的篮球明星身份无疑是他进入美国的首要身份,姚明凭借自身的特长进入 NBA 赛场,篮球运动员的身份使他可以进入多个领域,包括篮球明星领域、广告领域、出版领域及日常消费领域。姚明的行为、言论、形象直接进入这些领域,在语料库检索中,我们发现姚明与科比、教练、湖人队、活塞队被同时报道,姚明进入这些 NBA 篮球明星场域,并进而进入明星的粉丝群。

在这些明星粉丝群传播背后,是中国元素的传播。在关于姚明的各种出版物中,都出现其他篮球明星对姚明及姚明背后中国文化的评价,弗朗西斯就评

---

① *The New York Times*, September 23, 2011.

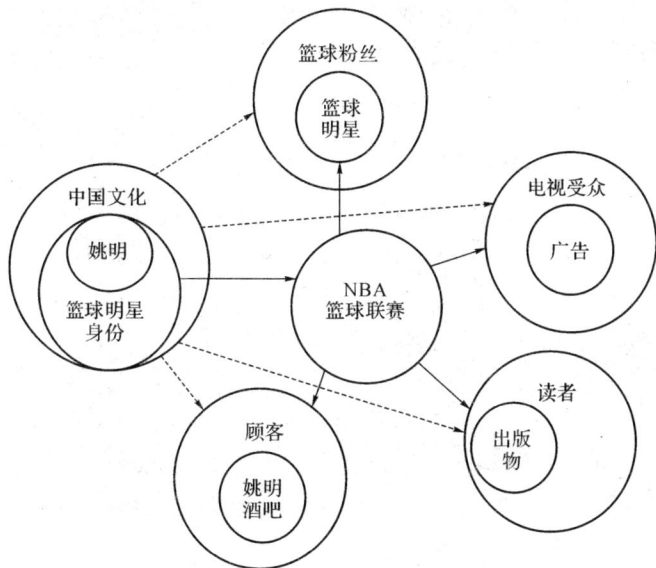

图 2　姚明个体国际传播路径图

价姚明"对一个女孩子忠心耿耿,很好"。奥尼尔也评价姚明"我很尊敬他,你必须尊敬一个你无法击垮的男人"①,并且称姚明无法击垮的真正原因在于他的谦逊。刚进入 NBA 的时候,由于媒体的宣传,把奥尼尔和姚明说成是两大中锋的对决,导致奥尼尔这边与姚明水火不容,但姚明却给奥尼尔寄了卡片,上面写道:"SHAQ,你是我最喜欢的大个子,我想在几年后能变得像你那样出色。"奥尼尔后来说:"当时我觉得以前我对他太糟糕了,我总是试图在和他比赛之前去贬低他,可是这些没用,他不像其他那些人一样我可以轻易击垮,只要我在报纸上说点儿什么,然后他们做出了回应,那我就一定胜利了,可对姚明,这没用。"

(二)姚明　广告　电视受众

与此同时,姚明的篮球明星身份使他顺利进入广告领域,2004 年,即姚明加入 NBA 两年之后,他便为 NBA 联赛拍摄了题为"I love this game"(我爱这项运动)的广告,此广告片糅合了姚明的扣篮与太极,俨然中西元素的融合。2008年汶川地震发生之后,姚明拍摄了"Yao Ming Asks For Your Help"(姚明请你伸出援手)的广告,号召美国人为中国地震灾区贡献力量。这些广告片一方面具有商业宣传的性质,另一方面,姚明在广告片中也成为中西交流的桥梁,在中国元素的国际传播中起到了一定的作用。

---

①　邵志择:《关于党报成为主流媒介的探讨》,《新闻记者》2002 年第 3 期。

（三）姚明　出版物　读者

姚明作为篮球明星，具有强大的市场号召力，有关姚明的出版物，尤其是图书出版，也在这样的市场背景下大量涌现，比较典型的是姚明的传记《姚，两个世界的生活》（*YAO：A LIFE IN TWO WORLDS*，在中国出版后改名《我的世界我的梦》）。这本书中描述了姚明出生及成长的环境，某种程度上说也是中国过去 30 多年发展历程的写照。在该书出版之后，《纽约时报》有两篇新闻报道对此进行了报道，2004 年的一篇报道是这么开头的：

YAO MING, the 24-year-old Houston Rockets All-Star center from Shanghai, isn't your typical National Basketball Association player. He doesn't have tattoos, and he doesn't party with groupies after games. Instead of living in a bachelor's pad with women in skimpy bikinis lining the infinity pool, he lives with his parents. ①

（译文：姚明，这个来自上海的 24 岁的休斯敦火箭队全明星中场，不是你心目中典型的 NBA 球员。他没有文身，他球赛结束后不参加派对，当其他球员与游泳池边性感的比基尼女孩狂欢的时候，他和他父母住在一起。）

这段开头虽然并没有点出姚明的中国文化背景，却描述出了姚明不同于一般 NBA 球星的特征，这些特征也在姚明的传记中得到了阐释和强化。

除此以外，姚明在 2005 年拍摄了一段纪录片，在纪录片的宣传海报上，姚明手里托着的那个篮球，一边是红色的东方和中国，一边是蓝色的西方和美国。

（四）姚明　酒吧　顾客

姚明在休斯敦火箭队打球期间，在休斯敦市开了姚明餐厅酒吧（YAO Restaurant & Bar），《纽约时报》甚至还在新闻报道中提到了这个餐厅酒吧，"Yao likes Yao Restaurant & Bar where, he says, 'I know the owner'"②（姚明喜欢姚餐厅酒吧，他说，我知道老板是谁）。姚明的餐厅酒吧因为姚明而名声大作，在美国旅游网站，对姚明餐厅酒吧有这样的介绍："走进很高的大门，最先进入眼帘的就是姚明右肘夹球、左手叉腰的巨幅海报剪影以及《姚明年》宣传海报的剪影。右边的墙壁上是姚明的比赛照片以及和家人在一起的照片。大堂的接待台那里就有一个大大的中国印，旁边都是盆景、中国古玩等古色古香的中国

---

① *The New York Times*, October 10, 2004.
② *The New York Times*, April 2, 2008.

传统装饰。负责接待的是一位白人小姐,她只会说一句不太正宗的'你好'。"①借助明星的显性传播,中国元素成为姚明餐厅酒吧的背景,中国文化在其中得以隐形传播。

六、结 论

本文利用语料库工具,研究了姚明作为个体参与国际传播和国家形象传播的路径,这对国际传播理论是一个有效的补充。通过本文,我们得出以下几个结论:

首先,个体国际传播,尤其是明星的个体国际传播,国籍身份,往往会是明星的主要身份之一。正如罗伯特·福特纳所言,国际传播具有政治本质,姚明2002年进入 NBA 时,状元秀固然是一个卖点,而其中国人的身份,也成了媒体关注的焦点,这也正是姚明作为个体参与国家形象建构的过程。

其次,个体国际传播与国家形象的互动,取决于个体自身传播的条件和背景,中国元素能够被背景化,进而进行隐性传播,这取决于姚明自身篮球事业的巨大成功,在个体传播与国家形象互动路径图中,我们可以看到,NBA 赛场成为姚明自我传播的主要平台,在此基础上,中国文化才得以传播。

再者,语料库工具能够在大量语料,尤其是新闻语料中找寻出相关特征,并根据研究问题进行深度阅读。该方法可以成为传播学一个方便、有效的工具。在今后的研究中,语料库的使用将使部分传播学研究更加科学化、系统化。

---

① http://usa.bytravel.cn/art/mgc/mgcyldycthjb(YAORestaurantBar)/index1.html.

消费社会下媒介产品的消费
对跨文化传播的影响

潘一禾 贾 磊

消费社会是指社会产品相对过剩,需要鼓励消费以便维持、拉动、刺激生产的社会。鲍德里亚在《消费社会》中认为,此时消费品极为"丰盛",消费成为社会生活和生产的主导动力和目标,消费者更多地关注商品的符号价值而不是使用价值,"符号"的消费逐渐取代了"物"的消费。目前,在世界上大多数国家,消费社会都已经初具规模。因此,研究消费社会下信息产品消费的特点及其给跨文化传播所造成的影响具有深刻的意义。

一、消费社会信息产品的新特征

在消费社会里,消费者消费的是商品的符号,因此消费者在选择本身就已经符号化了的信息产品时,往往会提出更高的要求,与物质商品相比,信息商品的"消费化"与"商品化"倾向也更加明显。尤其是伴随着传媒技术的发展与全球传媒体系的初步形成,在消费社会里信息产品呈现出了以下特点:

1. 信息量巨大,但带来了信息爆炸隐患

现代传媒手段尤其是新媒体技术的飞速发展,使人类社会被包裹在层层信息网之中,人们的日常生活与工作也已经越来越脱离不开信息网络,信息社会已经初步显现。其基本表现主要是以下两方面:一是现代大众媒介尤其是电子媒介售价极为低廉,使得受众可以大量消费信息产品,如《纽约时报》一周的信息量即相当于17世纪一名学者毕生所能接触到的信息量的总和;一是接受了

* 潘一禾:浙江大学国际与文化学院教授。
* * 贾 磊:浙江大学汉语国际教育专业硕士研究生。

各种信息之后的受众又利用各种通讯手段在全球范围内彼此交换海量的信息。尤其是互联网等新传媒技术出现之后,原有的内向传播、人际传播、组织传播、大众传播和国际传播五维传播格局已经被打破,信息在各种层面的传播中实现了自由流动,推动信息量以几何数字增长。然而,海量的信息扑面而来的同时也对消费者处理信息的能力提出了极高的要求,当媒体提供的信息多到消费者无法及时处理时,受众就容易陷入信息爆炸的窘迫处境中。此时,消费者被信息的洪流所淹没,想要寻找到自己需要获取的信息极为困难。这也导致了在大众传播中受众往往会忘记自己获取信息的初衷而热衷于追求由大众传媒"制造"的话题,也就是说,他们的关注点已经被大众传媒所"绑架"了。对信息流感到无所适从的受众倾向于以轻松的方式获取和自己切身利益有关的信息,由此使社区新闻和"软新闻"大行其道,而国际新闻的篇幅则不断缩小。一个有趣的例子来自哥伦比亚广播电视公司,在 2000 年 6 月 16 日的《CBS 晚间新闻》中,其只有一条新闻来自国外,即威廉王子度过了自己的 18 岁生日。要知道,当普通受众对地球上的其他文明缺乏了解的兴趣时,很难说跨文化传播不会受到极大的负面影响。

2. 种类丰富,但又矛盾地呈现出同质化特征

伴随着信息量的增长,信息产品的种类越来越丰富,几乎可以满足消费者的任何信息需求。既然在家轻点鼠标就可以"了解"到另一块大陆上人们的相关信息,何乐而不为呢? 于是人们沉浸在大众传媒提供的信息产品之中。然而,在种类丰富的外表下,人们忽略了信息产品也越来越同质化的事实。"文化工业"中的媒体出于扩张和传播的需要,无法也不会按照受众的需求将受众细分,而只能将目标消费者以统一的模板加以"符号化"。尤其是在可以操纵舆论的情况下,费尽心机地满足受众的信息需求是吃力不讨好的事情,传媒公司要做的就是打包提供"福特主义化"了的信息产品,并且诱导受众,让受众觉得这些产品是真正可以满足自己的"好产品"。同时,在纵向层面来说,由于社会系统的周期稳定性,大众传媒在一个特定周期内提供给消费者的信息产品在内容和风格上具有极大的稳定性,对受众来说则是不断消费着已经消费过了的信息,"时髦"与"话题"被不断地回收利用;在横向层面来说,由于信息的飞速流动,任何一个有利可图的"话题"都会瞬间得到极大的关注,因此不同的大众传媒提供的信息产品也极为相似,相互之间也许只是包装与风格的不同而不存在骨子里的差异。被同质化信息产品包围了的受众逐渐被同化,于是受众的个性化被"文化工业"的同质化所解构,此时即使还有差异,那也是产品的差异而不再是人的差异,是按照传媒公司的需求制造出来的差异。在利益的驱动下,传媒市场上充斥着符号化之后的"某国元素"与"某国风情",传媒公司将能够吸引受众兴趣的差异用夸张的形式将工业化生产的信息产品"粘贴"起来,而对真正有文化特色的成分却弃之不顾,因为差异化地东西是无法规模化生产的,是不符合传媒公司利益的。此时受众每日接触的都是同质化的浅层信息,很难正确认识事物间的差异和不同。

3. 易于理解,但难以深入

同质化意味着大众传媒提供的大众媒体的信息产品浅显易懂。追逐利润的传媒公司需要尽可能地扩大市场,因此其目标消费者就是尽可能多的受众。这自然要求信息产品要生动形象、易于理解,有利于第一时间吸引消费者,并且在最短的时间内满足对方的信息需求。惰性是人类的天性之一,受众总是倾向于使用"快捷"的信息产品而不愿意在接受信息时耗费大量的时间和精力,这种惰性被大众传媒一再纵容甚至鼓励,于是受众个体深陷信息陷阱之中而不自知。而且"精英主义"的信息产品显然是没有市场的,因为在传媒面前"众生平等"。"尽管大众是匿名的,面目模糊的,怀揣着各种动机的,但是他们在收视率上是同等重要的,这就是大众的意义。"①因此大众传媒只能走平民路线,将真正有深度的信息排除在外。

此外,媒体文化虽然有共同的语境,但由于受众对每个产品的消费时间是有限的且关注点处于不断变化之中,"话题"既然是被创造出来的,那么也就是稍纵即逝的,因此信息产品大多具有持续时间简短的特征。对传媒公司来说,长篇幅、深层次的信息产品更多的结局是曲高和寡,通俗易懂的产品才具有广阔的市场。因此,除了连续性报道等特例之外,信息产品大多碎片化地处于后现代主义语境之中,受众很难系统化地获得自己需要的信息,尤其是具有正面作用的深层信息。正如鲍德里亚所言:"大众传播将文化和知识排斥在外,它绝不可能让那些真正象征性或说教性的过程发挥作用。"②被浅层信息"喂饱"了的受众只知道"我们"与电视上的"他们"不同,但是哪里不同,为什么不同,怎么对待这些不同? 他们要么只能听从传媒的"教导",要么全然不知。这种对文化间"差异性"正确认识的缺乏给跨文化传播带来了巨大的创伤。

基于如上特点,可以断定这些信息产品注定会对跨文化传播造成不利影响。以下将从"信息消费主义"、虚假的"邻近性"与"超现实性"、"文化认同"与"民族认同"三个角度进行分析。

---

① 蒋原伦:《媒体文化与消费时代》,中央编译出版社 2004 年版。
② [法]让·鲍德里亚:《消费社会》,刘成富、全志刚译,南京大学出版社 2006 年版。

二、"信息消费主义"以及对跨文化传播的影响

社会学学者肖峰认为,信息消费主义是物质消费主义在信息层面的延伸,其主要表现是对信息产品的过度追求与占有。信息消费主义主要表现为"对信息及其衍生品的一种过量需求,甚至导致畸形与病态的消费活动,其根源体现在技术和生产力的转型以及社会文化观念的变迁上,也是对'信息生产主义'困境的一种应对"①。信息消费主义的产生有两个条件:首先是现代社会信息资源的空前丰富,这使得对信息的过度消费成为可能;其次是受众对信息地位的评价过高以及由此而来的对被信息社会所抛弃的恐惧感。此时,有信息需求的受众不加选择获取各种信息,就导致了信息消费主义。

在跨文化传播中,个体面对的是极为陌生的"异文化",不仅缺乏对异文化的了解,而且大多会对母文化与异文化间的预想冲突感到不快或者恐惧,从而导致对异文化信息的需求以及个体自身的焦虑感上升。此外,受众在"面对面"的人际跨文化传播完成前接受异文化的主要渠道是大众信息产品,而大众媒介在向本文化内受众介绍异文化时,出于传播效果的考虑更多的是介绍彼此间的差异而不是相同,并且会出于政治目的或商业目的人为地将这些差异戏剧化地放大,个别情况下还会人为制造差异。在这种情况下,处于被动地位的受众抱着"聊胜于无"的心态倾向于最大限度地获取异文化的各种信息,而很少根据自己的需求加以详细选择,或者受众根本没有能力、没有权利进行选择,此时就极易产生信息消费主义。紧随着信息消费主义而来的往往就是"信息爆炸",它将把消费者带入信息流的"眩晕"中。

因此,我们必须重视信息消费主义对跨文化传播的影响,具体表现为以下两个方面:

1. 高估信息产品所提供的信息在跨文化传播中的作用

信息消费主义在跨文化传播中的表现就是将异文化信息的获取视作跨文化传播的一个核心区域,对处于异文化之外的信息,消费者大多缺乏与异文化人际传播的渠道,而同质化的信息产品又更利于理解消化,更能满足信息消费者对异文化信息的占有欲,所以信息消费者往往会将大众传媒视作理解异文化的主要手段,从而过度抬高信息产品在跨文化传播中的作用。甚至当大众传媒提供的信息与通过人际传播得到的"间接经验"相冲突时,受众也倾向于相信大

---

① 　肖峰:《论信息消费主义》,《江西社会科学》2009 年第 5 期。

众传媒,当潜意识态度与大众传媒提供的信息一致时更是如此。既然精心制作的信息产品可以让我们在最短的时间内对异文化有"精确的"了解,人际交往等手段也就被看做是不精确且浪费时间的。语言差异、对异文化的恐惧和"要面子"心理等因素进一步加深了这个趋势,人际传播所起的作用也就越来越小。由此,受众对异文化的理解就被限制在信息产品所规定的范围之内,而不会获得真实的、精确的了解。

2. 过度占有信息产品造成了信息意义的扭曲与混乱

同物质消费主义一样,信息消费主义强调对信息产品的超量追求与盲目崇拜,当这种追求超出自己的实际消费能力和信息处理能力时,受众就无法系统地将信息在自己的思维体系中进行重构,在受众认知体系中大众传媒提供的"能指"与"所指"就可能处于混乱的状态。即使受众获取的信息都是正确的,碎片化的信息也会造成意义的异化与冲突。此时不要说识别与获取真正需要的信息,对错误信息的分辨与拒绝都成为了一个难题。在这种情况下,处于信息产品包围下的消费者对异文化的认识可能是矛盾的甚至是错误的,从而给消费者了解异文化带来了障碍。对于信息处理能力较差的受众来说,这种混乱也会造成某种程度上的困惑,使得受众对了解这方面信息的兴趣降低,更不用说认可和接受。

三、制造虚假的"近邻性"和"超现实性"

随着大众媒介取代传统社会的人际交往方式而成为公众和外界沟通的主要手段,信息产品在某种程度上决定了公众对现实世界的认识。媒介信息抽象于现实世界,但又以超然的态度游离于世界之外,在消费者认知体系中将世界进行符号化的重构,从而实现鲍得里亚所说的"伪事件"对新现实的统治。

在电视、网络主导的跨文化传播中,由于"眼见为实"的心理作祟,再加上媒体对事件意义进行了让人眼花缭乱的重构,信息产品有了一种超现实性。"消费文化与电视产生了过量的影像与记号,从而产生了一个仿真的世界,在这个仿真的世界中,实在与意象之间的差异被消解,变成了极为表层的审美幻觉。"[①]比较极端的例子是民众会为非洲的饥荒募捐而对身边的乞儿熟视无睹。实现这种"伪事件统治"的"不是产自一种变化的、矛盾的、真实经历的时间、历史、文化、思想,而是产自编码规则要素及媒体技术操作的赝像"[②]。此时,对受众来

---

① [英]迈克·费瑟斯通:《消费文化与后现代主义》,刘精明译,译林出版社 2000 年版。
② [法]让·鲍德里亚:《消费社会》,刘成富、全志刚译,南京大学出版社 2006 年版。

说,信息产品提供的世界远远要比现实的世界更具备"真实性",这样一来,现实世界就被一个不稳定的能指语境所取代了。

如上文所分析的那样,跨文化传播的参与者所获取的大部分关于异文化的信息都是由大众媒介提供的。由于对异文化缺乏理解,对涉及异文化的现实与符号图像世界的鉴别能力就比较低,因此信息产品更易于在受众的思想体系中构建"仿真性"的异文化。此时,"符号文化的胜利导致了一个仿真世界的出现,记号与影像的激增消解了现实与想象世界之间的差别。"①受众怀揣着由大众媒介精心准备的"真实全面的异文化"同现实世界中的异文化群体进行交流。此时,在受众的认知体系中,错误的信息会导致"事实的缺位",然而在错误信息之上的态度却已经形成了,此时受众的态度与真正的事实之间出现了严重的脱节与错位。最典型的例子就是大众传媒基本无法再现异文化的社会文化环境,而"社会文化环境往往规定了具体情形下应采用什么规则,而制定这些规则的则是文化。"②当受众与异文化进行接触时,就会面临真伪信息与态度之间的逻辑矛盾,更有甚者,媒体可以提供精心设计的信息产品对消费者进行定向误导,使消费者对目标文化形成媒体所期望的情感,以达到其自身的政治与经济目的。

四、影响跨文化传播者的"文化认同"与"民族认同"

所谓文化认同指的是"来自于不同文化群体对本文化以及与其他文化关系的评估和判断"③。文化认同起源于文化的对比、差异以及流动。跨文化传播的参与者总是从自己的母文化出发与异文化发生联系的,因此必然面临着一个文化归属的问题。文化认同包括自我文化认识的"自定式"与他人文化评价的"他定式",它不仅牵涉到对特定文化模式和文化价值观的认可,还与属于同一文化体系的其他社会成员息息相关。对个体来说,文化认同可以帮助确定立场、强化认同、规范行为。在跨国交往时,拥有共同的文化认同可以有效拉近彼此之间的距离。"民族认同是社会成员对自身民族身份以及与其他民族成员关系的建构、评价和判断。"④民族认同不易改变,具有很强的包容力和生命力,是人在社会中最基本的认同之一。对于其他人来说,民族认同也不像文化认同那样容

① [英]迈克·费瑟斯通:《消费文化与后现代主义》,刘精明译,译林出版社 2000 年版。
② [美]拉里·萨默瓦:《跨文化传播》,闵慧泉、王纬译,中国人民大学出版社 2004 年版。
③ 孙英春:《跨文化传播学导论》,北京大学出版社 2008 年版。
④ 孙英春:《跨文化传播学导论》,北京大学出版社 2008 年版。

易改变。民族认同与文化认同息息相关,一个民族内部必然有统一的文化认同,而一个文化认同体系内部可能有多个民族,此时个体会面临"多重文化认同",既拥有文化认同,又会拥有民族认同或者亚文化认同。

从文化认同的"自定式"与"他定式"角度来说,跨文化传播中文化认同也许不会第一时间受到冲击,但随着跨文化传播的深入,文化认同受到的冲击无疑最大最深。当受众接受异文化体系尤其是认为异文化比母文化优秀时,异文化的某些内容会取代母文化中相对应的部分,从而解构母文化的文化认同,比较极端的例子是20世纪初的"汉语拉丁化"运动。此时受众模糊化了的文化认同处于非常复杂的情境之中;当受众拒绝接受异文化时,就有可能过分强调母文化的特点与优越性,将母文化与异文化对立起来,从而异化母文化的文化认同。此时的文化认知中充斥着"文化中心主义",不仅对异文化缺乏正确认识,对母文化的认识也会出现极大的偏差,比较极端的例子是宗教原教旨主义。

从民族认知的角度出发,文化的共享性与同一性在认知体系内构建了民族形成的文化根源,正如本尼迪克特·安德森所言,"民族"与"民族国家"是一种想象的共同体,个体在人际传播的基础上,通过想象完成与社会成员的交流,文化则是这种内化得以完成的指导与规范。当个体缺乏正确地文化认同时,往往也不能正确的认识民族认同。比如天主教和伊斯兰教之间,教义上的冲突导致了持续将近200年的十字军东征,直到今天,两者都不能正确地处理彼此间的关系。尤其是受到政治因素的影响或民族问题与政治经济利益纠缠在一起时,极容易对本民族和异民族产生误解。

个体要树立正确的文化认同和民族认同,关键在于有效信息量的大小。一般来说,个体掌握的母文化与异文化的信息越多,其文化认同和民族认同就越清晰。对母文化与异文化之间的差异和彼此的优缺点有了比较客观全面的认识,才可能获取较高的跨文化传播能力。消费社会大众传媒公司由于商业化和工业化的特点,倾向于提供同质化、浅层化的信息,有关异文化的信息产品更多的是突出彼此之间的差异而不是相同,认识到这种差异的初期的确会引起受众的一些兴趣,但是由于人类心理上对陌生事物的恐惧感,强化的差异在个体认知层面上更多的是强调"他们"对我们的潜在威胁。当受到政治因素或者经济因素的刺激引诱时,信息产品甚至会主动提供可以迎合受众的虚假信息,对于那些信息搜集分析能力较弱或者缺少异文化交流经验的受众来说,信息产品不仅不利于受众全面理解异文化,甚至会形成"刻板印象",起到反作用,个体无法对母文化和异文化形成正确的评价,也就无法形成正确的文化认同,更不用说清晰的民族认同了。受众沉浸在信息产品的海洋之中,按照大众传媒公司的轨道自以为客观地观察"我们"和"他们",在虚幻的信息世界中自得其乐地进行着单方面的"虚假"的跨文化传播。

　　对跨文化传播的参与者而言,大众媒介以及信息产品是充满矛盾的存在:一方面,大众媒介在跨文化传播者了解异文化、促进跨文化传播的发展上具有极大作用,20世纪中叶以后跨文化传播的飞速发展也与全球媒介体系的形成息息相关。从某种层面上来说,将包括跨文化传播在内的人类传播带向繁荣的,恰恰是法兰克福学派大加鞭挞的"文化工业"。另一方面,大众媒介的特性决定了其只能提供浅层次、同质化的信息产品,在某些情况下又会因误导作用而阻碍传播的进行,更不用说极为依靠大众传媒的跨文化传播了。在全球传媒体系已经初步形成的情况下,跨文化传播参与者要想最大限度地减少这种误导,除了要积极进行人际传播以减少对大众传媒的依赖、提高自己的信息搜集与分析能力、培养良好的信息消费观等外,更重要的是对人类文明拥有正确的宏观认识。"我们"与"他们"的关系也远非"非我族类,其心必异"所能概括的,须知文化是极为宽泛的概念,个人要想对某一文化形成完全准确客观的评价几乎是不可能的。因此,不能只盯着异文化与我们的不同,也不能对彼此之间的差异妄下结论,只有本着"平等相处,求同存异"的原则进行对话、沟通与理解,才能跨越各自的文化屏障,实现人类社会的共同理想。

华人媒体的海外跨文化传播

——以阿拉伯·亚洲商务卫视的中东实践为例

郑海华

一、绪　言

（一）选题背景

在信息时代,信息资源成了一种新的国力载体。在国际信息领域是否具备对信息占有、支配和快速反应的能力,对一个国家的主权维护、应付威慑的能力和战略地位的巩固提出了新的挑战,甚至关系到一个国家的兴衰存亡。

尤其是近些年来,各国的政府、组织、个人日益认识到信息流动对国内外政策决策的重要性。美国总统克林顿在任时就曾公开声称:"今后的时代,控制世界的力量不(只)是军事力量,(美国)要成为以信息能力走在世界前列的国家。"前南斯拉夫总统富米拉·马尔科维奇也曾说:"现代社会,国家之间的'战争'主要表现在宣传上,和平时期,国防部并不打仗,是媒体在打仗,南斯拉夫等社会主义国家一夜之间覆灭,美国等西方国家并没有派出一兵一卒,主要靠的就是报纸、广播和电视。"①

"媒介不仅是国家的'话筒'、权力的工具,它还是被国家加以利用的维护意识形态、传递统治阶级意志的工具。"②在全球化背景下,媒介作为意识形态场域之一,已成为一个全球价值观和民族认同观激烈角力的场域。然而,我们至今无法回避的一个现实是,相对于世界政治经济秩序的发展进程,国际舆论传播的秩序与规则,似乎大大落后于时代潮流,当前,信息传播仍然呈现出从西方流

---

① 杨正泉:《齐心协力,搞好外宣》,《对外宣传参考》1999 年第 3 期。
② 邵培仁:《媒介即意识形态》,《浙江大学学报(人文社科版)》2001 年第 1 期。

向东方、从发达国家流向发展中国家的状态。

　　中国在国际传播中仍然处在明显边缘化的弱势状态。中国国家新闻办2008年对西方媒体涉华报道的舆情分析显示,西方媒体在对中国新闻报道上呈现两大特点:(1)报道总量偏少;(2)在所有报道的新闻中,负面报道比例大。西方媒体对有关中国的新闻报道总带有偏见目光,"张冠李戴,移花接木"是他们惯用的伎俩。

　　如北京举办2008年奥运会时,几乎世界瞩目,西方媒体予以极大的关注。但它们的很多报道流露出的却是对中国的不满和质疑。中国人为成功举办奥运所付出的辛勤努力他们不感兴趣,奥运场馆建设、奥运城市的快速发展他们也不感兴趣,反而是奥运火炬境外传递受阻引发了他们的极大注意。

　　造成外国媒体涉华偏见报道络绎不绝的主要原因是全球话语失衡的现状。以美国媒介为首的西方媒体在国际舆论格局中的垄断地位并无改变,全世界重要的国际新闻80%以上是发达国家少数几大通讯社提供的。而发展中国家,甚至包括发达国家日本,连一家能对国际舆论起决定性作用的通讯社都没有。①

　　目前,全球信息传播的特点是由中心向边缘、由发达国家向发展中国家传播的单向路线。具有全球影响力的新闻通讯社全部聚中在发达国家。目前,世界上至少有2/3的消息来源于占世界人口1/7的发达国家。美联社、路透社、法新社基本上主宰了全球重大国际新闻的报道。相比而言,发展中国家抢到第一手资料的机会较少,对国外重大新闻多是转载、转播国际通讯社的报道。这种跨国二次传播或多次传播不仅传播着二手信息,同时也将西方媒体的价值观念一同反复地传播到其他国家。② 于是,在国际上就形成了以西方大国媒体(美、英、法、德)为主导的舆论环境。在西方媒体强大声音的统摄下,很多国家或地区的媒体不得不屈从它们而偃旗息鼓。即使有所应对,最终也因力量弱小而被淹没在强大的舆论洪流之中。

　　新近公布的另外一组数据也证实了中国传媒在世界传媒业中的位置:第一,在近80家世界级的传媒集团中,中国仅有3家;第二,信息提供匮乏且被动。目前全球五个人之中至少有一名是华人,但全球信息量只有4%来自华人媒体,远不及四大英文通讯社所占的八成;互联网上90%以上的内容是英语,近些年中文内容才开始上升,由以前不足5%已经上升到8%,但还远远不够。③

　　随着中国的和平崛起,如何发挥传播媒介的作用,增进中国与世界各国,特别是与西方发达国家之间的平等对话与交流,增进了解、减少摩擦,消除误解、

①　赵启正:《中国面临的国际舆论环境》,《世界知识》2004年第5期。
②　赵启正:《中国面临的国际舆论环境》,《世界知识》2004年第5期。
③　姜飞:《构建世界传媒新秩序的中国方向》,《中国记者》2011年第7期。

互利共赢,成为大众传播媒介关注的一个新课题。

(二)论点假设和研究目标

多年以来,西方国家通过媒体的影响,已经构建起了关于中国形象的一张"网";尤其是在欧美几个主要发达国家,已经形成了对中国的"刻板印象"。随着经济实力的大幅攀升,中国在国际传播中所处的地位已经不能满足我国发展的需要和大国形象的构建。

为抵制西方媒体对华报道偏见,中国媒体应该主动出击,第一时间客观、全面地报道国内事件,掌握报道的主动权。不仅要快说,还要多说,强化中国国内媒体在国际舆论中的声音。尤其是对重大突发事件的处理上,政府和媒体要通力合作,利用本地信息资源优势抢夺话语先机,在广大受众心中形成先入为主的印象。中国媒体要成为报道本国信息的第一媒体,及时、全面、客观、有效地向国外传播信息,进而借助国际媒体进行"二次传播",逐渐将中国的观点、导向融入到世界话语传播体系当中。

针对当前国际传播格局中的激烈竞争和我国对外传播的现状,我们需要加强国际新闻报道的力度,提高国际新闻报道的水平:一方面要力图打破西方保持多年的话语霸权,另一方面要构建我们自己的话语体系,以提高中国在世界上的话语权。

1. 海外华人媒体将成为中国建构国际传播能力的三大主体之一

根据国际传播多元主体说[①],中国在推进国际传播能力建设过程中,主要有三个不同层面的主体:第一个是以《2009—2020 年我国重点媒体国际传播能力建设规划》提到的《人民日报》、新华社、中央电视台、中国国际广播电台、《中国日报》、中国新闻社 6 家中央级媒体为主体,它们担负着提高中国在国际重要舆论中的话语权和主动权、形成与中国国际地位相称的传媒国际传播能力的主体作用;第二个是以省市级媒体为主体,通过与海外媒体合作,互设海外版面和通过中国电视长城平台落地,主要担负着传播本地特色文化,树立海外良好形象的协同作用;第三个是以海外民间商业媒体为主体,主要由国内民间资本和海外华侨华人投资创办,具有较少的意识形态背景,恪守西方新闻准则,以商业模式进行市场运作,在推动中国走向世界、融入全球的过程中起到非常独特的示范和借鉴作用。

海外华人华侨是中国与世界之间的和平使者,是中国软实力的一个重要组成部分,也是为全球发展做出重要贡献的海外人士之一。海外华人身体力行,

---

① 程曼丽:《国际传播主体探析》,《中国传媒报告》2005 年第 4 期。

让中国与世界汇聚在一起,为增进世界对中国的了解、推动中国与世界的政治经济文化发展做出了重要的积极的贡献。海外华人媒体是连接海外华人与祖国和所在国之间的桥梁和纽带,它服务于海外华人,在满足海外华人的精神需求和信息需求方面有着无可取代的重要作用。[①] 面对西方世界的"信息逆差",国内主流媒体尚不能抗衡英国的 BBC、美国之音、德国之音等西方媒体强大的国际舆论影响力,需要尽可能地联合海外华人创办的民间商业媒体,建立起让"中国声音"更响亮的"媒体统一战线",充分发挥众多海外民间商业媒体的力量,形成"星星之火,可以燎原"之势。

2. 浙江籍华人华侨投资创办的民间海外媒体的传播现状及影响力

浙江是中国著名的侨乡,有 150.4 万海外华侨遍布在世界 170 个国家和地区。浙商作为中国大陆最活跃的企业家群体,有 100 万人在世界各地经商。在这个庞大的浙江籍群体中,很多人开始涉足海外传媒领域,目前已经在欧洲、北美、非洲、中东等地区投资创办了几十家报刊、网站、广播电台、电视台,成为海外人士了解、认识中国的重要渠道。据欧洲华文传媒协会的不完全统计,目前欧洲有 50 多家华文媒体,其中浙江籍人士投资创办的媒体占三分之二,如法国《欧洲时报》、《欧洲联合周报》、《新华联合时报》、《欧华联合时报》、阿拉伯·亚洲商务卫视、英国普罗派乐(螺旋桨)卫视等。

这些海外华人创办的媒体,目前呈现出以下五个特点[②]:

(1)覆盖范围日益扩大。如《欧华联合时报》不仅将分社设到意大利各大区,还将触角伸向其他欧洲国家,并设立分社、开设专版。阿拉伯·亚洲商务卫视通过中东最主要的尼罗河卫星传送,以阿拉伯语和英语两种语言 24 小时滚动播出,覆盖中东及北非、南欧地区的 30 多个国家和地区近 5 亿的人口。英国普罗派乐(螺旋桨)卫视节目覆盖欧洲 45 个国家,在葡萄牙、比利时、德国、波兰、美国等国家通过有线实现落地,并与默多克天空卫星平台 BSKYB、英国 Freeband TV、美国 TVU 和 GBC 等国际媒体合作,收视率正稳步提升。

(2)媒体类型多元多样。浙江籍华人创办的媒体中,有传统的纸质媒体,有王伟胜、叶茂西、陈建文等出资收购的海外当地电视台;也有旅法浙江籍华人蔡新土、林精平、唐晓华等共同筹办的欧洲华语广播电台,已正式获得法国最高视听委员会的开办批准。媒体形态的多元化多样化,不仅有利于受众覆盖的最大化,也有利于增强自身媒体对当地主流社会的吸引力和影响力。

近年来,面对新的传播技术和新一代受众群体的消费需求,葡萄牙、意大

① 方汉奇:《海外华文媒体研究的新思路》,《新闻与写作》2009 年 10 月号。
② 浙江省外宣办课题调研组:《浙江籍人士在海外从事媒体传播情况调查与思考(一)》,《对外传播》2011 年第 5 期。

利、法国等西欧国家华文报纸更是逐步向网络、手机等新兴媒体进军,以拓展读者群,扩大影响力。

（3）行业组织日趋完善。为整合海外华文媒体资源,做大做强华文媒体产业,提高全球华文媒体的整体实力,华文媒体相继成立了行业组织,形成合力、共谋发展。欧洲华文媒体于 1998 年成立"欧洲华文传媒协会",每一两年举行一次研讨会,目前已有会员 47 个。在葡萄牙举行的"欧洲华文传媒协会第九届研讨会"上,与会欧洲华文媒体负责人就华文传媒在华人社会中的作用与生存条件、海外华文传媒如何运用先进资讯手段提高自身办报质量,以及如何加强与国内媒体合作以扩大华文媒体在所在国的影响力等课题进行了研讨,以共同应对传媒行业的挑战。同时,华文媒体进一步加强了与国内媒体之间的互动交流。自 2001 年"首届世界华文传媒论坛"在南京举办以来,该论坛已在国内举行了 5 次。从协会式的合作,到举行高峰论坛,再到与国内主流媒体联合共同推出海外专版专刊,华文媒体行业组织正从单一的协作走向整体联合,从务虚迈向务实。

（4）本土传播提升影响。浙江籍人士创办的海外媒体为适应国际传播环境需求,实施了"本土化"传播战略,加快了海外媒体并购步伐,通过创新报道内容、表达方式、传播理念以及经营手法等,不断增强对所在国或地区主流社会的影响力,并显示出了自身独特的舆论力量。浙商投资的海外媒体,往往聘用当地员工采编节目,节目内容原创性强,采用当地语言传播,更加贴近当地受众,节目关注度较高。2006 年,温州商人王伟胜在迪拜全资控股收购阿拉伯·亚洲商务卫视（ASIA BUSINESS TV）,这是全球首家由中国人收购的电视台。电视台聘用阿联酋籍资深媒体人士担任台长,并招聘了 20 多名阿拉伯播音员,以阿拉伯语和英语全天候循环播出。2007 年,温州商人叶茂西全资收购英国本土卫星电视台——PROPELLER（普罗派乐）卫星电视,其总部设在伦敦。目前,普罗派乐（螺旋桨）电视台已完成卫星、IPTV、手机电视三网合一,连接欧美及全球的 45 个国家和地区,并通过手机电视提供汉语节目等内容。

（5）密切交往实现双赢。浙江籍人士投资创办的海外媒体,立足当地、背靠祖国,通过加强与国内主流媒体的交流合作,在宣传浙江、推介浙江、树立浙江海外良好形象等方面作出了积极贡献。近年来,海外华文媒体包括浙江籍人士创办的海外媒体组团来浙采访的交流活动日益频繁。2010 年 5 月中旬,来自法国、阿联酋、巴西等 8 个国家的近 20 家海外主要华文媒体参加了"海外华文媒体看温州"活动。5 月底,来自美国、加拿大、法国、意大利、新西兰、新加坡等 11 个国家的 12 家海外华文媒体来杭州参加采访活动。10 月份,来自美国、日本、加拿大、英国等 6 个国家和地区的 11 家海外华文媒体参加了"海外华文媒体杭州行"采访活动。全年共有 20 多个国家的华文媒体、近 100 人来浙采访考察。通过组团采访,用第一手原创稿件,以专稿或专版形式,积极有效地推介浙江,为浙江经济社会发展营造了良好的海外舆论环境。

扎根本省,面向海外,实现双赢,浙江籍海外华文媒体与省市主要媒体之间已形成了一种交流合作、相互借重、共同发展的模式。浙江广电集团国际频道精选了集团内各频道优质新闻报道和节目资源,结合海外记者站的本土报道,加强对华人社区的服务。从调查反馈看,在中国长城(欧洲)平台 14 家外宣电视频道中,浙江国际频道得到的海外受众的好评最多。在欧洲特别是法国、意大利等浙江籍华人华侨较多的国家,其海外华文媒体如《欧华联合时报》、《新华联合时报》等积极与浙江省及温州、青田等侨乡的媒体建立了供稿、供版的合作关系,为海外华人了解家乡的发展、掌握祖国政经资讯提供了渠道,也丰富了华文媒体的信息量和可读性,为其巩固和拓展受众群提供了重要支持。

3. 阿拉伯·亚洲商务卫视或成海外跨文化传播样本

有关海外华文媒体的研究,起始于 20 世纪二三十年代,在第二次世界大战后期新加坡也出现了一批研究学者,出版了一些学术研究专著。20 世纪 80 年代,中国内地出现了一些研究海外华文媒体的学者和专著,如方积根、胡文英的《海外华文报刊的历史与现状》(新华出版社 1989 年版),杨力的《海外华文报业研究》(燕山出版社 1990 年版),王士谷的《海外华文新闻史研究》(新华出版社 1998 年版),程曼丽的《海外华文传媒研究》(新华出版社 2001 年版),彭伟步的《海外华文传媒概论》(暨南大学出版社 2007 年版)等专著,还有数量可观的发表在各种学术刊物上的专题研究论文,都对海外华文媒体研究做出了积极贡献。稍感不足的是,过去出版的专著和学术论文中,侧重于研究东南亚和新加坡华文媒体的居多,对于美洲、欧洲、澳洲等地华文媒体研究的不足;侧重于历史研究,对于最近 30 年海外华文媒体发展变化的研究不足;侧重于对海外华文报业的研究,对于网络媒体、广播电视等媒体的研究不足。① 单独详细分析和解构一家华人媒体在海外的跨文化传播实践更是鲜见。

阿拉伯·亚洲商务卫视是由温州籍华侨王伟胜先生于 2006 年 1 月购买并控股的一家阿联酋卫星电视台,总部位于中东经济中心迪拜,已于 2006 年 8 月 1 日正式开播。

阿拉伯·亚洲商务卫视是全球首家由中国人收购的海外电视台,是目前在中东唯一一家由中国公民全资控股独立法人并终身拥有播出经营采访权的卫星电视台,也是唯一一家在中东用阿拉伯语和英语 24 小时传播中国文化、经济

---

① 方汉奇:《海外华文媒体研究的新思路》,《新闻与写作》2009 年 10 月号。

的电视频道。

　　本文基于阿拉伯·亚洲商务卫视众多的独具优势,通过综合总结其五年运营状况,试图对阿拉伯·亚洲商务卫视做一些解构,探讨其在中国国际传播力建设中所应扮演的角色及作用,希望能够为中国媒体"走出去",甚至中国媒体在构建国际舆论新秩序的努力中起到一点"民间样本"的作用。

(三)研究方法

　　本文在前期文献整理工作中,搜集了大量国际传播、跨文化传播、媒介管理等相关书籍及重要刊物和业内杂志发表的研究论文,并通过实地走访研究对象的中国总部,面对面采访亚洲商务卫视董事长王伟胜、前后两任总监高度和王建平等三名关键人物,从网络、报纸报道收集有关阿拉伯·亚洲商务卫视的基本情况,包括成立时间、收视群体、节目架构,以及五年中该电视台所做的大型媒介营销策划活动,阿拉伯媒介环境、竞争对手及电视台所处的位置排名、影响力等众多资料。通过理论分析与实证研究相结合,分析亚洲商务卫视的价值,以及当前面临的瓶颈和发展前景等。

　　在研究角度上,本文鉴于当前海外跨文化传播研究大多以宏观视角展开的各种局限,力求通过对一家温州籍海外民间媒体诸多方面的剖析,从微观角度分析民间媒体在跨文化传播中的优势以及今后的角色定位。

二、阿拉伯·亚洲商务卫视基本情况

(一)亚洲商务卫视前身、成立及宗旨

　　从汉朝时张骞出使西域,到举世闻名的"丝绸之路"开通,中阿自古以来双边贸易、文化交流频繁。但在 2006 年之前,在中东 300 多家卫星电视和中国 3125 家电视台中,没有一家电视台在中东传递中国的信息,一直到 2006 年 8 月亚洲商务卫视的开播,这种状况才被一位温州籍华人打破。

　　阿拉伯·亚洲商务卫视(Arab Asia Business TV),简称 AABTV,是由温州籍华人王伟胜先生于 2006 年 1 月全资收购的一家阿联酋国家卫星电视台。图标见图 1。

　　亚洲商务卫视前身为"阿拉迪尔"电视台,该电视台位于阿拉伯联合酋长国的迪拜媒体城内,用阿拉伯语和英语向中东和北非国家播放娱乐节目。由于收视率不理想,电视台的经营状况并不好。2005 年年初,迪拜媒体城总经理(王伟

图 1　阿拉伯·亚洲商务卫视台标

胜的私交朋友)委托在迪拜从事服装、家具等贸易生意 8 年的中国公民王伟胜提供一些介绍中国风光和资讯的电视片和影视剧作品,希望能有助于提高很不理想的收视率。当时王伟胜就萌生了收购该电视台的想法。经过一年时间的反复调研、谈判和层层审批,2006 年 1 月,王伟胜斥巨资买下了阿拉伯联合酋长国的国有电视台阿拉迪尔(音译) 100％的股权,并更名为"阿里巴巴商务卫视"。8 月 1 日,"阿里巴巴"在阿联酋迪拜顺利上星开播,再次更名为"亚洲商务卫星电视台"(AABTV)。王伟胜也成了中国民营资本成功进军海外电视传媒市场的第一人。

为适应海外媒体环境,亚洲商务电视台的总部仍然设在迪拜媒体城内,在行政管理上实行"华人化"的同时,聘请了原迪拜电视台的创始人、原台长雷亚德(音译)担任台长,并根据栏目需要,高薪聘请了 20 多名阿拉伯籍和一批中国籍电视制作人。

亚洲商务卫视创台伊始,就秉承"让中国了解中东,让中东了解中国"的宗旨,以"领跑中阿财富"为主要目标,力图打造"新丝绸之路"。目前该电视台主要致力于搭建中国与阿拉伯之间的文化交流平台与经济贸易桥梁,并通过电视台的媒介资源为中国政府和企业提供外宣桥梁、输出中国文化产品、传播中国和谐理念。同时为中国观众提供中东市场和商旅相关信息,让中国了解中东,并立志成为协助中国企业拓展中东国际市场的孵化器和助推器,将自身打造成为中阿地区的"中国半岛"。

(二)亚洲商务卫视简介

阿拉伯·亚洲商务卫视是目前在中东唯一一家由中国公民全资控股独立法人并终身拥有播出经营采访权的卫星电视台,唯一一家在中东用阿拉伯语和英语传播中国文化、经济的电视频道。每天,亚洲商务卫视播出新闻、商贸、文化 3 大版块,10 大强档节目,24 小时为中东观众提供与中国相关的新闻、财经及文化节目。

2006 年 8 月 1 日,亚洲商务卫视通过中东最主要卫星尼罗河卫星(与半岛电视台同属一颗卫星)正式上星播出,信号覆盖阿联酋、沙特、埃及、伊朗、土耳其等中东、非洲、南欧等 30 多个国家和地区,每天通过阿拉伯语和英语向该地区 5 亿多人口传播关于中国的资讯和信息。

1. 亚洲商务卫视覆盖区域及收视人口

由于中东地区特殊的收视环境,使得亚洲商务卫视因得益于通过尼罗河卫星传递,才迅速落地到以中东地区为主的广大用户市场,形成了较强的覆盖优势。2009 年 6 月,又成功通过阿联酋的 DU 有线网络覆盖了阿联酋的高档社区、政府机构和酒店,目前仅阿联酋的固定收视户就达到了 350 万户。

图 2   亚洲商务卫视的覆盖区域及接收参数

卫星:尼罗河 101、102、103 号(西经 7 度)

接收频率:12341 MHz

极化方式:Vertical(垂直)

符号速率:27.500Msps

前向纠错(FEC):3/4

覆盖范围:北自南欧,南到中非,东自伊朗,西到大西洋

表 1   亚洲商务卫视覆盖国家和地区

阿曼	苏丹	约旦	巴林	叙利亚	伊拉克
黎巴嫩	摩洛哥	突尼斯	阿联酋	沙特阿拉伯	科威特
卡塔尔	也门	巴勒斯坦	伊朗	以色列	埃及
阿尔及利亚	毛里塔尼亚	吉布提	利比亚	索马里	土耳其
希腊	罗马尼亚	保加利亚	意大利	西班牙	葡萄牙
斯洛文尼亚	格鲁吉亚	阿塞拜疆	布隆迪	亚美尼亚	科摩罗

资料来源:由亚洲商务卫视中国总部提供。

<h3>表 2　亚洲商务卫视主要收视人口分布</h3>

国家/地区	人口总数	阿拉伯人比例	成年阿拉伯人人数（15 岁以上）	收视率	潜在观众
阿尔及利亚	32818500	99.0%	21833492	24.0%	5240038
巴林	667238	73.0%	346804	43.7%	151553
塞浦路斯	771657	3.2%	19285	25.0%	4821
埃及	74718797	94.0%	46425777	49.0%	4642578
欧洲	—	—	—	—	4000000
伊朗	68278826	1.0%	482731	57.0%	289639
伊拉克	24683313	75.0%	10977903	47.0%	5159615
以色列	6116533	19.9%	889766	47.0%	418190
约旦	5460265	98.0%	3430029	52.0%	1783615
科威特	2183161	80.0%	1259247	59.17%	871021
黎巴嫩	3727703	95.0%	2581621	59.3%	1530901
利比亚	5499074	97.0%	3493837	55.0%	1921610
摩洛哥	31689265	99.1%	20977913	39.2%	8223342
阿曼	2807125	75.0%	1216889	59.0%	717964
卡塔尔	817052	40.0%	246096	49.12%	170102
沙特阿拉伯	24293844	90.0%	12615793	51.23%	6463071
叙利亚	17585540	90.3%	9750162	38.0%	3705062
突尼斯	9924742	98.0%	7100160	23.0%	1633037
土耳其	68109469	10.0%	4958369	10.0%	495837
阿联酋	2484818	40.0%	728549	72.0%	378845
约旦河西岸及加沙地带	3512062	88.6%	1680311	31.0%	1663508
也门	19349881	98.0%	10088254	27.0%	2723829
共计	405498865		161102989		52208177

资料来源：联合媒体。

2. 节目结构、来源以及特色

亚洲商务卫视从开播至今，一直坚持以商务资讯立台，以及本土化的办台方针，从内容上以引进、合作以及自己开发为特色，在节约成本的基础上突出重点、强化影响力。目前已经开通了 24 小时的节目时间，节目内容主要包括新闻、专题、电影、电视剧、纪录片以及商务资讯节目。其中，采自中国的节目占

80%，本土节目占 20%，编排上每天采用 6 小时 4 次滚动播出。

表 3   亚洲商务卫视 2010 年下半年 AABTV 节目表（7 月 1 日执行）

UAE	周六 Sat	周日 Sum	周一 Mon	周二 Tue	周三 Wed	周四 Thur	周五 Fri
6:00	AAB 新华快讯						
6:35	发现浙江	发现广东	发现中国				
7:10	影视中国(1)						
8:00	AAB 新华快讯						
8:35	影视中国(2)						
9:15	名城中国	中国传奇					漫游华夏学汉语
9:30	贸易点对点						
10:00	AAB 新华快讯						
10:35	直销中东						
11:35	前沿(财经无国界)						
12:00	AAB 新华快讯						
12:35	发现浙江	发现广东	发现中国				
13:10	影视中国(1)						
14:00	AAB 新华快讯						
14:35	影视中国(2)						
15:15	名城中国	中国传奇					漫游华夏学汉语
15:30	贸易点对点						
16:00	AAB 新华快讯						
16:35	直销中东						
17:35	前沿(财经无国界)						
18:00	AAB 新华快讯						
18:35	发现浙江	发现广东	发现中国				
19:10	影视中国(1)						
20:00	AAB 新华快讯						
20:35	影视中国(2)						
21:15	名城中国	中国传奇					漫游华夏学汉语
22:00	AAB 新华快讯						
22:35	直销中东						
23:35	前沿(财经无国界)						
21:30	贸易点对点						

0:00	AAB 新华快讯			
0:35	发现浙江	发现广东	发现中国	
1:10	影视中国(1)			
2:00	AAB 新华快讯			
2:35	影视中国(2)			
3:15	名城中国	中国传奇		漫游华夏学汉语
3:30	贸易点对点			
4:00	AAB 新华快讯			
4:35	直销中东			
5:35	前沿(财经无国界)			

为照顾不同类型的观众,节目采用英语和阿拉伯语双语播出。在内容来源上,因亚洲商务卫视与新华社、中央电视台英语频道(CCTV-9)、央视中文国际频道(CCTV-4)、央视电影频道、央视阿拉伯语频道、浙江国际频道、广东电视台、广州电视台、上海文广集团、南方传媒、凤凰卫视、东森卫视、亚洲卫视等建立有节目合作关系,因此中国节目大多是从上述合作单位以及五洲传播中心、中国电影海外推广中心,或浙江、广东省台等以免费引进或购买部分专题和影视剧的形式,经过翻译和编辑再播出的相关节目。

经过五年的运转,目前亚洲商务卫视已打造出了《AAB 新华快讯》、《名城中国》、《贸易点对点》、《直销中东》等固定节目,以专业视角解读中阿经贸,深度服务中阿商务人群。如《AAB 新华快讯》,该栏目为亚洲商务卫视与新华社联合打造的一档新闻资讯类节目,及时传递中国最新的时政要闻和财经信息,为阿拉伯世界的商务人士提供了一个及时了解中国的信息窗。节目时长 30 分钟,首播时间为每天晚上八点,每两个小时滚动播出一次。

同时《中国传奇》、《发现中国》、《漫游华夏学汉语》等三档常态文化旅游栏目也将中国悠久灿烂的历史文化与绚丽多姿的旅游景点推荐到中东去,增进中东观众对中国的认知与理解,从而有力地提升了中国的国际形象与文化软实力。

而中东本土的节目部分,则主要来自卡塔尔半岛电视台、MBC(沙特商业电视台)、沙特阿拉伯电视台、阿布扎比电视台、迪拜电视台、埃及阿拉伯通讯社以及阿联酋文化部、迪拜旅游推广局、迪拜科技媒体城等合作单位,它们那里有着众多的阿拉伯语和英语的节目素材可以直接共享。

此外,亚洲商务卫视还根据中阿之间的国际关系以及贸易环境,自制了一些特色节目,适时推出了如《名城中国》、《中国购》(网上商城购物节目)、《发现广州》、《发现浙江》等栏目。

(三)部分栏目简介

1.《名城中国》

该栏目的口号为"寻找中国特色,感受名城精彩",是阿拉伯·亚洲商务卫视 2010 年强力推出的品牌栏目。栏目采用演播室与外景实拍相结合的形式,通过主持人的独特视角,以亲身的体验、生动的描绘、高端的对话、权威的论述,综合展示中国各大城市的特色文化、特色旅游和特色产业。在传播中国城市形象的同时,也为中阿之间的商贸与投资交流打造了一个互动平台。栏目分为《城市印象》、《高端对话》、《特色聚焦》、《名城名企》四大版块,着力强调"地方感"和"国际化"的相互结合,全方位助力中国特色文化走向海外。

首播:周六晚 21:15(迪拜)

重播:(次日)3:15,9:15,15:15

时长:15 分钟

语言:英语

2.《品牌中国》

一档以推荐中国知名品牌、讲述品牌背后故事、探寻品牌塑造智慧及促进中阿商界互通为宗旨的经济类新闻专题节目,以讲述品牌背后的故事为主。

播出形式:季播

播出周期:每年 4—5 月、11—12 月两个播出季

播出时间:每周六晚上 21:00

节目时长:15 分钟

3.《名镇天下》

该栏目试图以精品意识打造精品栏目,以非常创意赢取非常收视。力求将栏目做成让"政府大力欢迎,企业积极参与"的精品栏目。栏目以杂志性板块形式展现给观众,以纯纪录片的拍摄手法为首选考虑方式。每一档节目都力求做到富有创意与代表性。在演播室访谈板块中,通过有针对性地提出问题,全面铺陈其播出对象县镇的特色,探讨乡镇经济成长轨迹,并把思想轨迹放入探讨思考,把行为轨迹放在片中叙述。

首播:每周六、周日、周一 9:00

重播:每周六、周日、周一 21:00

节目时长:15 分钟

4.《贸易点对点》

继 2009 年中阿《外贸直通车》成功"开进"中东市场后,亚洲商务卫视 2010

年再接再厉,在全球金融危机的阴霾尚未完全消退的情况下,重磅推出一档全新模式的品牌栏目《贸易点对点》,以进一步助力中国企业走出国门,开启中阿贸易新财富之门。不同于其他传统电视节目,《贸易点对点》搭建出了一个崭新的交易模式,即把传统电视媒体同 B2B 网络平台和产品实地展示相结合,为企业搭建一个从产品展示到询盘反馈的立体服务平台。亚洲商务卫视通过实地拍摄,向中东和北非地区的采购商介绍中国国内强大的产业集群及其发展状况,进而从产业链中挑选出最优质、最专业、最具特色的供应商,并在电视节目中推介有竞争力、有特色、有新意的样品。为弥补电视展示滞留的不足,亚洲商务卫视还搭建了网络 B2B 平台以及实地样品展示中心,以便买家对其感兴趣的样品做进一步了解。此外,针对不在中东设点或不参加中东地区展会的客户,亚洲商务卫视将提供样品实地展示服务或代为参展,并把买家的有效询盘在第一时间反馈给供应商。

《贸易点对点》的适时推出,迎合了近年来中阿商贸往来不断深入发展的大趋势。通过这档全新栏目,亚洲商务卫视希望成为中国国内龙头企业拓展中东市场的助推器、中小企业在中东发展业务的孵化器,助力更多中国企业在新时期的中阿贸易"新丝绸之路"上走得更稳、走得更远。

(四)亚洲商务卫视的影响力

亚洲商务卫视开播后,迪拜《绿洲报》发表了对亚洲商务卫视的调查报告。调查结果表明:"亚洲商务卫视开播以来,得到了当地商人的广泛关注,他们认为这个电视台的开播为当地商人架起了一座通往中国的信息桥梁,是他们了解中国的最佳窗口。"正如中国驻迪拜领事馆有关人士说:"这是中国商人在中东收购的第一个电视台,将成为中国文化在当地传播的一个良好窗口。"①

泛阿拉伯数据调查公司(Pan-Arab)2008 年的调查数据显示,亚洲商务卫视的《中国商务通》、《发现中国》等特色节目,深受阿拉伯观众的喜爱。在迪拜经商的商贸人士中,看过亚洲商务卫视的占 53%,而在沙特、阿联酋、科威特等海湾地区,亚洲商务卫视的收视率平均达 2.5%以上,个别节目收视超过 5%,远远超过了覆盖同个区域的中央电视台英语频道和阿语频道的收视及影响力。

五年多来,亚洲商务卫视坚持"打造中国在中东外宣桥头堡""打造中阿文化经贸丝绸之路"为主要方针,还策划了"中东大使看中国""中国制造闯中东""中东外贸直通车""重走海上丝绸之路"等大型媒体活动,同时还参与了"中阿合作论坛部长级会议""2008 年北京奥运会报道""2008 年达沃斯会议""2008 年

---

① 邓绍根:《阿联酋华文传媒的发展和特点》,《青年记者》2007 年 10 月上半期。

迪拜酋长访问中国""2010年中东大使看世博"等大型活动。目前亚洲商务卫视已是整个阿拉伯世界了解中国企业和品牌形象的主要窗口,同样也是中东阿拉伯国家了解中国文化的主要平台。其节目的主体观众为覆盖中东、北非地区的政界和商界人士,以及与中国来往较为密切的阿拉伯采购商、代理商、贸易企业和其他人士等。

(五)亚洲商务卫视核心管理团队

目前,亚洲商务卫视采用区域负责制的管理方式,由董事会制订战略和执行策略,总裁负责具体执行和管理。

亚洲商务卫视下辖迪拜国际总部(迪拜)、大中华区总部和中国华南事务处三个办公地点。迪拜国际总部负责国际事务,国内事务由大中华区(中国)总部统一协调,并申注册全资子公司杭州朱美拉文化传播有限公司负责广告运营。

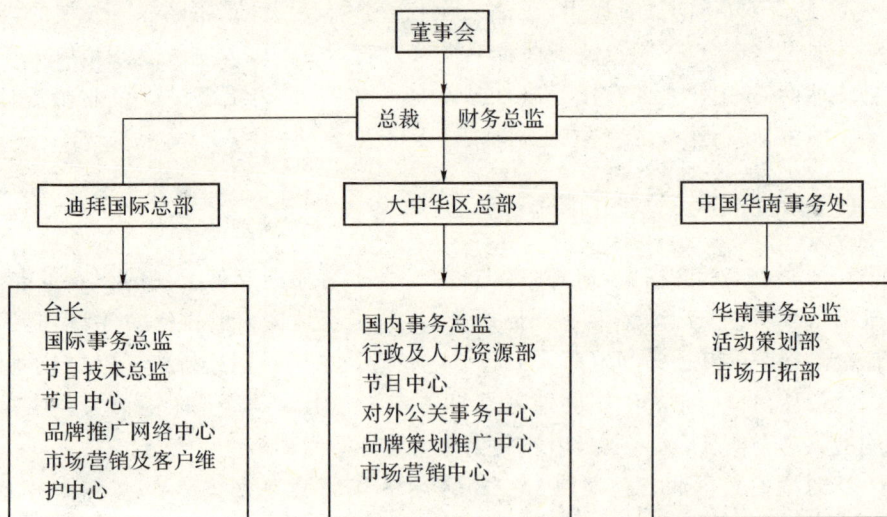

```
                    ┌─────────┐
                    │  董事会  │
                    └────┬────┘
              ┌──────────┴──────────┐
              │  总裁    财务总监    │
              └─────────────────────┘
        ┌────────────┬──────────────┬────────────┐
  ┌──────────┐  ┌──────────┐  ┌────────────┐
  │迪拜国际总部│  │大中华区总部│  │中国华南事务处│
  └──────────┘  └──────────┘  └────────────┘
```

台长	国内事务总监	华南事务总监
国际事务总监	行政及人力资源部	活动策划部
节目技术总监	节目中心	市场开拓部
节目中心	对外公关事务中心	
品牌推广网络中心	品牌策划推广中心	
市场营销及客户维护中心	市场营销中心	

图3 亚洲商务卫视核心管理团队及职责分工

1. 亚洲商务卫视董事会

董事长:1人

职责:召集、主持董事会会议;检查董事会决议的实施情况;签署必须由董事长签署的文件;处理公司其他重要事务;把控亚洲商务卫视的发展大局和方向,整合可利用的政府资源和社会资源。

董事会董事:3人

职责:处理董事会日常事务;负责董事会委托的工作;调查研究公司的发展问题、财务审计等。

董事兼台长：1 人

职责：节目内容把控；迪拜媒介分析；迪拜广告资源和信息资源的整合。

董事兼总裁：1 人

职责：执行董事会决议，制定和实施公司总体战略与年度经营计划；建立和健全公司的管理体系与组织结构；主持公司的日常经营管理工作，实现公司经营管理目标和发展目标。

2. 迪拜国际总部（迪拜媒体城）

职责：负责迪拜的节目制作、播出技术支持；整合迪拜的政府和商业资源，进行品牌拓展；利用在迪拜的影响力进行市场营销。

人员：目前 215 人

3. 大中华区总部（位于杭州市祥园路 28 号乐富智汇园 2－502）

职责：负责亚洲商务卫视在中国内地的具体事务，包括政府公关、媒介合作、节目策划、新闻采访、品牌推广和市场营销等。

人员：目前 10 人

4. 中国华南事务处（广州）

职责：负责亚洲商务卫视在中国珠三角区域的政府公关、品牌推广和市场营销等。

人员：目前 12 人

三、中东媒介环境分析

正所谓"知彼知己"才能"百战不殆"。媒介要想求得长久的生存和稳定的发展，就需要根据外部环境和内部条件来确定自己的使命与战略目标，并进行媒介战略管理。其中外部环境主要着重于两个方面：媒介宏观环境分析和媒介产业环境分析。[①] 我们首先分析亚洲商务卫视所处的外部环境，即中东媒介环境分析。

（一）中东媒介宏观环境简述

媒介宏观环境主要包括政治环境、经济环境、社会环境和技术环境，因此常称之为 PEST 分析法。[②] 媒介发展的环境因素，不仅是指人口和组织所共同存

---

① 邵培仁，陈兵：《媒介管理学概论》，高等教育出版社 2010 年版。

② 邵培仁，陈兵：《媒介管理学概论》，高等教育出版社 2010 年版。

在的一定空间,还包括媒介发展所依赖的自然资源条件和社会经济发展条件的总和。当经济不景气时,工商业者较之平时对广告开支更加重视并可能会适当削减它们,因而也就会给媒介带来压力。此外,媒介的环境因素还包括地缘文化和社会心理上的差异。①

"中东地区"或"中东"是指地中海东部与南部区域,即从地中海东部到波斯湾之间的大片地区。中东不属于正式的地理术语,它的名称来源据说是16～17世纪欧洲殖民者向东殖民时,把距离欧洲的地理位置按远近划分成了近东、中东、远东。

从地理角度分析,中东的地域范围是目前的非洲东北部与亚洲大陆西南部的地区,属于"三洲五海"之地,"三洲"指亚欧非三大洲,处在沟通大西洋和印度洋的枢纽地位,"五海"具体指里海、黑海、地中海、红海、阿拉伯海。

"中东"一般说来包括巴林、埃及、伊朗、伊拉克、以色列、约旦、科威特、黎巴嫩、阿曼、卡塔尔、沙特、叙利亚、阿联酋和也门,巴勒斯坦、马格里布国家(阿尔及利亚、利比亚、摩洛哥、突尼斯)以及苏丹、毛里塔尼亚和索马里等,包括22个阿拉伯国家和5个非阿拉伯国家。

中东地区的气候类型主要有热带沙漠气候、地中海气候、温带大陆性气候。其中热带沙漠气候分布最广。

由于中东是沟通大西洋和印度洋、连接西方和东方的要道,也是欧洲经北非到西亚的枢纽和咽喉,在世界政治、经济和军事上占有重要地位,使其成为世界历史上的列强逐鹿、兵家必争之地。加之中东的重要海湾波斯湾蕴藏着丰富的石油资源,其能源资源在世界能源中的地位日加显要,也使中东成为美国等大国争夺的焦点。

历史上,东西方文化在中东交流频繁,多种民族在这里汇聚。中东还是世界穆斯林的起源地,因此中东有着独特的文化和宗教,大多数居民信仰伊斯兰教,生活方式和风俗习惯有着众多的禁忌。

由于中东地区宗教纠纷错综复杂,"三洲五海"的地理战略位置,以及其"世界油库"的能源地位,使得该地区政治局势一直处于动荡不安状态,但中东与中国之间还算友好。

(二)中东媒介产业环境

特定的地域生态产生特定的媒介形态。人类的生存和传播活动,都要受到一定的地理环境的影响。生活在森林中的原始人类能够就地取材,在树叶、树

---

① 支庭荣:《媒介管理》(第二版),暨南大学出版社2004年版。

皮上写字,后来则在木片或竹简上刻字;生活在河网湖区的祖先们则学会了通过苇叶写意传情;而生活在广阔沙漠上的人们要将一则信息传送到远方就只有通过"泥版书"。①

由于阿拉伯国家大多地处沙漠地带,因此有线电视并不发达,卫星电视占据主流,且以阿拉伯富豪投资的私人卫视居多。目前阿拉伯各国共有300多家卫星电视台,共600多个频道,内容极其丰富,新闻类、体育类、娱乐类和商业类无所不包,其中娱乐、电影、连续剧频道或节目占有很大比例。

中东的电视台讲求形象包装的整体性(在播系统体现)、形象品质性和节目内在的连贯性。从形象包装来看,由于受到欧美电视文化影响,整体的节目制作水平较高,播出流顺畅,屏幕形象干净有序。

但在众多的卫星电视台中,观众看好的仅15家左右,其中包括有"中东的CNN"之称的卡塔尔半岛电视台、总部设在阿联酋迪拜的阿拉伯电视台、沙特王室资助的MBC电视台、黎巴嫩LBC电视台、叙利亚号称与美国CNN相抗争的ANN,以及阿联酋的迪拜卫视和阿布扎比卫视等。这些电视台,以新闻立台,基本上都是24小时直播,而且大都有国家的资助。

从规模和收视率来看,MBC电视台暂居第一,高于人们熟知的半岛电视台和阿拉伯电视台。MBC电视台不仅有新闻频道,而且还包括3个体育频道、1个儿童频道以及5个电视剧频道等,影响力极大。其他频道如埃及的商业频道、娱乐频道、宗教频道、教育频道等,都是一些私营卫视主打的项目。这些娱乐频道的节目丰富多彩,种类繁多,包括各种谈话秀、表演秀、电视剧和电影等。美国的大片,几乎都是第一时间出现在阿拉伯卫视上,虽然仅有阿拉伯语字幕,但这些电影仍然深受阿拉伯人青睐。不过由于卫视数量太多,在管理上基本处于无序状态。与此同时,一些频道的经费来源完全指望广告收入,如果没有广告,运营商自然不好发展,频道生存也就难以为继。②

阿拉伯人有看故事片的传统,因此不少卫视都设有电影和连续剧频道,每天播放大量的影片及电视连续剧。也有一些非常专业性的卫视,如"阅读"卫视,因其全天候播出《古兰经》阅读、讲述伊斯兰知识、教授阿拉伯语和乌尔都语等宗教色彩浓郁的特色节目而深受阿拉伯观众欢迎。③

除观众看好的约15家卫视外,其余很多卫视质量不高。卡塔尔电视台播音员阿卜杜拉·法拉吉在评论阿拉伯的众多卫视时认为,节目内容和形式彼此

① 邵培仁:《媒介地理学:行走和耕耘在媒介与地理之间》,《中国传媒报告》2005年第3期。

② 罗世刚:《金字塔下的卫星天线——尼罗河畔卫视一瞥》,《卫星电视与宽带多媒体》2010年第3期。

③ 刘元培:《阿拉伯卫视的今昔与优势》,《环球新视野——电视研究》2005年第10期。

雷同的太多。阿联酋资深新闻工作者艾哈茂德·萨利姆认为,每家卫视都应该突出自己的特色。私人卫视没有抓住机会弥补政府卫视节目内容单调、形式呆板的缺陷,相反大部分私人卫视因循守旧,缺乏创新,且很少与观众互动交流,没有观点交锋,播出的新闻支离破碎,缺乏滚动和延续性。为吸引儿童和年轻人而做出来的歌舞、喜剧等节目,也只追求形式而忽略了内容,有些甚至低级庸俗。[①]

中东的广告市场很大,这归功于迪拜等城市的优惠投资政策和潜力巨大的市场购买力。据了解,每年迪拜的潜在广告市场规模达到30多亿美元,这还不包括另外的软性广告,但是由于激烈的媒体竞争环境,使得60%的广告被半岛、MBC等大台囊括,20%被其他媒体分割。如何才能分得更多的蛋糕,成了许多商业电视台必须思考的课题。除了国家电视台和一些宗教台之外,大部分商业电视台都必然要考虑生存和发展问题。半岛、MBC等大台依靠它们的知名度和影响力完全站在品牌的角度销售价值昂贵的广告时间,而其他的商业频道不得不考虑除广告之外的经济增长空间,如短信业务(VIP客户)、歌曲下载等。

从目前来看,亚洲商务卫视所在的卫星尼罗河卫星上传输的电视节目共有273套,可直接覆盖中东地区,受众群达5亿人。虽然媒体的定位各有不同,但是节目类型却五花八门,几乎涵盖所有生活领域。从新闻"老大"半岛电视台到财经权威CNBC,从中东本土颇具影响力的MBC(沙特商业电视台)到中东迪拜电视台等各本土电视,均在这个卫星上传输,它们已经在中东这片沙漠和财富"热土"上独树一帜,傲视群雄。

另外从表象上分析,目前中东电视节目类群中新闻综合类节目占40%左右,娱乐类节目(包括纯音乐台)占20%左右,影视家庭类节目占15%左右,财经生活服务类节目(财经证券/生活旅游/家庭购物/商务信息等)占8%左右,少儿卡通动画类节目占7%左右,宗教类节目占5%左右,其他(短信聊天/游戏频道等)占4%左右。除国家电视台以及严肃的财经类节目外,其他形式的节目都较注重同观众的互动,大部分互动通过短信的形式加以体现,其中以短信互动台最为突出。

(三)中东的商业投资环境

从汉朝时的陆上贸易通道"丝绸之路"到如今,海陆空立体中阿双边贸易格局使中阿双边贸易额逐年递增。截至2010年年底,中阿双方贸易额已经达到1450多亿美元,自2004年以来年均增长约30%。阿拉伯国家已经发展成为中

---

① 刘元培:《阿拉伯卫视的今昔与优势》,《环球新视野——电视研究》2005年第10期。

国实施"市场多元化"战略和"走出去"战略的重要地区。而中国也已经成为阿拉伯国家的第二大贸易伙伴。阿拉伯国家每年 40% 的商品需要从中国进口,而中国每年也向中东采购大量的石油等能源资源。

为吸引更多外资,中东国家不断营造宽松的投资环境,实施了一系列的优惠政策。比如无外汇管制,货币自由汇兑;资本和利润可 100% 汇回本国;货币稳定,与美元汇率连续保持 25 年不变;无需交纳营业税、所得税;实行 4% 的低关税;进出口货物不实行配额限制。并且,相对于欧美国家高技术壁垒来说,中东各国存在着宽松的贸易环境,奉行自由贸易政策。

经贸界有关人士认为,中国商品在以下一些领域具有商机:

阿联酋所处的海湾合作委员会(海合会)六国今后 5 年用于城市建设、发电厂、海水淡化厂和石化项目的资金高达几千亿美元。但当地生产能力远远不能满足这些工程对建材和其他设备的需求。中国生产的墙砖、洁具设备、石材板、钢窗架、铝板、水泥、脚手架、钢管等建筑用产品均可找到市场。

中东地区不少国家既不生产棉花和化纤,也没有纺织厂,所需纺织品多依赖进口,市场需求潜力很大。最新统计数字显示,中东地区服装和纺织品年进口额超过 40 亿美元。中国对阿纺织品和服装出口目前约占两国整个双边贸易额的三分之一,随着阿服装和纺织品交易环境的进一步改善,中国这类产品的出口额还可以进一步增加。

中东地区是全球家庭汽车拥有率最高的地区之一。仅阿联酋一国每年就进口约 6 万辆汽车,另有约 4 万辆二手车在市场上售出;汽车零部件市场也非常发达,年销售额约 110 亿美元,仅汽车电池年销售额就高达近 10 亿美元,其中 70% 是通过迪拜转口的。阿联酋汽车业的采购程序和标准非常严格,要想直接向当地的汽车代理商供应汽车零部件非常困难,但中国内地的汽车零部件厂商可以先占领二手车市场。

阿联酋是世界上茶叶消费量最高的国家之一,人均年消费量达 8 千克。迪拜每年进口 5.9 万吨茶叶,进口额约为 1.36 亿美元。进口的茶叶大部分转口到伊朗、伊拉克、土耳其和中亚国家。中国虽是茶叶生产大国,但出口到阿联酋的茶叶量很小,增加出口具有很大的潜力。

四、亚洲商务卫视的独特优势和市场竞争力

分析了阿拉伯·亚洲商务卫视所处的外部媒介环境后,我们再来分析下其内部条件。由于该电视是第一家在中东传递中国信息的电视台,也是至今为止

唯一一家在中东用阿拉伯语和英语传播中国文化、经济信息的电视频道。因此它拥有了众多如先发性、唯一性带来的资源、体制、战略定位方面等优势,并在特定的人群中有着较高的知名度。

(一)资源和体制优势

1. 政府资源

亚洲商务卫视因其独特定位,从创办之初到 2011 年的五年时间,受到了中阿政府部门和其他各界人士的关注。在中东,受到沙特、阿联酋、科威特、巴林、埃及等中东非洲国家的高度关注,阿联酋副总统兼总理、迪拜酋长穆罕默德、阿联酋外贸部长鲁卜娜·卡西米谢赫女士、沙特文化新闻大臣迈达尼、科威特工商会主席阿里·嘎尼姆等在迪拜期间都曾亲自访问过亚洲商务卫视总部或接见其高层。

在中国国内,许多党和国家重要领导人在访问中东时都曾过问和关心亚洲商务卫视的发展情况,并肯定了亚洲商务卫视的成绩。

此外,国务院新闻办、国务院侨办、国家广电总局、国家旅游局、中阿友好协会、中国驻海湾各国使领馆、浙江省委省政府、广东省委省政府等相关部门领导在迪拜考察期间也都专程访问了亚洲商务卫视的迪拜总部。

在中央领导和中央直属部门主要领导的关心和促成下,亚洲商务卫视与国务院新闻办、中央电视台、新华社、浙江、广东、杭州等省市外宣办建立了长期合作关系,并可以免费共享如新华社、央视等众多国内媒体的新闻资源。如 2006 年 7 月,亚洲商务卫视与中国新华通讯社在平等互利的基础上经友好协商,签订了新华社资料使用合同。该合同的签订,丰富了亚洲商务卫视的财经信息栏目,增强了其栏目信息的权威性,对亚洲商务卫视的发展无疑是个非常大的推动。2006 年 8 月,亚洲商务卫视与阳光卫视负责人齐聚北京,共同商讨"中阿友好万里行"活动的合作事宜,并最终签署合作意向书,两台携手共走"丝绸之路"。

2. 媒体资源

目前,由于中东的宗教因素以及地理区域因素,使得传统电视成为家庭最大的娱乐方式,沙特、伊朗等国家家庭用户甚至连现代互联网都不能用,而沙漠地带和气候原因,更使得有线电视的发展受到瓶颈,这也造成了当地主要以接收卫星电视信号为主的普遍现象,所以上哪颗星或者能否上"热星"(尼罗河星、阿拉伯星)成了众多电视媒体的必争之地。

目前亚洲商务卫视正是通过阿拉伯地区最重要的、覆盖区域最广的卫星尼罗河卫星进行信号发送,不管是资源的稀缺性、信号的覆盖和到达率、收视和影响力都有非常强的竞争力和说服力。

在中东，亚洲商务卫视已经成为阿拉伯媒体联盟的重要成员，与半岛、迪拜电视台等媒体共享新闻资源。同时，它已经同阿拉伯重要的电视媒体 MBC 阿拉伯语频道结成战略合作关系，与 *The National*（《国家报》），*Khaleej Times*（《海湾时报》），*Gulf News*（《海湾新闻报》）等海湾地区重要的纸质媒体也建立了友好合作关系，与新华社中东分社、中央电视台中东记者站也都有项目合作关系。

在中国，亚洲商务卫视已经跟中央电视台、凤凰卫视、浙江电视台、广东电视台等建立深度合作关系。同时，免费并长期共享中央电视台 4 套、6 套、9 套以及五洲传播中心、中国电影海外推广中心的节目资源。

在国际上，亚洲商务卫视已经成为世界华文媒体联盟的重要成员，共享世界华文媒体的所有节目资源。

3. 体制的灵活性

由于中东特殊的政治和经济环境，当地政府也在警惕一些国家官方的宣传和舆论渗透。尤其是"9·11"事件后，为了缓解中东地区的反美主义活动，争取中东民众对美国的好感，布什政府在短短三年内建立了包括萨瓦电台、自由电视台、自由阿富汗电台、明日广播等媒体在内的中东广播网络，目的在于"及时、准确、完整、客观地向所有中东民众报道有关中东、美国乃至世界的重大新闻和信息，为推广自由、民主，实现美国的长期战略利益、促进（中东民众对美国的）了解等目标服务"。①这更加使阿拉伯国家增强了对外媒的管控。

亚洲商务卫视因其民间性、民营性，而且其董事长王伟胜在迪拜已经有十几年从事经营国际贸易的经历，所以使监管方的众多疑虑适当得到消除。同时该电视台又定位于商务概念，淡化政治色彩，更容易被当地人接受。另外，作为一家非官方投资的电视台，其在运营、宣传上具有非常大的灵活性，而且也不受官方宣传的约束，因此在向中东传递中国的信息文化时，拥有了一条较自由的通道。

（二）地缘和本土优势

从目前华人在国际上创办媒体的情况来看，大部分都是采用中文传播，主要受众还是针对在外的华人群体。而亚洲商务卫视立足中东的地缘优势，采用

---

① U. S. International Broadcasting (2006). Management of Middle East Broadcasting Services Could Be Improved. GAO-06-762. Washington D. C：August 4. p. 1. http：//www. gao. Gov/new. I-tems/d06762. pdf.

当地的官方语言即阿拉伯语和英语,直接服务于阿拉伯人和在阿拉伯从事贸易的商务人士。换句话来说,这等同于当地一家电视台在跟当地人"说中国的事",所以相当有贴近性和亲切感。拿中央电视台9套跟亚洲商务卫视来比较,就有很明显的区别,虽然很多节目在素材上相同,但是从收视率上来说,亚洲商务卫视就远远高于中央9套,这就是本土性的差异。CNN、BBC等主流媒体要在中东开设阿拉伯语频道,道理也就在这里。

另外,作为一个中东地区崛起的重要知名城市,迪拜这里汇聚着多达150多个国家的国际贸易商。从大环境形势和经济格局来看,迪拜乃至中东整个地区由于前几年石油财富的积累将会成为世界经济最重要的支撑点之一。作为新近崛起的中国,在这场世界金融危机中也扮演着至关重要的角色。所以,作为一家在迪拜本土崛起的关系中国和中东经济的媒体,极易成为中阿政府、金融以及财经商务人士关注的主要平台。

亚洲商务卫视在开播的两年时间里,通过迪拜著名的泛阿拉伯数据调查公司抽样调查,结果显示,仅在沙特、阿联酋等国家就约有53%的国际商务人士定期收看亚洲商务卫视。

(三)战略定位优势

完成收购后,王伟胜便开始考虑电视台的运营定位问题。他先分析了阿拉迪尔卫视衰落的原因:这家阿拉伯国家知名电视台,也曾有过辉煌的历史,它与著名的半岛电视台共用一个卫星转播,覆盖中东及北非30多个国家和地区,内容以娱乐为主,大约有5亿人能看到它的节目。而阿拉伯世界有几百家电视台,节目内容都大同小异,在王伟胜看来,缺乏特色是阿拉迪尔卫视衰落的主要原因,他觉得只有节目办得有特色,才能在激烈的竞争中站稳脚跟。

考虑到中阿都是文明古国,古代"丝绸之路"曾缔结过两个区域的经济繁荣局面,同时也维系着双方之间深厚的友谊。虽然中东局势局部不稳定,但同中国的关系一直还较稳定。特别是随着中国经济地位在世界上的提高,中国与中东国家的关系也越来越紧密,文化和经济交流也越来越频繁,如今有10万华人群体生活在中东,而"中国制造"更是遍布中东各国。

经过一番市场调查后王伟胜发现,在阿拉伯众多电视台中,专门做商务的电视传媒几乎没有,专门侧重传播中阿两国商务信息的传媒更是一片空白。他坚信其中商机无限,于是把电视台易名为"亚洲商务卫视",专门走商务这条路线。目标非常明确,就是要在中东打造一家全新的商务资讯频道,帮助中国商品在当地推广,提升品牌含金量,宣传中国文化,作为连接中国企业与中东经销商之间的商务桥梁。

　　亚洲商务卫视以其特有的商业咨询和商业服务定位,在开播之初就赢得了众多华人和阿拉伯观众的欢迎,特别是深受关注中国以及与中国有一定商务往来的人群的喜欢。中东当地媒体研究机构 KSA IPSOS 曾在亚洲商务卫视开播两年四个月后,即 2008 年 12 月调查得出一张当地卫视当月的收视排名表,其中亚洲商务卫视挤进了前十名。

　　在传播策略方面,亚洲商务卫视通过"资讯＋服务"来获取中国的商业信息,以"口碑＋信誉"赢得观众的忠诚,逐步把亚洲商务卫视培养成一家阿拉伯观众了解中国必看的最佳商务电视频道。

(四)管理与团队优势

　　亚洲商务卫视秉承本土化的制作理念和本土化的管理模式。在迪拜聘请原迪拜电视台创始人担任台长,并聘用熟悉阿拉伯媒体环境和经验丰富的本地人士担任记者和编辑。同时,在迪拜,亚洲商务卫视还通过与阿拉伯媒体联盟、MBC 电视台、迪拜电视台、《海湾新闻报》等众多媒体建立合作关系,以共享媒介资源。另外,该电视台还积极利用中东主要国家的民间记者力量,发掘他们身边的经济新闻素材。

　　在中国,亚洲商务卫视已经在杭州和广州设立办事机构,并招揽了一批既有媒体从业经验又有激情的合作者,如杭州办事处成立之初,就招揽了曾经担任过中央电视台记者、浙江电视台主持人、制片人和部门主任的媒体人高度出任董事兼总裁,由其全权负责国内的新闻采访、市场营销、项目合作等事宜。该团队还积极发挥资源优势,扩大与国内各大媒体的合作,并争取到了大量有价值的无偿节目资源。

五、亚洲商务卫视五年运营状况简述

　　亚洲商务卫视从 2006 年 1 月创立至 2010 年年底,在运营上充分整合媒体和商务资源,以"远规划、近目标"来实施运营计划。通过 5 年多的运作,目前亚洲商务卫视已经开发了基本的节目框架,完成了品牌推广第一步,在市场开发和回馈方面都取得了一定成效,在海湾各国政府、商界都有了一定的知名度和影响力。

(一)节目制作流程和状况

　　目前亚洲商务卫视在节目构架上已经形成了每天 6 小时节目、4 次滚动播出的 24 小时节目播出机制,并开辟了集新闻资讯、财经商务、商旅文化为一体的新闻财经资讯频道。节目采用阿拉伯语和英语两种语言。节目素材采用编辑为主、自采为辅的方式,自采的节目最多时每天保持在 1 个小时,内容以财经新闻和中国旅游文化方面为主。节目来源以中央电视台 4 套、6 套、9 套、五洲传播中心、新华社、浙江电视台、广东电视台、东方卫视、第一财经等为主,自采的节目包括《AAB 新闻》《美丽中国》《漫游华夏学汉语》《品牌中国》等。

(二)品牌运作战略

《今日美国》资深记者凯文·曼尼在其著作《大媒体潮》中预测,21 世纪的媒介品牌将成为激烈的战场,无论是同类媒介品牌之间的竞争,还是新兴媒介品牌对传统媒介品牌资源的争夺,都会使媒介市场更加不平静。以品牌来建立媒介在市场上的地位,树立媒介形象,是十分有效的媒介竞争手段。①

正如 CNN 新闻集团首席执行官汤姆·约翰森(Tom Johnson)所说,品牌战略的意义在于,它是在媒介细分化倾向日益明显、竞争日趋激烈的同时保持观众忠诚度的一种利器。作为中东媒介市场的"新丁",亚洲商务卫视在开播之初也做了大量的媒介品牌建构工作。

1. 品牌定位建构

所谓的品牌定位,是指为某个特定品牌在受众心目中确定一个适当的位置。

王伟胜在迪拜从事贸易生意已有 10 多年历史,他熟知阿拉伯国家的经贸现状。2005 年年初,当他有意要收购阿拉迪尔电视台时,就进行了为期半年的市场调研。据他介绍,目前在迪拜经商的华人达十几万,占总人口的十分之一,这对当地电视台来说是个不可忽视的收视群体。然而在中东没有一家专门推介中国品牌、联结中阿商贸活动的媒介平台,来满足这十几万长期从事贸易活动的华人的需求。此外,中国和阿拉伯国家,特别是阿联酋的贸易量非常大。阿拉伯国家每年 40%的商品需要从中国进口,而中国每年也向中东采购大量的石油能源。由于许多中东国家的老百姓包括当地的商人对中国并不了解,许多中国产品只好进行贴牌生产和销售,大部分利润被国外代理商赚走了。从调研的反馈信息来看,国内许多企业有意开发中东市场,但苦于找不到合适的中间机构,所以不得不放弃。

因此,王伟胜在成功收购阿拉迪尔电视台后,目标就非常明确,就是要在中东打造一家全新的商务卫视,帮助中国商品在当地推广,提升品牌含金量,宣传

---

① 转引自邵培仁、陈兵:《媒介管理学概论》,高等教育出版社 2010 年版。

中国文化,作为连接中国企业与中东经销商之间的商务桥梁。

这一清晰明确的战略定位正好迎合了众多意欲打开中东市场的中国企业,加上当时中东电视界在这块领域存在巨大空白,以及亚洲商务卫视作为海外华人第一家媒体等排他性特质,该电视台在 2006 年 8 月 1 日开播之初,就吸引了中国国内近千家媒体以及国外如《纽约时报》《明镜周刊》等主流知名媒体的关注,在海内外引起了强烈反响。

2. 形象包装

对电视台来说,台标是受众可识别的最直接的标识,它设计得好与坏,直接影响到观众对电视台的认知。亚洲商务卫视以金黄色的"AABTV"英文字母和黑色的中文、阿拉伯语的"亚洲商务卫视"组成,色调醒目,简洁大气。

秉承"让中国走进中东、让中东了解中国"这一使命,亚洲商务卫视致力于搭建中国直通中东的商务媒体平台。定位为中东地区唯一一家以沟通中阿商贸往来为己任的泛财经频道,在空中搭建中国与中东的文化、财经交流平台,并向阿拉伯地区推介有价值的中国品牌。通过电视台的媒介资源来运作系列化的商业项目,并为中国及阿拉伯地区的金融、投资等商业机构或企业提供多元化的商务增值服务,携手中阿商务人士,致力于缔造现代版的"空中丝绸之路"。

3. 通过事件营销实现品牌传播

品牌定位、品牌形象都要通过适当和有效的方式传达给目标受众,使受众了解该频道的诉求点并在产生共鸣的前提下形成收视习惯。

亚洲商务卫视在收购之初,因其是华人全资收购的第一家海外媒体,获得了中国国内近千家媒体,以及国外如《纽约时报》《明镜周刊》等著名媒体的关注,在海内外都引起了强烈的反响。作为中国民营资本成功进军海外传媒市场的始作俑者,亚洲商务卫视掌门人王伟胜还先后获得"2006 年 CCTV 年度经济人物"和 2007 年度十大"风云浙商"称号。

在 2006 年的一番宣传高潮后,亚洲商务卫视利用"制造新闻"来自我宣传,即利用事件、活动的参与、承办来实现品牌传播。如 2007 年上半年,针对西方部分媒体对中国商品质量问题的质疑,亚洲商务卫视联同中国驻阿联酋大使馆、浙江省委外宣办以及中东知名媒体等机构组织,策划了大型电视采访活动"相信中国•相信中国制造——走进浙江",共拍摄、制作、播出了 30 集有关"浙江制造"的专题节目,在阿拉伯观众中收到了良好效果。

2007 年 10 月 9 日,经亚洲商务卫视牵手,上海中州国际控股集团董事长胡宾斥资 2800 万美元向纳克希尔(Nakheel)集团(世界房地产巨头之一)购买了迪拜世界地图岛中的"上海岛",正式启动总投资额高达 17 亿的"世界海上皇宫"计划。该事件再一次引起了全球媒体的关注,全世界的目光都集聚到了温商和这家由温商创办的海外电视台上。

2008年4月份,杭州市委宣传部、杭州市委外宣办通过亚洲商务卫视邀请了中东著名媒体MBC等10多家阿拉伯主流媒体的高层代表团访问杭州,通过实地走访、交流体验、新闻采访等方式了解和反映改革开放以来杭州乃至浙江所取得的经济社会成就和树立的良好对外形象。

2008年5月,亚洲商务卫视承办了"杭州·迪拜合作周",时任浙江省委常委、杭州市委书记的王国平率领党政经贸代表团150多人在迪拜举行大型商务活动。亚洲商务卫视充分发挥其联系中东和中国的桥梁和纽带作用,穿针引线,帮助组织媒体扩大宣传,促成双方旅游、会展、经贸等多方合作,在迪拜掀起"杭州风暴",使更多的中东朋友开始认识美丽的中国城市——杭州。

2008年5月12日,四川汶川地震,亚洲商务卫视除了报道中国政府在这场灾难中的及时应对措施等相关信息外,还第一时间联合中国驻海湾六国大使馆以及多家阿拉伯媒体发起抗震募捐宣传活动,当时就收到众多阿拉伯观众的来电关心或募捐咨询。短短20天的时间,通过电视台向中国驻阿联酋大使馆募捐的阿拉伯观众多达600多人。该事件也恰恰向受众传递出了一个好信息,亚洲商务卫视不仅仅是一家以盈利为目的的民营媒体,还是一家极富社会责任感的媒体。包括之后全球金融危机爆发,亚洲商务卫视在2008年年底至2009年3月期间,拿出了价值1000多万元的黄金广告时段,开设《外贸直通车》、《外贸突围,赢在中东》等电视栏目,携手中国的中小企业,免费为企业做宣传。2009年4月,在外界传言浙江大量中小企业关停时,亚洲商务卫视联手中阿友好协会、浙江省外宣办、浙江省外事办,主办发起"中东大使看中国——连线浙江"活动,邀请14位中东驻华使节和21位中东主流媒体记者访问浙江,记录金融危机下浙江经济的活力。2010年,上海世博会召开,亚洲商务卫视主办了"中东大使看中国"活动,向中东展示了崭新崛起的中国和上海世博会盛况。

除了不断利用社会热点话题、制造新闻、吸引主流媒体对活动自身的关注外,亚洲商务卫视还在中阿两个地区的政界、商界、普通百姓中留下了深刻印象,积累了大量的政府资源,这对电视台整体品牌营建的作用不可忽视。

(三)收视率及影响力

从传播学的视角来看,传播行为所能辐射的人群规模是一个具有高度现实意义的指标。任何"沙漠上的布道者"都不可能登上实力媒体的舞台。作为实力媒体,其一个突出的特征就是"具有相当的社会接触规模和人群覆盖密度"。①

---

① 喻国明:《解析传媒变局——来自中国传媒业第一现场的报告》,南方日报出版社2002年版。

亚洲商务卫视以其特有的定位,以及一系列的事件营销活动,在阿拉伯国家的受众和中国的广告客户中,形成了明显的识别标志,成为了阿拉伯人了解中国的窗口,也成为中国商人将产品打向中东的一个通道。《漫游华夏学汉语》《发现中国》和《影视剧场》尤其深受阿拉伯观众的喜爱,特别是对关注中国及与中国有一定商务往来的人群。据泛阿拉伯数据调查公司(Pan-Arab)的调查,在迪拜经商的商务人士中,看过亚洲商务卫视的观众占53%。而在沙特、阿联酋、科威特等海湾地区,亚洲商务卫视的收视率平均达2.5%,个别节目收视率超过了5%,远远高于覆盖同个区域的中央电视台英语频道和阿拉伯语频道的收视率及影响力。

目前,亚洲商务卫视节目以英语为主、阿拉伯语为辅,平均收视情况在中东综合电视台中排在前十名左右,相信随着当地阿拉伯语节目比重的提高,本地化程度的加深,其收视率仍有很大的提升空间。

(四)亚洲商务卫视的盈利模式

媒介产品作为一种特殊的产品,除了具有一般商品的使用价值外,还有其特殊的使用价值。媒介产品首先是一种信息产品,其是否真正有价值,取决于信息价值的高低,信息价值是媒介产品得以存在的首要价值。同时,媒介着力于向广告主"出售"受众的注意力。媒介产品要获得受众认可并产生购买意愿,必须拥有注意力价值。例如,电视台实际上是通过一个好的节目来吸引观众关注的,观众付出的不是金钱,而是排他性的关注。①

亚洲商务卫视在5年的运作中,也一直在探索一种崭新的商务运营模式。经过5年的实践,目前已经形成了以开发国内外广告市场、AAB电视购物和政府、企业的商务活动和商务会员等为主体的三大盈利模块。

1. 广告创收

2000年北京广播学院广告系做的一项关于中国广电经营发展战略的调查研究数据显示,广电经营收入中超过95%来自于广告收入。目前,从媒介运营者到普通受众都已经明晰这样一个观点,即广告收入是电视频道的资金补给线。对于没有收视费和行政拨款的市场化民营媒体,广告收入的浮动将在很大程度上决定其发展态势。

2006年,在亚洲商务卫视开播之初,国内外众多媒体对该电视台以及执掌人王伟胜潮水式的宣传,为亚洲商务卫视赢得了大量广告资源。2006年和2007年两年招商活动异常火爆,不少厂商闻风而动,直接找到王伟胜,洽谈合作

---

① 喻国明:《关于传播影响力的诠释——对媒介产业本质的一种探讨》,《国际新闻界》2003年第2期。

意向。沿海一些地方政府听说有这么一些平台后,提出可以动员当地企业,做一个关于地方产业的专题片,并组团宣传自己,目的无非是想把本地产品打入中东市场。

节目宣传和广告产出主要来自国内各省市的外宣合作、旅游宣传推广合作、招商投资推广合作以及国内出口中东的重要企业。同时,由于亚洲商务卫视打造的是财经商务频道,凝聚着高端的收视人群,所以亚洲商务也争取到了在中东的旅游、酒店、房产、休闲产品的广告份额。在开播头三年,亚洲商务卫视每年的广告收入均在 500 万元左右,这为电视台的良性发展提供了资金保障。

亚洲商务卫视的广告运营模式主要分两种:一是广告代理制。在中国和中东,亚洲商务卫视依托两地总部的广告制度,采用区域以及代理的方式进行市场开发和广告开拓,一个季度考评一次。二是广告直营。在中国,亚洲商务卫视就针对浙江、广东等重点省市,在广告营销方面,电视台采用直营的方式进行,避免市场开拓的无序性。

2. 电视购物、产品代理

2008 年,亚洲商务卫视还提出要做亚洲地区最大的空中零售平台,努力为"中国制造"赢在中东搭建空中桥梁,缔造"空中丝绸之路"。2008 年 7 月 1 日,亚洲商务卫视成功开播了《中国购》电视购物节目,开辟了一条空中直销渠道,为有价值的中国品牌产品在物流、仓储、铺货、推广、结算等层面减少支出,为获得最快的市场价值提供通路,将中国产品送进了中东的千家万户。同时商务卫视还有意担当那些热销中东的产品区域总代理,实现线上线下共赢的局面。通过电视、网络、店铺三位一体的方式推出全新商务概念。

2008 年 9 月至 2009 年 5 月,《中国购》试播期的测试报告显示,作为一个新推出的节目,《中国购》还是取得了良好的效果,开播前四个月,购物电话总进线量达到了 2660 个,成交量在 15%。到了 2009 年 3 月至 4 月间,1 个月的购物电话进线量就达到了 3400 多个,成交量也在稳步上升,达到了 28%。

3. 商务服务、项目合作

亚洲商务卫视除了自身建电视台外,还开辟有中东访问量最大的华人网站迪拜华人网(http://www.dibai.com/),充分发挥地区和资源优势,不定期在国内举办商务投资咨询会或者中阿商务论坛等活动,为中国企业提供中东的商业资讯、投资资讯、贸易资讯等,并为中国企业在中东地区嫁接投资项目或资金提供服务。除此之外,亚洲商务卫视还积极开拓高端旅游、商务考察、投资合作、文化交流、演出等多元化市场合作和盈利模式,最大程度开发市场价值。

(五)资本结构、财务状况

亚洲商务卫视起步才 5 年,目前还属于品牌培育和投入期,广告业务也刚刚起步，所以投入远大于产出。目前，每年投入的资本运作大概在 1000 万左右，主要用于卫星播出、办公租用、人力资源、市场推广和培育等。2009 年和 2010 年，每年的收入约在 500 万元左右。尽管尚未盈利，但经过 5 年的运营，亚洲商务卫视也积累了一些有形资产和无形资产（见表 4、表 5）。

表 4 有形资产项目列表

序号	主要项目	备注说明
1	中东卫星电视执照（永久性）	2006 年，同类执照在中东市场转让价格为 5000 万迪拉姆，转让执照的电视台规模小于亚洲商务卫视。
2	电视台运营基础资源	目前亚洲商务卫视下设两大运营区块： (1)中东运营中心——设有两处办公机构，包括管理团队、摄制组、编导记者、营销、服务机构等； (2)中国大陆——设有杭州总部及北京运营中心，包括运营管理、摄制中心、新闻部、节目组、记者组、翻译组、营销中心、品牌合作部、服务机构等。
3	节目资源投入	亚洲商务卫视目前拥有《亚洲新闻》、《发现中国》、《最值得推介的中国供应商》、《漫游华夏学汉语》、《特色中国》等品牌节目栏目资源，3 年多来自制节目量累计超过 2000 小时。
4	固定资产投入	亚洲商务卫视目前拥有专业摄像机、上星转发器、后期非线编辑设备、拍摄车辆、办公以及其他物业等。

表 5 无形资产项目列表

序号	主要项目	备注说明
1	合作媒体节目资源	亚洲商务卫视目前拥有 CCTV4、CCTV6、CCTV9、CCTV 阿拉伯、新华社、广电总局海外推广中心、国新办五洲传媒等媒体和机构的多系列节目授权，包括新闻、电影、电视、专题节目等，拥有英文和阿拉伯语字幕或配音的自主权。
2	境外媒体记者站牌照	国新办批准受理亚洲商务卫视在中国境内全面开辟记者站，是继凤凰卫视之后获得批准的第二家境外华人媒体。记者站的建立将为 AABTV 中国境内的节目落地本土奠定基础，极大地推动了亚洲商务卫视的发展。

续表

序号	主要项目	备注说明
3	政府合作资源	亚洲商务卫视具有特定的媒体资源优势,拥有非常突出的政府合作资源,包括国新办、外交部、国家文化部、国家广电总局、国侨办、国家旅游局、中国驻海湾六国大使馆、中东驻华大使馆、阿拉伯工商联合会、浙江省政府、广东省政府、江苏省政府、重庆市政府、宁夏回族自治区政府等合作方。
4	市场渠道资源	经过 5 年多时间的市场发展和运作推广,目前亚洲商务卫视在中东和中国已初步建立了较完善的市场渠道体系: (1)中东资源——与中东最大的广告代理集团 Choueiri Group 成为合作伙伴,在阿联酋、埃及、沙特、卡塔尔、巴林等 10 多个中东国家发展了广告代理商,拥有近 5 万名电视观众会员,与全球最大的贸易服务公司环球资源网开展合作,与中东最大的财经电视媒体 MBC、半岛电视台等建立合作关系。 在中东,亚洲商务卫视服务过的客户有阿联酋航空公司、迪拜控股、迪拜旅游局、迪拜世界贸易中心、阿布扎比旅游局、拉丝海马房产局、迪拜 NAHIL 集团、迪拜龙城、中远西亚公司、中国—中东工程贸易公司、中航技国际工程阿联酋公司、中国南方航空公司阿联酋公司、中国国际航空公司阿联酋公司。 (2)中国资源——在广东、浙江、江苏、重庆等省份拥有近 30 家业务代理。在广东省广州、深圳、中山、东莞、佛山等地,浙江省杭州、义乌、绍兴、玉环、永康、温州、宁波等地,以及重庆、成都等地建立了良好的市场基础。主要服务过的客户有三一重工、徐工集团、长城汽车、中通汽车、比亚迪汽车、吉利汽车、吉奥运汽车、格兰仕、TCL 电器集团、奥克斯空调、海尔电器等知名企业。

六、亚洲商务卫视当前面临的瓶颈及发展对策

(一)亚洲商务卫视面临的瓶颈

电视台的核心竞争力包括内部开发和外部拓展两个方面,其中内部开发是一项根本性的对策。电视台要有明确的竞争战略定位,分析其所面临的市场环境,了解受众与广告主的需求(包括现实的和潜在的),寻找市场机会,特别是要

了解受众与广告主的期望值,即他们从电视节目中所期望得到的利益。① 迈克尔·波特教授提出过三种基本的竞争战略,即成本领先、差异化、目标集聚。②

5 年来,亚洲商务卫视在战略定位、品牌建构方面做了大量的工作,但是它并没有完成其掌门人王伟胜所设定的 5 年实现盈利的目标。更糟糕的是,近 1 年来,其影响力在逐渐下滑,节目质量粗糙,亏损额在扩大,人员也在流失。究其原因有以下几个方面:

第一,从中东的媒体环境来看,中东地区的主要电视市场被各个实力强大的国有电视台所主导,同时跨地区的卫星电视如半岛电视台、阿拉伯电视台等已经为广大阿拉伯民众所广为接受,一家新创办的民营商务电视台很难打入该市场。

第二,从文化冲突角度看,在电视报道的方式上,中东地区的民众已经习惯了包括半岛电视台在内的中东电视台轰动性的报道和辩论以及从阿拉伯人自身的角度分析议题的视角,华人办的媒体报道的宣传方式和分析议题的视角,同前者仍然存在一定的文化冲突,很难为阿拉伯民众所接受。记得 2006 年亚洲商务卫视开播时,该电视台仿制浙江卫视的《小强热线》策划过一档《帮忙热线》的民生栏目,并且花费巨大的精力做出了节目的样片。但阿拉伯籍总监看到后却非常惊讶,瞪大了眼睛连问:"我们为什么要做这样的节目?"他认为中东民众不会去看张家长、李家短的投诉节目,他态度坚决:"这个节目一旦播出,收视率是零,而且电视台会被投诉。"虽然亚洲商务卫视在节目制作上有众多的阿拉伯籍专业人士的帮忙,使它的传播内容明显不再触及当地宗教文化,比方说烟和酒的广告,这些明显的文化冲突该避开的都已经避开,而亚洲商务卫视大体上也并没有产生严重的"水土不服"现象,但一些隐性的文化冲突仍在影响亚洲商务卫视的顺利发展。

第三,从资金流来讲,地方或全国的经济状况,决定了民众消费在做广告的商品上的消费支出和他们的消费偏好。当经济不景气时,工商业者较之平时对他们的广告开支更加重视并可能会适度削减它们,因而也就会给媒介带来压力。③ 办电视台原本就是一个很"烧钱"的行当,再加上始于 2008 年年底的全球性金融危机,使众多广告客户多为外贸型企业的亚洲商务卫视,受到直接或间接的不利影响,电视台的广告额直线下降。目前,亚洲商务卫视干脆就撤掉了广州的运营中心,解散了原有的 50 多名业务员。此外,由于电视台的掌门人王伟胜本身是以鞋服、小商品等贸易起家的,2008 年和 2009 年的金融危机,也直

① 邵培仁、陈兵:《媒介管理学概论》,高等教育出版社 2010 年版。
② [美]迈克尔·波特:《竞争战略》,陈小悦译,华夏出版社 2005 年版。
③ 支庭荣:《媒介管理》,暨南大学出版社 2004 年版。

接影响到了他的主业。加之，亚洲商务卫视是花巨资购买，前面两年又投入大量资金进行运作，使得其面临着很大的资金再投入缺口。目前，电视台的1年投入仅有500来万元，仅能维持中东迪拜总部、中国（杭州）运营中心的场租以及部分工作人员的工资支出等。

第四，资金收紧造成了大量人员的清退和制作节目费用的削减，导致电视的节目质量严重下滑。2010年一年，亚洲商务卫视杭州运营中心的工作人员从50人左右削减到了12人，自制的节目从原先最多时的1小时削减为零。目前，亚洲商务卫视所有的节目都是合作单位免费提供的节目。《AAB新闻》来自新华社，电视剧由五洲中心提供，《外贸直通车》则是静态产品加语音说明。人员上，原先从浙江卫视高薪引入的CEO高度以及他的团队也被撤掉，电视节目质量严重下滑。

（二）关于亚洲商务卫视发展的几点建议

中国媒体走向国际市场已经历了长时间的探索与努力，但走出去的效率不高，效果不明显。其中既有体制限制、文化障碍，也有渠道不畅、报道模式不同等因素。这些因素导致中国对外媒体的传播内容与海外受众的兴趣和需求之间产生"效果差距"。要缩短传者与受众之间的效果差距，就要扩大中间地带的平台，利用这一平台，让传受双方能够平衡互动，借助对方的话语模式和共同符号，实现顺利接轨。这个中间地带是两种文化、两种意识形态、两套话语体系融合的平台。

亚洲商务卫视作为全球首个由华人控股的境外电视台，实乃沟通中阿之间一个很好的中间平台，因其在传播过程中往往具有"人民性、灵活性、广泛性这些特点，决定了传播的'低风险性'"①，它的探索意义值得肯定。

当前它遭遇的最大问题是文化障碍、专业人才的流失和资金再投入不足。对于这一旨在建构国际传播力、提升中国文化"软实力"的尝试性平台，笔者有几点建议供参考：

1. 尽快消除和打破跨文化交流的隔阂与疏离

没有传播的文化是死文化，没有文化的传播是死传播。亚洲商务卫视要真正赢得中东受众的喜爱，增强中国文化的国际竞争力，首要还是要尽快消除和打破跨文化交流的隔阂与疏离。浙江大学传播研究所所长邵培仁教授曾在其《增强中国文化国际竞争力的几点思考》一文中提出增强中国文化的国际竞争力六大策略，如探寻和坚守中国文化的遗传基因和核心元素，建构文化本土性

---

① 石坚、杜伟泉：《全球传播中的中国话语权建构》，《新闻与传播》2010年第1期。

价值体系和话语体系,采取由近及远传播和文化亲近传播的策略等,其中最主要的一点还是要大力加强文化本土性的自信、辐射力和影响力,采用灵活多样的策略、手段和技巧,消除和打破西方文化对中国文化的防范与敌意,通过各种途径将最优秀的中华文化传播到世界各国,从而不仅改变全球文化的语境、转移世界传播的重心,而且能够以本土性文化匡正全球性文化,以异质性文化稀释同质性文化,在交流合作中逐步将本土性文化上升到全球性文化层次,不断扩大本土性文化的领地和空间,使中华文化成为与中国地理版图、文化传统、综合实力相适应的中心文化。①

2. 整合资源,加强合作,赢取政府和民间资本支持

海外华人媒体在近几年虽然有了一定的发展,但由于各国不同的文化政治制度的限制,靠一家华人媒体单打独斗很难立于不败之地,对于中国国际话语权的建构,也只可起到一点小的作用。因此,各家华人媒体要加强与政府的联系,主动融入当地主流社会,尽量争取一个相对宽松的传媒环境。华人媒体之间,还要整合资源优势互补,通过策略性的合作与互动来实现自身的更大发展。

第一,政府应重视这股民间海外传播力量对中国在国际话语权建构上的作用,推动亚洲商务卫视与全国各省市外宣部门的深度合作,并在国家扶持非营利性媒体的专项资金上给予一定支持。亚洲商务卫视在开播的前两年,在国务院新闻办的指导和支持下,已经跟浙江、广东两省建立了较好的外宣合作关系,通过媒体活动和栏目合作的形式助力两省外宣工作,得到两省外宣部门的充分肯定。但由于没有明确的身份和书面文件,其他省市的外宣合作一直无法开展。这不仅限制了亚洲商务卫视的外宣力度和广度,也制约了它的品牌经营。

第二,与中央电视台或者各省市电视台之间开展深度合作,共同组建传媒公司,充分发挥双方资源优势,增强中国在中东区域的软实力。

五年来,亚洲商务卫视在国家的支持下取得了不少的成绩,在助力国家外宣、中阿经贸和文化交流方面也卓有成效。但也一直面临着节目资源不足、运营资金缺口较大的现实。基于央视本身要打造阿拉伯语频道和亚洲商务卫视面临瓶颈的事实,建议亚洲商务卫视与央视一起成立一家传媒公司,通过对亚洲商务电视台的科学评估,投资入股亚洲商务卫视。这样一来,亚洲商务卫视既可以完全按照国家的外宣政策进行宣传,不会偏离主线,又可以利用央视强大的节目资源和节目内容,结合亚洲商务卫视本土化的传播制作优势,真正实现我们国家在中东地区的软实力提升。

第三,吸引民营资本投资。亚洲商务卫视所在的阿联酋迪拜对媒体行业的

---

① 　邵培仁:《增强中国文化国际竞争力的几点思考》,《新闻记者》2010 年第 11 期。

管制较少,媒体行业是一个开放的文化产业,作为企业或个人进入媒体领域没有太高的门槛,这为民间资本投资亚洲商务卫视创造了不少机会。

3.重视人才培养,精简开支,建立人事管理与成本双向加强的现代媒体管理模式

媒介工作者是专业人员而不是行业人员,因此媒介对人才的要求也应该特别严格:媒介工作者必须经过传播和媒介教育的特定训练,或通过专业考试,拥有专门知识和技能,才能有从事媒介工作的资格;媒介工作者必须具备一定的专业理念、专业精神和职业素养、职业道德,否则就不能从事专业化、职业化的新闻与传播活动。

当前,媒介人才竞争有渐趋白热化的态势。西方媒介集团的每一次联合和重组都是先从改革人事制度入手,精简人员,优化队伍,选贤任能。在媒介资源生态链(人才资源→信息资源→受众资源→财力资源→人才资源→)中,人才资源不仅是媒介的首要资源,也是最重要的资源,它制约、引领后面的三大资源,并最终影响良性循环或恶性循环的形成。因此说到底,未来的媒介竞争就是人才竞争,而人才竞争就是资源竞争。①

人才缺乏是海外华人媒体无可回避的现实,只有利用最好的员工创造出最大的产出,才能使自己在激烈的竞争中立于不败之地。亚洲商务卫视最初过于倚重翻译、营销方面的人才,而不重视媒介专业化人才,由此已经在节目质量的下滑方面埋下了隐患。要改变现状,必须重视人才培养,精简开支,建立人事管理与成本双向加强的现代媒体管理模式。

七、小　结

在全球兴起"中国热"的今天,增进世界对中国的了解,消除世界对中国的疑虑、误解,推动中国与世界各地区的友好交流与合作是一项无比艰巨的工程。在这项工程中,海外华人媒体已壮大成为一支重要的民间力量,散发着它们独特的魅力;而亚洲商务卫视只是中国民间资本走向海外传媒市场的一个缩影,其发展之路充满艰辛坎坷,但也不乏重要借鉴意义。以它为代表的众多海外浙江华侨经营的华文媒体,是最先领悟和掌握海外媒体传播观念和媒介经营管理

---

① 邵培仁:《论中国媒介经济管理发展的前景》,《中国传媒报告》2003年第4期。

理念的群体,其独特的"两栖生存方式"①,正为中国媒介全球化发展探索着有益的生存经验与合作思路,社会各界应重视和扶持这股在中国国际传播力构造中不可忽视的民间力量,并通过合理的引导、利用,使这股力量发展壮大。

① 许燕、蔺安稳:《海外华文媒体在媒介建设方面的作用》,《全国第一届对外传播理论研讨会论文集》(下册),国务院新闻办公室、中国外文局对外传播研究中心,2009 年。

关于浙江籍人士在海外投资创办媒体情况及提升国际传播能力的调查与思考

丁建辉*

本文主要关注的是中国企业家群体、华人华侨在海外投资创办的华文报纸、广播电台、电视、网站及收购的当地媒体的情况(重点以浙江籍企业家群体创办的媒体为调研对象)。它们数量众多、分布广泛、扎根当地,具有较少的意识形态背景,恪守西方新闻准则,以商业模式进行市场运作,在推动中国走向世界、提升中国国际话语权方面具有独特的示范和借鉴作用。

本文通过对《葡华报》、《欧洲时报》、中国新闻社巴黎分社、法国华侨华人会、《欧联时报》、《欧华联合时报》、《新华联合时报》等华文媒体和华侨社团的走访,与来浙访问的侨领、海外华文媒体负责人进行座谈交流,探讨中国企业家群体投资创办的海外媒体在中国国际传播能力建设及提升海外形象方面的价值和意义。

一、浙江籍人士投资海外传媒市场现状

浙江籍人士在海外创办媒体可谓历史悠久。1903 年 2 月,浙江留日学生同乡会在日本东京创办大型综合性、知识性的杂志《浙江潮》。1907 年,由张静江投资的"中华印字局"在巴黎西北郊的加莱纳—哥伦布镇正式开张,印刷出版《新世纪》周刊和《世界》画报等刊物,宣传新文化、新思想。近年来,浙江籍人士纷纷涉足海外传媒市场,在欧洲、北美、非洲、中东等地区投资创办了几十家报刊、网站、广播电台、电视台,成为了海外人士了解、认识中国的重要渠道。据欧洲华文传媒协会不完全统计,目前欧洲有 50 多家华文媒体,其中浙江籍人士投资创办的媒体占三分之二。浙江籍人士投资创办的海外媒体作为一支重要的对外宣传力量,对增进世界对浙江的了解,树立浙江良好的国际形象,具有积极

* 丁建辉:浙江大学传媒与国际文化学院博士研究生。

的意义。

概言之,浙江籍人士投资创办的海外媒体有以下几个方面的特征:

(一)覆盖范围日益扩大

随着华人华侨经济地位的提高与华人社团力量的壮大,华文媒体的传播能力不断增强。从调研情况看,浙江籍人士在欧洲投资创办的海外媒体正呈现出由一个地区、一个国家向欧洲主要国家进行辐射覆盖的趋势。法国《欧洲时报》已在西班牙、葡萄牙、意大利、罗马尼亚等国家设有分社,总发行量达 35 万份。《欧洲联合周报》自 2005 年创刊以来,已出版了法国版、奥地利版、德国版、希腊版、匈牙利版和葡萄牙版等,发行量达 3 万份。葡萄牙《葡华报》现已发展成为一份有 120 个版面、发行量达 1 万份的中文报纸,并将在西班牙、法国、意大利等国建立分社、开设专版。《新华联合时报》《欧华联合时报》不仅将分社设到意大利各大区,还将触角伸向其他欧洲国家,并设立分社、开设专版。阿拉伯·亚洲商务卫视(AABTV)通过中东最主要的尼罗河卫星(NILE SAT 101)传送,以阿拉伯语和英语两种语言 24 小时滚动播出,覆盖中东及北非、南欧地区的 30 多个国家和地区的近 5 亿人。英国普罗派乐(Propeller)卫视节目覆盖欧洲 45 个国家,在葡萄牙、比利时、德国、波兰、美国等国家通过有线实现落地,并与默多克天空卫星平台 BSKYB、英国 Freeband TV、美国 TVU 和 GBC 等国际知名媒体合作,收视率正稳步提升。

(二)媒体类型多元多样

随着传播技术的发展,浙江籍人士投资的海外媒体逐步向网络、手机等新兴媒介进军,以拓展读者群,扩大影响力。以西欧地区为例,《欧洲时报》《欧联时报》《中荷商报》《葡华报》等均进行了"报网结合"模式的尝试。同时,网络电视、手机媒体等新媒体也得到逐步推广。《欧华联合时报》社开办了网络电视台和新网站,在其网站播出《温州新闻联播》《有话直说》《闲事婆,和事佬》《百晓讲新闻》《天下温州人》和《温州零距离》等六档电视节目。《新华联合时报》社与浙江青田《侨乡报》等合作推出了欧洲第一份华文手机报,为在意大利的青田籍华侨华人提供手机新闻和资讯服务,在当地新一代华侨华人中具有较大的影响力。《欧联时报》社与《人民日报》海外版及意大利天天电讯公司联手开发手机报等。此外,浙江籍商人王伟胜、叶茂西、陈建文等出资收购的海外当地电视台,旅法浙江籍华侨华人蔡新土、林精平、唐晓华等共同筹办的欧洲华语广播电台,已正式获得法国最高视听委员会的开办批准。媒体形态的多元化多样化,不仅有利于受众覆盖面的最大化,也有利于增强媒体自身对当地主流社会的吸引力和影响力。

(三)行业组织日趋完善

为整合海外华文媒体资源,做大做强华文媒体产业,提高全球华文媒体的整体实力,华文媒体相继成立行业组织,形成合力,共谋发展。欧洲华文媒体于1998年成立"欧洲华文传媒协会",每一两年举行一次研讨会,目前已有会员47个。在葡萄牙举行的"欧洲华文传媒协会第九届研讨会"上,与会欧洲华文媒体负责人就华文传媒在华人社会中的作用与生存条件、海外华文传媒如何运用先进资讯手段提高自身办报质量,以及如何加强与国内媒体合作,扩大华文媒体在所在国的影响力等课题进行研讨,共同应对传媒行业的挑战。同时,华文媒体进一步加强了与国内媒体之间的互动交流。自2001年"首届世界华文传媒论坛"在南京举办以来,该论坛已在国内举行5次。从协会式的合作到举行高峰论坛,再到与国内主流媒体联合共同推出海外专版专刊,华文媒体行业组织正从单一的协作走向整体联合,从务虚迈向务实。

(四)本土传播进程不断加快

浙江籍人士创办的海外媒体适应国际传播环境需求,实施"本土化"传播战略,创新报道内容、表达方式、传播理念以及经营手法等,对所在国或地区主流社会的影响力不断增强,显示出自身独特的舆论力量。从调研结果来看,浙商投资的海外媒体,往往采用本土化运作策略,聘用当地员工采编节目,节目内容原创性强;采用当地语言传播,更加贴近当地受众,节目关注度较高。2005年,金华籍人士陈建文买下吉尔吉斯斯坦广电部在德隆电视台的股份,得到吉方允许,转播CCTV-1、CCTV-4、新疆哈萨克语卫星频道和新疆体育健康频道等4个频道,在首都比什凯克市拥有30万户电视受众。在德隆电视台的38位员工中,32位是从当地人中招聘的。2006年,温州商人王伟胜在迪拜投资收购了全资控股的阿拉伯·亚洲商务卫视,这是全球首家由中国人收购的电视台。电视台聘用阿联酋籍资深媒体人士担任台长,并招聘了20多名阿拉伯播音员,以阿拉伯语和英语全天候循环播出。2007年,温州商人叶茂西全资收购英国本土卫星电视台——普罗派乐卫星电视,目前已完成卫星、IPTV、手机电视三网合一,连接欧美及全球的45个国家和地区。

(五)密切交往实现双赢

浙江籍人士投资创办的海外媒体,立足当地,背靠祖国,与国内主流媒体的交流合作密切。2010年共有20多个国家的华文媒体、近100人来浙江采访考察。通过组团采访，获取第一手原创稿件，以专稿或专版形式，积极有效地推介浙江，为浙江经济社会发展营造了良好的海外舆论环境。

与此同时，浙江籍人士创办的海外媒体，主动开展与浙江省内主流媒体的交流与合作，建立了多层次、多形式的交流合作机制，整合资源，增强国际传播力。目前，法国《欧洲时报》、加拿大《环球时报》、美国《侨报》《世界日报》、澳大利亚《华夏周刊》等华文媒体都与浙报集团建立了新闻业务合作关系。2010年浙报集团与海外华文媒体合作出版海外版《今日浙江》120期，发稿1200多篇，成为海外华人社区了解浙江的主要窗口，在侨胞中产生了良好的影响。美国洛杉矶双语台、加拿大温哥华华侨之声、澳洲墨尔本中文广播电台、中国国际广播电台华语环球广播以及英语节目中心和芬兰大众明天媒体公司Radio86网站与浙江广电集团合作，开设了6个海外窗口，年播出206套，共计123小时左右的节目量。意大利欧华传媒网与温州广播电视总台、青田县广播电视台合作，在其网站上推出具有温州、青田地域文化特色的直播节目《欧华联合时报》，与青田县广播电视台签署战略合作协议，双方将在网站推广和信息共享、视频点播业务等领域深化合作、交流，共同开拓海外华文媒体市场。

成立于2006年的浙江广电集团国际频道，作为省一级对外传播的主要窗口，是一个面向海外华人华侨及懂中文的国外观众开设的综合性中文电视频道。截至2011年年底，浙江电视台国际频道已实现了欧洲全境覆盖播出，并与阿拉伯·亚洲商务卫视、美国五洲电视台、匈牙利多瑙电视台、南非广播公司等多家国外主流广播电视机构建立了节目互换、合作拍片、人员互访等交流合作方式。根据对浙江国际频道的专题调研，在中国长城（欧洲）平台所在的14家外宣电视频道中，浙江国际频道得到了海外受众的好评（见图1）。浙江国际频道在法国巴黎落地的14家外宣电视频道中关注度较高，获得了当地华侨华人的认可。从浙江国际频道海外受众的需求看，在"您最喜欢看

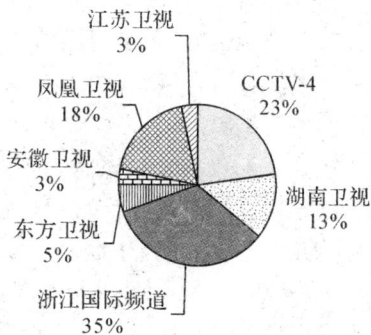

图1　法国华侨华人比较关注的电视台

什么类型的节目"选项中，"新闻""电视剧"和"娱乐综艺"排在8个选项的前三位；在"您为什么收看浙江国际频道"的选项中，排前三位的分别是"了解新闻时事""了解浙江风情"和"电视剧比较精彩"；在"您觉得浙江国际频道客观上对自己有哪些帮助"的回答中，"关心国内外热点时事"是首选，接着分别是"了解中

华文化,体验民族风情"和"能够帮助我学习中文"。从调研来看,大部分受众是通过"当地有线网络"和"卫星接收器"来收看浙江国际频道的。

二、浙江籍人士投资海外媒体的意义与价值

随着越来越多的浙江籍人士频频进军海外传媒产业市场,投资控股了不少海外本地媒体,这为我国扩大对外传播覆盖面,提升国际传播能力创造了良好的舆论环境并提供了新的渠道。

概言之,浙江籍人士投资海外媒体有以下几点意义与价值:

(一)借助其独特身份,平衡西方媒体涉华负面舆论

福柯提出,话语即权力。国际传播能力建设的过程即是一个权力与利益角逐的过程,"你不把自己的思想全球化,别人就会把他的思想全球化"。面对西方媒体的"话语霸权",除了"媒介抵抗",针锋相对外,别无选择。随着中国经济的快速发展和国际地位的日益提高,海外华文媒体在提升话语权方面有明显进步。在报道中国方面新闻数量不断增多、信息权威性不断增强,报道力度、报道范围不断扩大,受到了所在国(地区)政府和民众的关注。走访调查中,很多侨领和华文媒体负责人表示,华文媒体的舆论诉求常常能引起当地政界的注意。在加拿大,各级政府及政党,甚至议员办公室都有专人负责媒体翻译华文媒体的报道和言论,供制定政策时做参考之用。众多的海外华文媒体敢于打破西方话语权封锁,驳斥西方媒体的不实报道,客观真实地反映事实真相,对西方舆论起到某种平衡作用。

浙江籍人士投资创办的海外媒体,既没有官方媒体的意识形态背景,又可以按照西方新闻规律运作,在传播过程中往往具有民间传播的"低风险性",既容易为西方人士所认同,又提高了信息接收的可能性,不失为一个将对外传播"被动应对式"转为"主动出击式"的有效渠道。同时,浙江籍人士投资创办的海外媒体其采编人员较熟悉当地受众的语言、文化特点、思维习惯和法律法规,能巧妙利用信息编码,直观、客观、广泛地影响周围的外国人,起到"培养其友善态度和合作愿望,并创造一个有利于信息输出国的国际舆论环境,取得最高程度的国际支持和合作"的效果,进而达到平衡西方媒体涉华舆论不如实报道中国的作用。

（二）利用其多元载体，传播中华文化、塑造浙江海外良好形象

目前，浙江籍人士投资创办的海外媒体涉足报刊、广播、电视、互联网、手机通讯等领域，提供的内容包括时事新闻、商务信息、技术产品服务及转播国内其他台提供的节目等。作为一种商业行为，这些媒体遵循国外受众思维方式和认知模式，用国外受众能够接受的方式，传播具有中国元素的节目内容，以中国元素吸引当地受众，拓展当地市场，是典型的"全球本土化"（glocalization）思路，弥合了我国涉外媒体在传播内容与海外受众实际需求之间的"效果差距"，让传—受双方能够平衡互动，借助对话的话语模式、共同符号，实现顺利接轨。

众多浙江籍人士投资创办的海外媒体，是在异国的文化冲击中成长起来的，较好地适应了当地媒介生态环境气候。既能善于把中华传统文化移植到异邦，为维持自身文化个性而积极传承母体文化，又能摆脱意识形态的束缚，以西方媒介运作方式经营；既能正视不同文明的存在、交流和融合，又提倡大众传媒担负起国际关系中弘扬和睦、协作、多元、共赢的崇高使命，架起中国与世界人民之间交流、理解、合作的桥梁。实现"在交流中体现不同文化的吸引力和共有的特质"。这对于我们培养社会力量参与国际传播能力建设，让社会力量在对外传播中扮演积极角色，消除长期以来西方社会对中国抱有的意识形态偏见和敌视，具有积极的现实意义。

（三）借鉴其市场运作经验，推动文化传媒产业"走出去"

党的十七届六中全会《中共中央关于深化文化体制改革　推动社会主义文化大发展大繁荣若干重大问题的决定》中用很多篇幅强调文化及传媒产业"走出去"的重要性和迫切性。《决定》提出要发展现代传播体系，"加强国际传播能力建设，打造国际一流媒体，提高新闻信息原创率、首发率、落地率"，要"开展多渠道多形式多层次对外文化交流，广泛参与世界文明对话，促进文化相互借鉴，增强中华文化在世界上的感召力和影响力，共同维护文化多样性。创新对外宣传方式方法，增强国际话语权……支持重点主流媒体在海外设立分支机构"等。浙江省委十二届十次全会（扩大）会议也明确提出，要"深入推进文化传播工程"，"重点实施对外文化拓展计划"，"创新文化走出去模式"。可见，从中央到地方，对文化传媒产业走出去都寄予了厚望。

当前，推动文化传媒"走出去"，利用文化来提高本国国际地位和影响力，已成为各国整体外交的重要组成部分，在国际关系中的地位日趋突出。浙江作为一个外向型经济大省，目前已与世界上230多个国家和地区建立了直接的经贸关系，与54个国家的省、州建立了247对友好关系，还有150多万浙商在海外

各地创业发展。随着国际交往的日益频繁,浙江文化软实力在同世界互动中的作用也更直接、更现实。因此,充分借助浙江籍人士投资创办的媒体,发挥其在浙江文化"走出去"过程中的独特优势,具有非常重要的作用。

三、浙江籍人士投资海外传媒面临的问题与挑战

尽管近年来浙江籍人士投资海外传媒市场发展势头良好,但应该看到,它们在影响力、公信力和话语权方面,还有待进一步提升,与国内外主流媒体相比,还存在着比较突出的困难和问题。主要包括:

(一)媒体经营乏善,运作资金短缺

浙江籍人士投资创办的华文媒体一般采取四种经验模式。一是以免费赠报、免费收听收看,登广告养报;二是有偿卖报、收听和收看,兼登广告养报;三是企业养报;四是华人企业、社团、个人捐资维持。从调研结果来,许多华文媒体属于后两者,一般由几个侨领或几个华侨一起创办,创业资本主要来自于华侨民间基金,多以入股或赞助的形式注入资金,华文报纸的股东多以10~20人为限,发行量不过千份,盈利能力有限。由于这些媒体紧紧依附于华侨组织,与当地华侨组织有着天然联系,成为华侨组织的代言人,在侨团与媒体、侨团与侨团之间,形成了一个以媒体为纽带的错综复杂的关系。侨团之间的利益冲突,往往会影响媒体的经营管理和正常业务运作,使得媒体发展缺乏独立持续的发展动力。

(二)专业人才紧缺,市场竞争乏力

目前,华文媒体从业者主要由20世纪七八十年代以探亲身份出国并定居的华侨华人和90年代以来从中国大陆来的新移民、留学生组成。从调研情况来看,在现有的几家华文媒体中,从事过新闻工作的专业人才凤毛麟角,大部分从业人员缺乏新闻专业教育,导致拼版、编辑、美工和印刷不够精细。同时,由于经费有限,许多媒体从业人员身兼多职,工作强度很大。专业人才的缺乏,导致从当地媒体和各大网站摘编翻译的稿件较多,原创新闻稿件偏少,媒体缺乏个性、特色和竞争力。

(三)受众数量偏少,生存空间窄小

目前,华文媒体特别是华文报纸的读者群年纪偏大,如何培养和争取年轻

读者,成为一个不容回避的问题。从调研情况来看,年轻读者数量不容乐观,一个主要的原因是文化同化。为了融入当地主流社会,找到更好的工作岗位,新一代华侨华人花更多的时间学习所在国语言,随着时间的推移,越来越多的新生代华侨华人不懂华语,不看中文。许多华侨华人表示,他们的下一代除了家里交谈使用家乡方言外,很少得到学习华语的机会。同时,华侨华人在地理分布上往往呈现"大分散、小聚集"的格局,读者分散,发行困难,使得华文媒体发行成本高,在市场激烈竞争和新兴媒体挤压下,其生存空间在短时间内难以拓宽。

(四)内容相对单一,前景充满变数

浙江籍人士投资收购海外媒体是一种文化产业投资行为,为中国产品进入海外市场提供了一条有效的渠道,有助于中国文化"走出去"。但媒体收购只是投资的开始,国外媒体竞争非常激烈,要在当地站稳脚跟,拓展市场,面临着诸多困难。目前,浙江籍人士在境外投资传媒市场的方式,主要是以提供商务信息、技术产品服务及转播国内其他台提供的节目为主,内容相对单一,面临着多方面的竞争压力,今后的发展道路充满挑战和变数。

四、借力海外媒体,提升国际传播能力的建议

华人华侨投资创办的海外媒体,是中国对外宣格局中的重要组成部分,也为积极探索实施新闻文化"走出去",推动外宣工作进入国际主流社会,提供了有利条件。这里笔者就拓展外宣渠道,提升我国国际传播能力,提出以下几点建议:

(一)创造有利条件,鼓励中国民营资本"走出去"投资海外传媒,提升中华文化"软实力"

在国外,传媒产业是一种开放的文化产业,企业或个人进入媒体领域的门槛相对较低,这为中国民营资本投资海外媒体创造了不少市场机会。为此,建议从三个方面入手创造有利于民资"走出去"投资海外传媒的条件:一是鼓励和支持浙商通过独资、合资、控股、参股等多种形式,开展海外媒体投资并购活动,探索"走出去"在境外办台、合作办台、设立分支机构等,形成国际传媒市场一支"浙军";二是引导和帮助中国企业了解当地的政治环境、社会环境、文化氛围和法律法规等,有效实施"走出去"战略;三是制定鼓励"走出去"的激励机制和措施,对有实力、有条件"走出去"投资海外传媒市场的文化企业和企业集团在税

收、银行信贷等方面给予优先支持,助推文化企业"走出去",不断拓展国际文化、传媒市场,提高我国文化产品、传媒品牌的国际影响力和竞争力。

(二)加强内外联动,推动国内主流媒体与华人创办的海外媒体的交流与合作,拓展外宣窗口阵地

国内主流媒体在信息资源、资本运作、人才资源等方面具有较强的优势。建议通过以下四个途径充分发挥这一优势:一是建立双方媒体之间的信息内容交换共享机制,通过版面合作、节目交流、合作拍片等方式,为中国籍人士创办的海外媒体提供大量国内经济、文化、社会发展等各方面的最新资讯信息;二是推动国内主流媒体以民间投资者的主体身份介入中国商人投资创办的海外媒体,开展民间商业运作,借船出海,进行跨媒体、跨地区拓展;三是加强双方媒体之间的人才交流,通过举办新闻采编人员培训班、互派员工驻点等多种形式,开展双边交流活动,提高海外媒体从业人员的整体素质;四是加大对创办海外媒体的个人和企业的技术支持力度,提高其传播水平和能力,扩展覆盖范围,增强双方媒体的影响力。

(三)整合多方力量,加强与中国籍人士创办的海外媒体的日常联络,发挥其独特的外宣作用

建议各级外宣、经贸、新闻出版、外事、侨务等部门充分发挥职能作用,建立健全各部门通力协作、资源共享、有利于华人创办的海外媒体外宣效应的工作机制,如成立海外媒体服务工作平台,为中国籍人士创办的海外媒体提供媒体资讯支持、新闻专题推荐、媒体采访协调等服务,便于海外媒体更加快捷、高效地捕捉、报道国内综合发展的最新动态;推动海外媒体负责人和记者建立日常工作联络机制;多邀请海外媒体人士积极参加国内重大主题外宣、重大涉外活动,为其宣传中国、提高自身知名度创造条件。

最后,有关部门需加大扶持力度,推动海外华文媒体融入主流社会,进一步扩大海外华文媒体的传播力、影响力。提高海外华文媒体的国际传播能力,是提升我国国家文化软实力的重要组成部分,也是塑造我国良好国际形象的现实需要。加大对海外华文媒体的扶持力度,提供其发展所必要的政策、资金和技术支持,具有重要的现实意义和战略影响。一是我国在制定外宣规划和政策时,应将海外华文媒体尤其是中国民企人士投资创办的海外媒体纳入对外传播的总体布局,加强指导,分类管理,支持海外华文媒体积极客观地报道中国;二是推动中国企业家群体"走出去",收购或投资兴办媒体,参与国际传媒市场竞争,并积极提供政策支持、信息服务;三是对中国企业家投资创办的海外媒体给

予政策、项目、资源上的扶持，鼓励其与国内媒体进行内容、技术和人才等方面的交流与合作，提高新闻专业水准和政策水平，使其更好地在对外宣传中发挥积极的舆论引导作用。

附　表

表1　葡、法、意三国部分华文报刊现状

所在国	媒体	负责人	祖籍	基本情况
葡萄牙	《葡华报》	詹亮（社长）	青田	创办于1999年3月，前身为《葡华通讯》。《葡华报》是葡萄牙当地华人创办的唯一一份华文报纸，每周二出版。现拥有120个版面、发行量达1万份。每期出A3纸，32版，双色印刷。内容主要有"葡萄牙新闻"、"国际新闻"、"葡华之声"、"华夏新闻"、"经济时空"、"海外华人"、"体育新闻"等。
法国	《欧洲时报》	梁源法（总编）张晓贝（执行社长）	黄岩	创刊于1983年1月，是一份综合性日报，面向全欧洲发行。每天出16～20个版面，周末版为24个版面，每期发行10万份。主要新闻版面有"要闻"、"环球视窗"、"欧洲新闻"、"法国新闻"、"大陆新闻"、"四海华人"及"港澳新闻"、"台北传真"等；另外还辟有各类副刊版面。每周设有专门版面介绍法国及欧洲其他国家的法律知识。
	《欧洲联合周报》	梁源法（总编）	黄岩	创刊于2005年2月，是一份华文周报。由《欧洲时报》与上海《新民晚报》共同出版，法国方面负责选编欧洲和法国的当地新闻和侨社动态，上海方面选编中国和上海新闻及相关副刊。该报重点介绍生活服务信息与法律信息，帮助华人融入欧洲主流社会，了解回国发展环境。除法国版外，已推出奥地利版、德国版和匈牙利版。逢周五出版，每期36版。新闻版有"欧陆聚焦"、"环球热点"、"深度报导"等，欧洲生活信息版有"法律信息"、"生活顾问"、"回国指南"等，中国国内生活信息版有"华夏酷行"、"精品家园"等；另外还有体育娱乐版、情感文化版等。
	《星岛日报（欧洲版）》			创刊于1975年，总部设在伦敦。每周出报6天，每天24版；每周周末版还附送一份《东周刊》杂志。

续表

所在国	媒体	负责人	祖籍	基本情况
意大利	《欧华联合时报》	廖宗林（社长）	温州	由意大利欧华报业集团于 1997 年出版发行，前身是《欧华时报》，总部设在意大利首都罗马市，在米兰、普拉托、威尼斯、那不勒斯等城市设有分社，在欧盟主要国家的首都设有记者站。每周出版两期，每期出版 32～40 个版面（其中 12～16 个彩色版面）。该报先后与中国中央电视台海外节目中心、温州报业集团、新华社建立了业务合作关系，是新华社在欧洲地区第一家有版面合作的华文媒体。还推出欧华传媒网（www.ouhuaitaly.com）。
	《新华联合时报》	王家厚（社长）	青田	由《新华时报》和《欧联时报》于 2010 年 1 月联合创办，总部设在意大利首都罗马市，在米兰、普拉托、威尼斯、巴勒莫、那不勒斯等城市设有分社。每周出版两期，每逢周一周四出版。全意大利发行。每期出版 32 个版面（均为彩色版面）。
	《欧洲华人报》	周小燕（董事长）	温州	创办于 2006 年 6 月，面向欧洲各国发行。报社总部设在意大利米兰，是一份综合性报纸，大版对开 24 个版面，4 个彩版，每周出版两期。在中国内地及欧洲设有 9 个记者站，报道全球新闻资讯，突出欧洲和中国在经济文化领域的报道。拥有《欧洲华人》杂志、网站、卫星电视安装、翻译事务服务中心等组织架构，是欧洲华文媒体中为数不多的拥有独立房产的新闻单位。
	《欧洲侨报》	吴杰（总编）	青田	由意大利中欧媒体集团于 2001 年创办。总部设在意大利米兰，在首都罗马，华人集中的中部城市普拉托设有分社。每周一和周四出版，每期出版 28 个版面（大开版，最多时出版 32 个版面）。
	《欧洲商报》	杨光（社长）	南充	2001 年 5 月在意大利米兰法院注册发行，是意大利及欧洲首份以经济为主线的综合性周报。以报道中国、意大利及欧洲经济、文化及社会资讯为主，除头版人物专访外，还设有"意中经济"、"旅游"、"招商"及"欧洲中国文学"、"中文学校"、"意大利工作"和"留学"、"移民指南"等栏目，并在美国华盛顿、中国香港设立了记者联络站。该报是中新社和新华社海外华文媒体欧洲合作伙伴。

表 2　浙江籍人士投资创办的海外媒体一览表（部分）

序号	国　家	中文媒体名称	创办人或负责人
1	阿联酋	阿拉伯·亚洲商务卫视	王伟胜
2	巴西	《南美侨报》	沈云龙
3	法国	欧洲华语广播电台	蔡新土、林精平等
4	荷兰	《中荷商报》	刘成
5	荷兰	《金桥》杂志	林斌
6	匈牙利	《欧洲联合周报》	方庸骏
7	西班牙	《欧华报》	王绍基
8	英国	英国普罗派乐（螺旋桨）卫星电视台	叶茂西
9	意大利	《欧华联合时报》、《欧华杂志》	廖宗林
10	意大利	《欧洲华人报》	周小燕、陈铭
11	意大利	《欧洲侨报》	陈世甫
12	意大利	《欧联时报》	张寒萍
13	俄罗斯	《莫斯科华人报》	温锦华
14	意大利	《新华时报》	叶　辉

民企投资海外电视台的案例分析和对策研究

章　宏*

为提升国家软实力和国际影响力,21 世纪以来我国大力实施广播影视"走出去工程"。中央电视台、中国国际广播电台加强了全球覆盖实现多语种、地域化播出,地方广播电视台发挥地缘优势纷纷在周边国家落地,广播、电视、电影在境外全方位落地(交流),对外传播取得显著成效。与此同时,民营企业大胆涉足海外传媒市场,收购兼并一系列电视台,已然成为提升我国国际话语权和软实力一支不可小觑的力量。如果说中央台是广播影视"走出去工程"的"主力军",地方台是"走出去工程"的"方面军",那么民企就是"走出去工程"的"生力军"。因此,只有高度重视民企这支独特的对外传播力量,实现主力军、方面军和生力军协同作战,构建多元化、全媒体、跨平台、广覆盖的对外传播体系,才能全面增强我国的国家软实力和国际影响力。

一、趋势和特点

进入 21 世纪以来,世界政治经济大发展大变革大调整趋势进一步加剧,中国等新兴市场国家的市场份额与国际话语权与日俱增。在我国经济加快走出去的步伐中,民企已经成为重要的主体(见表 1)。而民企在海外传播领域的一系列收购兼并,更是其中一道亮丽的风景线,民企投资海外电视台呈现出以下趋势和特点:

＊　章　宏:浙江大学传媒与国际文化学院副教授。

表 1　民企投资海外电视台的主要案例及特征

年份	收购方	国家	被收购方	控股方式	定位与经营模式
2005	金华邮电工程安装有限公司	吉尔吉斯斯坦	德隆电视台	收购20%股份	兴建吉尔吉斯斯坦首都比什凯克的有线电视网络,提供"广电节目传输、数字电视、固定电话、数据传输"三网合一增值业务,特别增加传输了 CCTV-1、CCTV-4、新疆卫视等频道。
2005	南京菱业电子有限公司	俄罗斯	伊尔库茨克有线电视网络有限公司	控股80%股份	兴建城市收费有线电视网。
2005	华星集团	阿拉伯联合酋长国	亚洲商务卫视	全资	发布中国资讯,开拓中东市场,着力打造成为一家以电视为载体的贸易公司。播音本土化,广告、内容买卖和商业投资等多元盈利模式。
2008	蓝海国际传媒集团	美国	蓝海电视	内资全资	面向西方主流社会,制作团队、制作理念、主持人全西方化,全英文频道,以传播中国为宗旨的民间商业媒体,信号覆盖北美、亚洲、中美洲50多个国家,以成为全球联网的电视媒体为长远目标。获鼎辉创投基金的青睐,广告、有线电视收费、发行和媒体服务构成蓝海的盈利模式。
2009	天星传媒和松联传媒	美国	天下卫视	与我国港台资金、在美华人资金共同投资	中文电视频道,走大众娱乐的路线,内容上以戏剧、休闲加新闻为主,注资打造在纽约、多伦多、欧洲等地的天下卫视电视网。
2009	西京集团	英国	螺旋桨电视台	全资	收费数字卫星电视,在欧洲数十个国家落地,6小时电视以"学汉语、中国艺术"等文化宣传节目为主。
2009	俏佳人传媒	美国	国际卫视	全资	主打"中国文化"品牌,以中文频道"养"英文频道,建立一个集剧场、电影院、视听、图书、超市于一体的中国文化娱乐中心,为中国文化"走出去"提供一个全方位的展示平台,3年内在美国24个城市落地。

(一)空间分布呈现出从周边国家到西方主流国家的明显特征

从"走出去"的地理分布看,民企投资海外电视台呈现出从周边国家到西方主流国家的明显特征。早期民企投资海外电视台主要集中在前苏联国家,如2005年金华邮电在吉尔吉斯斯坦投资建设电视台网络,同年南京菱业开启在俄罗斯投资电视网络的序幕。近期民企则瞄准美英等西方主要发达国家,如天星传媒和松联传媒联合收购美国的天下卫视,俏佳人传媒收购美国的国际卫视,西京集团收购英国的螺旋桨电视台,蓝海国际传媒在美国全资成立蓝海电视台等。

(二)时间分布从2005年开始起步,到2009年出现海外投资并购高峰

从"走出去"的时间分布看,民企投资海外电视台从2005年开始起步,到2009年出现了海外投资并购高峰。始于美国次贷危机的全球金融海啸造成西方发达国家的经济衰退,给我国民企收购海外电视台提供了难得的机遇。如果说2005年金华邮电、南京菱业和华星集团在周边国家和中东国家的投资是试探性的投资试水,那么在2009年具有敏锐市场意识的民企则慧眼识金,抓住金融危机中欧美国家处于经济衰退的低谷、目标公司的资产价格大幅缩水的机遇,大胆出击,开展了一系列成功的资本运作。天星传媒和松联传媒、俏佳人传媒、西京集团成功收购美英国家陷入经济危机的电视媒体。蓝海国际传媒也借金融危机主动同运营商开展谈判,成功争取到落地北美的优惠条件。这与此轮金融危机中西方发达国家经济衰退、"金砖四国"等新兴市场国家的市场份额增加,中国企业主动实施"走出去"战略,大胆收购资源、品牌、技术等海外资产,实现海外扩张的背景和特征是一致的。

(三)投资理念和运营模式日益成熟

从投资传播基础设施建设到参与节目的制播,再到购买、控制电视台并实现跨国传播,民企的投资理念和运营模式日益成熟。从承包项目建设入股电视台到以自有资金收购,再到吸引风险创投基金的投资,民企驾驭资本市场的经验和能力日益成熟。经过几年的历练,不少中方投资的海外电视台的经营战略日渐清晰,往往能基于自身优劣势开展战略分析,对如何争取当地受众、融入当地市场、形成具有自身特点的盈利模式,做出了积极的探索。2005年金华邮电、南京菱业在前苏联国家承包建设电视网络,以自有资金和工程建安费用换取电视台的股份,其投资盈利稳定、风险可控。同年,作为民企全面介入海外电视制

播运营的首次尝试,亚洲商务卫视以经贸促进传播,以传播壮大主业,力将自身打造成为中阿贸易的商务桥梁。天下卫视、螺旋桨电视台和国际卫视纷纷打出"中国文化"品牌,希望以中国文化吸引收视率,形成自己的传播风格。蓝海电视虽然用"全盘西化"的模式来传播中国的形象和声音,但其主要客户还是寄希望于正急于大步走进欧美市场的中国企业。综上可见,民企收购海外电视台,都对依托快速发展的中国、促进和扩大双边经贸和文化交流,形成了较一致的价值取向和经营理念共识,这与我国对外传播的主旨是一致的。

二、问题与不足

(一)主体竞争力弱

目前来看,民企掌控的海外电视传媒,总体上规模不大、档次不高、覆盖面不广、竞争力不强,离建设国际一流的跨国传媒集团还有相当的距离。早期"走出去"的金华邮电、南京菱业仅仅投资电视基础设施的单一领域。近期走出去的电视台,节目制作力量单薄,覆盖的区域和受众很有限。如亚洲商务卫视主要围绕中东市场,国际卫视仅局限在美国的部分城市发展,螺旋桨电视台的主要受众在英国。天下卫视和蓝海电视虽然都制定了全球扩张的计划,但从现状看落地城市不多,用户数量较少,增长较慢。这些媒体都不是全媒体集团,在电视制播方面也缺乏核心竞争力。很多民企母公司出身传统产业,在传播领域没有任何经验,更缺乏国际传播、跨国传播方面的专业人才。此外,民企"走出去"投资规模偏小,企业资金实力单薄,很难得到金融机构的贷款和资本市场的支持,后续经营扩张所需资金匮乏,难以同跨国传媒集团开展全面竞争。

(二)地位尚未肯定

我国从 2001 年开始出台广播影视"走出去工程"实施细则,"走出去"的主体是中央台与地方台,对民营企业"走出去"的"地位"一直没有肯定。对民企走出去的重要性认识还未到位,相当一部分业内人士认为投资海外传播是纯粹的市场经济行为,应任由其在海外市场自谋发展。从国际传播的历史经验看,在意识形态输出和国际话语权争夺方面,民间媒体经常发挥着官方媒体难以替代的作用。多年来,自私营资本背景的资讯更具独立性,更容易为西方受众接受。可以说,民企是我国对外传播体系中多元化主体建设一支不可替代的力量。

(三)政策环境相对滞后

由于对民企广播影视"走出去"的重要性缺乏必要的认识,对如何支持民企"走出去"成为政策研究的空白,相应的政策环境也就相对滞后。传媒产业特别是新媒体领域的市场准入对民企来说还是"玻璃门"和"弹簧门",民企要实现跨区域、跨行业、跨媒体的全面经营,政策障碍依然重重。特别值得一提的是,民企直接融资和间接融资的渠道十分有限,民企不易得到金融机构的资金支持。

三、对策分析

民企海外电视传媒因其私有资本背景,不容易引起所在国的政治敏感,在传播中国声音、树立中国形象过程中能发挥独特作用。因此,需要高度重视这支传媒主体的建设,认真分析民企面临的形势和问题,并研究具体的措施加以解决。

(一)内容为王

民企海外电视台采编力量单薄,节目资源有限,必须依靠外部引进。若能将民企视为我国对外传播主体的重要组成部分,向其长期免费或低价提供我国高质量的优秀节目,并建立一系列机制和平台促进节目内容共享,则可以在短时间内提高民企投资的海外电视台的节目质量。例如,可委托中央电视台(或新华新闻电视网)成立专门部门或机构建立共享节目库,并从事节目库的建设和管理工作。通过自制一批优秀的电视电影节目,向社会采购一批高水准、适合海外受众欣赏口味的影视作品和节目,委托制作一批具有特定国际背景和政治意义的专题节目,并根据投放市场的国家语言翻译定制来充实共享节目库,力争使共享节目库成为既能代表中国主流文化价值观,又能克服海外观众"文化障碍"的节目库。财政资金可考虑为共享节目库实行高比例补贴;此外,牵头核心单位可拟定节目资源共享的机制和具体工作规程,并利用行政、经济等手段将各级电视台等地方资源纳入共享体系,逐步与民企海外电视台开展制度对接。大胆向民企海外电视台开放央视和各级地方台的节目制作资源(技术平台、基地和人脉等),鼓励他们利用这些资源制作具有各自视角和自身特点的节目。最终实现民企海外电视台与国内电视台经常性的合作交流,在影视节目资源、新闻资源、频道资源、技术资源和人才资源等方面进行共享、优化和合理配置,增强民企海外电视台的市场竞争力,实现中国声音在国际上的多声道传播。

同样重要的,为适应全球化时代对节目零距离供给和海量信息的要求,核心单位可开发建立基于电子信息技术的管理系统,实现民企海外电视台与国内机构节目的即时交换和共享功能,积极建设节目资源的信息管理和共享平台。有条件的话还可进一步将其建成为开展国际舆论监测和舆情研判的基础信息平台。

(二)资金为本

资金是企业的生命线,要想在与西方传媒大鳄的激烈竞争中立于不败之地,民企需要获取长期、稳定和雄厚的财力支持。若能引导鼓励国内丰富的民资进一步"走出去"参股、并购或投资创办海外电视传媒,则将有利于形成"走出去""百花齐放"的局面。在条件允许的情况下,可以支持中国大企业客户成为海外电视台的大股东,为民企海外电视台的长远发展提供可靠的资金保障。可以优先推荐目标企业在海外资本市场融资,引导企业回归我国资本市场募资上市。此外,可以积极鼓励民企间接融资。主管部门通过设立广播影视"走出去工程"专项资金,加大金融机构对项目投资主体的授信力度,探索开展"内保外贷"贷款业务,对盈利性金融机构、政策性银行发放贷款提供贴息或风险金补偿。产业投资基金,可以将海外传媒业作为优先鼓励的投资方向之一,引导和放大包括风险投资在内的社会资本在该领域的投资。在现有政策框架内,相关部门可对涉足海外传媒业的项目予以一定比例的投资额奖励。

(三)培育民营跨国传媒集团

民企能否在国际话语权竞争、传播"中国声音"过程中发挥作用,最终取决于企业的综合实力,取决于其能否成长为具有国际竞争力的跨国传媒集团。在媒体竞争不断加剧和融合的今天,若能对民企进一步放开市场准入,降低民企进入网络电视、手机电视等新媒体领域的准入门槛,着力打破行业和行政区划界限,将有利于民企壮大实力,在国内跨地域、跨行业、跨媒体发展经营。在现有政策框架内,可以支持民企实施全媒体战略或核心能力聚焦战略,通过并购重组延伸产业链成为全业务型运营商,或专注某一核心环节进行资源的必要整合。此外,民企要充分利用资本市场实现高速扩张。有关部门要进一步引导鼓励综合实力强、经营灵活、竞争优势明显的大型民企集团投资海外媒体与传播业,以优惠政策吸引公司总部扎根国内发展,以主营业务反哺传播业,实现"以内养外"、"以主养副"。

(四)深化世界华文媒体合作联盟建设

发挥世界华文媒体合作联盟的作用,切实加强与民企海外电视台的国际协作交流,提高民企投资的海外电视台的节目质量和节目制作能力。一是战略型联盟。中国新闻社、中央电视台等核心单位可发挥核心龙头作用,将民企视为重要的战略合作伙伴,以联盟整体共同开拓全球市场。二是联合制作型联盟。在电视剧的制作、采访报道等环节实现资源共享、优势互补,打造联盟的核心竞争力。遇重大新闻事件可以由联盟核心单位或所在地电视台牵头,邀请联盟成员一起联合报道,迅速形成覆盖全球、代表中国主流的声音,逐渐探索形成比较固定的合作模式和电视节目形态。联盟成员间低成本共享制作资源,核心单位海外机构的建设可以注重吸收联盟成员的优势力量。三是市场营销型联盟。遵循国际市场规则,共同组建海外节目营销网络和专业化队伍,进行联合包装和节目促销,统一开展与境外频道代理机构、运营商、传媒公司等上下游客户的合作谈判,共同争取更加优惠的经营条件。精选一些有市场前景的拳头节目,尽力打破目标国家的政治和文化壁垒,开展双边市场的联合营销。精选一批能带来商机的优质客户,向目标国家的电视媒体优先推荐,实现在全球范围的互惠互利合作。四是学习型联盟。经常性地开展论坛、研修、考察和采访等打造学习型组织的活动,核心单位有计划地向海外民营媒体派驻一批有经验、高水平的专业人士开展培训,开展学习帮扶和互助,提升联盟整体传播水平,力争成为国际传播界极具竞争力的学习型联盟。

杭州"最美妈妈"事件成为国际传播热点的几点启示

范志忠 *

2010 年 7 月 2 日下午 1 点半左右,杭州一处住宅小区内,一个两岁女孩突然从 10 楼高空坠落,眼看一出悲剧即将发生。刹那间,一个平凡的女性创造了一个爱的奇迹——她不顾个人安危的惊人一抱,挽救了一个幼小的生命。她叫吴菊萍,人们称她为中国的"最美妈妈"。除了在国内从网络到传统媒体的舆论赞美之声外,美国联合通讯社(简称美联社)、法国新闻社(简称法新社)、英国《每日邮报》和《每日电讯报》、美国《纽约邮报》、福克斯电视台等欧美媒体,巴基斯坦媒体及中东媒体都报道了"最美妈妈"吴菊萍的事迹。

美国《时代》杂志报道称:目前妞妞仍然在危险期,但是医生强调,一个两岁大的小孩子能从这样一个事故中生还实在是一个奇迹。

加拿大广播公司 7 月 5 日报道说:吴菊萍能把一个从 10 楼掉下来的孩子接住真是一个奇迹,我们希望奇迹能够继续,妞妞可以活下来。

阿联酋国家报网站以"一个孩子、一个英雄、一个故事"为题发表评论称:虽然我们无法解释这样一种应对突发事件的本能反应,但是如果每个人都能做到这样子,那这个世界肯定会变得更美好。

意大利华侨、欧洲浙江联谊会常务副主席范志明对记者说,在欧洲他也看到了报道,身为浙江人他为此倍感骄傲。

世界各地众多网友也纷纷祝福吴菊萍和妞妞早日康复,赞扬吴菊萍是一个"守护天使"。

一位美国的女网民表示,应该将今年的最佳母亲奖授予这位中国妈妈。

还有一个网民说,要把今年的诺贝尔和平奖颁给她。至少有四分之一的美国网友认为,最近世界上的新闻以负面为主,能在这个时候看到这样一条"好消息",令人倍感温暖。

---

* 范志忠:浙江大学传媒与国际文化学院教授。

英国网友詹姆斯说:应该送一枚勋章给吴菊萍。人们喜欢这样的真英雄,而非什么足球或电影明星。

而"最美妈妈"的"神奇一接"也引起了国外网友的赞叹。有美国网民甚至诙谐地提议,今年的美国职业棒球大联盟"金手套奖"理应颁给这位中国母亲——她这一接,将所有职业棒球运动员都比了下去。①

2011年7月2日,吴菊萍供职的企业阿里巴巴为她颁发了"感动阿里奖"和20万元的奖金。2012年"感动中国"委员会为她颁发了奖章。"感动中国"的颁奖词是:"危险裹胁生命呼啸而来,母性的天平容不得刹那摇摆。她挺身而出,接住生命,托住了幼吾幼及人之幼的传统美德。她并不比我们高大,但那一刻,已经让我们仰望。"

在这样一个充斥着战争、饥荒、谎言、暴力……的媒体社会,回归"人"的本性是更能感动"世界"的。而杭州"最美妈妈"事件引起外媒热议,为我们反思诸多问题提供了一个思考案例:什么才是国际信息流通中超越国界和种族的价值? 这一价值如何经由媒体传递? 中西方媒体对于这种共通价值的传播有什么不同? 这一事件对于中国今后选择国际传播课题有何启示意义? 我们组织了一个小型学术研讨会,与会成员提出了如下总结:

其一,在"最美妈妈"的传播报道中,最引人瞩目的是,无论是官方主流媒体还是民间网络意见,甚至国外媒体,其传播报道高度一致,突出强调其人性美的一面。这表明当下对真善美的追求仍是全人类共有的价值观,体现出了"人性"的美丽和高贵。中西方所共持的"博爱"精神可以找到交融点。

正是由于"最美妈妈"这一事迹所包含的人性力量,使其在国外媒体也引起了广泛的传播热议。"最美妈妈"事件的传播现象提示我们,在面临着广泛而深刻经济转型的中国,我们的主流媒体,只有尊重社会主流道德体系的建构与重构,才有可能真正赢得公众的认可,真正实现与世界的交流和对话。

其二,要及时传播能够呈现中国人性爱的新闻信息。新华社前总编辑南振中认为,在当下中国,客观存在两个舆论场。一个是党报、国家电视台、国家通讯社等"主流媒体舆论场",忠实地宣传党和政府的方针政策,传播社会主义核心价值观;一个是依托于口口相传特别是互联网的"民间舆论场",人们在微博、BBS、QQ、博客上议论新闻时事,针砭社会。但令人遗憾的是,长期以来,这两个舆论场往往存在彼此抵触的一面。正是基于这两种舆论场之间存在着日益扩大的反差,2011年7月11日,人民网评论呼吁,必须尽快打通"两个舆论场"。在这个意义上,"最美妈妈"传播报道中两个舆论场意见高度吻合,无疑恰恰给

---

① 中国新闻网:http://www.chinanews.com/sh/2011/07-06/3162846.shtml。

人们指出了一条打通两个舆论场通道的方向。

很显然，只有国内主流媒体在采访报道时注意体现出人性关怀，其所报道的人性美才具有更大的社会感召力。

其三，外媒关注了一位"平凡人"在最危险时刻的"非凡表现"。这里，我们可以反观前不久一起发生在美国的"草根"案例。俄勒冈州一个 7 岁女孩摆摊卖柠檬水，被当地卫生管理员赶走。事件引起美国民众不满，原因是"管理扼杀了小女孩的创业热情"。舆论压力之下，当地官员最终向小女孩道歉，并要求卫生管理机构在执行相关法律时倍加谨慎，应鼓励而非阻碍公民创业。

这件事引起了世界其他国家的媒体热议，尤其在中国更是掀起巨大的舆论波澜。

其四，要防止这一事件的过度宣传。任何事件，都有一个接受度的问题，过度的解释和过度的宣传，都有可能让好事变成坏事。"最美妈妈"事件的本身确实呈现了中国人人性光辉的一面，但这样的事，非我独有，西方社会同样可能发生。所以千万不要拔得太高，宣传得太多太明显，得适可而止。

索　引

图书在版编目（CIP）数据

国际传播系列案例分析/吴飞主编. —杭州：浙
江大学出版社,2013.12
ISBN 978-7-308-11000-6

Ⅰ.①国… Ⅱ.①吴… Ⅲ.①传播学－案例 Ⅳ.
①G206

中国版本图书馆 CIP 数据核字（2013）第 006648 号

国际传播系列案例分析

吴 飞 主编

责任编辑	徐 婵
责任校对	姜井勇
封面设计	续设计
出版发行	浙江大学出版社
	（杭州市天目山路 148 号 邮政编码 310007）
	（网址：http://www.zjupress.com）
排 版	杭州中大图文设计有限公司
印 刷	浙江省邮电印刷股份有限公司
开 本	710mm×1000mm 1/16
印 张	14
字 数	252 千
版 印 次	2013 年 12 月第 1 版 2013 年 12 月第 1 次印刷
书 号	ISBN 978-7-308-11000-6
定 价	42.00 元